DVDブック | NHKテレビ アンニョンハシムニカ ハングル講座

ドラマティック ハングル

―君，風の中に―

野間秀樹 監修
金　珍娥 著

朝日出版社

ドラマティック韓国語へようこそ！

　このDVDブックは**映像と本で韓国語を学ぶ究極の学習ツール**です．映像には，韓国の若き俳優の皆さんとソウルや水原での現地ロケを行った『君，風の中に』というドラマを中心に据え，さらに，韓国語と日本語の〈話されたことば〉の違いを体験する『会話の究極奥義』というコーナーを収録しています．

　ドラマは金珍娥が講師，野間秀樹が監修をつとめた，NHKの2005年度テレビハングル講座において，金珍娥講師がシナリオを書き下ろし，同番組で制作し，絶賛を博したものです．大学や高等学校の韓国語の授業でも副教材として用いられました．教室で視聴した学習者たちが面白いと絶賛した，感動のドラマであり，コーナーです．是非ともDVDにしてほしいという，多くの視聴者の方々の熱い声援に応え，新たな装いのDVDブックとして登場しました．

　『会話の究極奥義』のコーナーは，著者による日本語と韓国語の実際の会話の膨大な録画データの収集と分析に基づいています．

　さらに，文字と発音，用言の活用，発音の変化など韓国語についての基本的なことからも学べるよう構成しています．

　このドラマ『君，風の中に』は，**ストーリー自体が，韓国語学習のカリキュラム，シラバスに沿って作られています**．この点で，既にあったドラマに解説をつけただけのものとは，根本的に違います．ドラマは，主人公のマキが，CD店でCDのジャケットにあるハングルを指でたどりながら読む，そういう場面から始まります．韓国語の初心者であったマキは，韓国の大学へ語学留学に行きます．ではドラマの最後には？——それは見てのお楽しみです．4人の主な登場人物たちが，それぞれに成長する感動を体験しながら，そこに現れる，生き生きとした台詞の数々を自らのものとなさってください．あ，あのことばは，あの場面で，あんな表情で言うのだ，あ，こういう場面では，そう，あのときマキがこう言ってたっけ…こうしてドラマと共にことばが皆さんの記憶の中に鮮明に

宿るでしょう．一般の韓国ドラマでは台詞は学習者のために語られるわけではありませんので，ドラマをそのまま韓国語の学習に使うには，非常に難しいものがあります．しかしこの『君，風の中に』の<u>ストーリーの核となるセリフ</u>の数々は，まさに皆さんのために，皆さんが覚えて使えるように，書き下ろしたものです．易しいことばなのに，圧倒的に自然で，圧倒的に使える，リアルな生きた韓国語です．

本の方も，ただものではありません．<u>シナリオのト書き</u>をごらんください．**全て日本語と韓国語の対訳，2言語表記**です．初学者の方々のみならず，中級，上級の学習者の方々も大いに学べることでしょう．ト書きを韓国語でも読んで，ドラマを楽しむ，なんと贅沢な学習ではありませんか．単語や表現の解説も，並の詳しさではありません．せっかく一を聞いたら，十を知りたい．一を覚えて十に熟達できるようにと，これでもかとばかりに工夫を凝らしてあります．書物だけで学ぶ韓国語と，こうした<u>DVDブックという形で学ぶ韓国語</u>がいかに違うものか，それは学習の最初の段階から実感なさることでしょう．

このように，初学者から上級の方々，あるいは韓国語の先生方までが末永く共にしていただけること，それが本書の願いです．

本書と共に，同じ著者が手がけた『ぷち韓国語』，『はばたけ！韓国語』，『新・至福の朝鮮語』といった学習書を併用なさると，さらに学習効果は高まるでしょう．いずれも朝日出版社から刊行されています．

本書が形になるまでには，多くの方々のお力を得ています．ドラマに出演してくださった若き韓流スター，崔智亥（チェ・ジヘ）さん，林慶業（イム・ギョンオプ）さん，羅景敏（ナ・ギョンミン）さん，張周蓮（チャン・ジュヨン）さん，NHKとNHKエデュケーショナルの，伊藤宏伸氏，堂満一成氏，小野寺広倫氏，丸山剛宏氏，伊藤優子氏，片野美菜子氏，日本放送出版協会の昆野あづさ編集長に心よりお礼申し上げます．また，本書の組版を行ってくださった株式会社虔の方々，そして本書刊行の英断を下してくださった，朝日

出版社の原雅久社長,困難な仕事を着実に進めてくださった編集部の山田敏之氏に心より感謝申し上げます.

本書が読者の皆さんに愛され,大いに役立つことを祈ります.

野間秀樹,金珍娥

目次

基本篇

- **1. 韓国語とは？** ……………………… 10
- **2. 文字と発音** ……………………… 16
  - ♣ 母音（1）── 単母音
  - ♣ 母音（2）── 二重母音
  - ♣ 子音（1）── 初声
  - ♣ 子音（2）── 終声
- **3. 用言の活用** ……………………… 46
- **4. 韓国語のスピーチレベル** ……………………… 60
  - ♣ 해요(ヘヨ)体, 합니다(ハムニダ)体
    해(ヘ)体, 한다(ハンダ)体
- **5. 用言の活用の型** ……………………… 64

ドラマ篇

- **6. 君，風の中に　그대, 바람 속에** ……………………… 67
  - 第1回：マキとチュノの出会い　마키와 준호의 만남 ……………… 68
  - 第2回：空, 風, 星そして君　하늘, 바람, 별 그리고 그대 ……… 76
  - 第3回：再会　재회 ……………………………………………… 86
  - 第4回：また新たな出会い　새로운 만남 ………………………… 94

第 5 回：	衝突 ── 風の中へ	충돌 ― 바람 속으로	106
第 6 回：	民俗村 ── 揺れる心	민속촌―흔들리는 마음	118
第 7 回：	水原(スウォン)の星	수원의 별	128
第 8 回：	おばあさん	할머니	140
第 9 回：	行かないで	가지 말아요	150
第 10 回：	仁寺洞(インサドン)悲歌	인사동 비창	162
第 11 回：	小説	소설	174
第 12 回：	雨に打たれて	비에 젖어	186
第 13 回：	和解	화해	196
第 14 回：	歌に抱かれて	노래에 안겨	208
第 15 回：	チウンの逆襲	지은의 역습	218
第 16 回：	破局	파국	228
第 17 回：	夜明け	해돋이	238
第 18 回：	新人文芸賞募集	신인문예상 모집	246
第 19 回：	別れ	이별	256
第 20 回：	それぞれの道	각자의 길	270

会話の究極奥義篇

7. 会話の究極奥義 … 281

- 話の重なり … 282
- すみません物語 … 286
- あいづち … 291
- ぼかしと強調 … 295

付録

8. 発音の変化 ・・・・・・・・・・・・・・・・・・・・・・・・・・・・・・・・・・・・ **302**

■ 本書の表記は基本的に大韓民国（韓国）のつづりかた，正書法に従っています．朝鮮民主主義人民共和国（共和国）で正書法の異なるものについては，★印で解説を加えています．

■ ドラマ篇の第7回以降は本文の発音ふりがなを付していません．単語欄では最後まで発音ふりがなも残してあります．映像を見ながら，より正しい発音の発声を試みて下さい．

■ DVD 内の字幕と，本書内の文言に，一部表現の差異が見られることがあります．ご了承下さい．

■ 2005年度テレビハングル講座について，下記の論文でその考え方と実践について述べられています．
なぜこういうドラマなのか？ どのような戦略で学習が位置づけられているのか？ 上級者の方や先生方はご参照ください：

野間秀樹・金珍娥共著．「NHK(일본방송협회) 텔레비전 교육 방송을 통한 한국어 교육」(NHK（日本放送協会）テレビ教育放送による韓国語教育).『한국어 교육（韓国語教育）』제 17 권 2 호. 2006 년 8 월 1 일. pp.95-134. 서울(ソウル): 국제한국어교육학회(国際韓国語教育学会)

基本篇

韓国語とは？

韓国語＝朝鮮語とハングル

　本書で学ぶ言語は，日本では「朝鮮語」，「韓国語」，「コリア語」などと呼ばれていますが，名称はどうあれ，いずれも同じ一つの言語です．一方，「ハングル」は言語名ではなく，文字の名称です．日本語という言語が「ひらがな」，「カタカナ」という文字を持っているように，韓国語，もしくは朝鮮語という言語は「ハングル」という文字を持っているのです．

　本書では，基本的に「**韓国語**」という名称を用い，韓国の首都であるソウルのことばを学びます．

ことばの仕組みを知る①文の構造

　韓国語は日本語ととてもよく似た構造を持っています．次の文を見てみましょう．ハングルとその読み方も並べて書いておきます：

主語	目的語	述語
저 - 는	한국어 - 를	배워요
チョ - ヌン	ハングゴ - ルル	ペウォヨ
私 - は	韓国語 - を	学びます

　英語なら，「私は＋学びます＋韓国語を」という「主語＋述語＋目的語」の順になりますね．しかし**韓国語は「主語＋目的語＋述語」の語順で，日本語と同じです**．さらに驚くべきことに，主語や目的語についている，「は」や「を」など，いわゆる**てにをは**，つまり助詞にあたる要素があることまで同じです！

ことばの仕組みを知る②単語の語種

日本語の単語をその成り立ちから分けると，次の4種類があります：

1. 和語（やまとことば）　「そら」，「ひとつ」，「ゆく」など
2. 漢語　　　　　　　　　「新聞」，「一」，「勉強」など
3. 外来語　　　　　　　　「コンピュータ」，「パン」など
4. 混種語　　　　　　　　①-③の組み合わせからなる「コンピュータ通(つう)」，「勉強する」など

韓国語の単語は，次の4種類です：

1. 固有語　日本語の和語に相当する単語
2. 漢字語　日本語の漢語に相当する単語
3. 外来語　西欧などから受け入れた単語
4. 混種語　①-③の組み合わせ

単語の語種も文の構造と同様，日本語と韓国語はとてもよく似ていますね．

上達へのアドバイス！

"似ているところに驚き，異なっているところに驚く"

このように文の構造が似ているので，日本語を母語とする人にとって韓国語はとても学びやすい言語です．とりわけ学習が進むほど，文の構造が似ていることは，学習への大きな助けになります．

しかし，日本語と韓国語の仕組みが似ているとは言え，実は異なるところも多いのです．つまり英語と日本語のように全く異なるというのではなく，どこか似ていながら実は意外に異なる，そういうところが面白いわけです．似ているところに驚き，異なっているところにまた驚く，そういう知的な楽しさが韓国語にはたくさん詰まっています．似ている部分と異なる部分の探求，これが韓国語を学ぶ楽しさかもしれません．

表記の仕組みを知る

　さて，韓国語固有の文字である**ハングルでは，固有語，漢字語，外来語，混種語という4つの語種，すべての単語を書き表すことができます．**ハングルと漢字を混ぜて書くこともありますが，その場合でも**漢字で表記できるのは漢字語のみです**．

　日本語では和語，すなわち日本語の固有語も「空_{そら}」とか「生_いきる」のように訓読みを用いて漢字で表記していますが，韓国語では漢字は音読みのみ，訓読みは用いません：

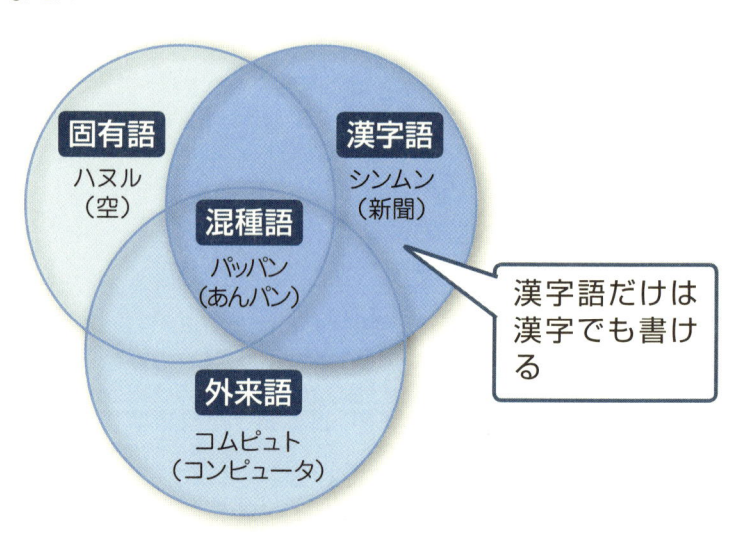

固有語
ハヌル
（空）

漢字語
シンムン
（新聞）

混種語
パッパン
（あんパン）

外来語
コムピュト
（コンピュータ）

漢字語だけは漢字でも書ける

ハングルだけの表記，漢字を混ぜた表記

　ハングルで文章を書くとき，①ハングルだけで書く，②漢字で書ける単語，すなわち漢字語を漢字で書き，残りをハングルで書く，という2つの方法があります：

日本語の「学校は」を	
ハングルだけで書くと	漢字を混ぜて書くと
학교는	學校는
ハッキョヌン	ハッキョヌン

韓国語の漢字の字形は，日本語式に日本で作り直した形ではなく，正字体，つまり日本でいう「旧字体」を用いていることもわかりますね．漢字を混ぜて書いても，助詞に当たる部分は固有語ですので，漢字では書けません．

　日本語では，「学校」が「がっこう」となるように，漢字語をかなで表記すると長くなったりしますが，韓国語では，**漢字 1 文字はハングルでも常に 1 文字**になります．また、ハングルでは、日本語の文節に相当する単位ごとにスペースを入れて書く〈**分かち書き**〉をします。

韓国と共和国の表記の差

　なお，韓国では新聞や学術書などを除き，おおむね**ハングルだけで表記するようになってきています**．共和国では基本的に全てハングルだけで表記しています．ハングルは**縦書きもできますが，現在は横書きが主流**です．共和国では 1955 年以来，全て横書きです．

知る知るカルチャー

　ハングルは 15 世紀，1443 年に朝鮮王朝の第 4 代の王である**世宗**（セジョン）の指揮のもと，作られました．話すのは朝鮮語で，文書の表記は漢字漢文を用いていた当時，朝鮮語の音を表す文字を作るという目的をもって，計画的かつ意識的に作られた文字です．文字は『訓民正音（くんみんせいおん）』という書物によって 1446 年に公にされました．『訓民正音』は文字を作った理由や文字の構造の原理，用法といったものが述べられた，人類の文字の歴史にあってもちょっと驚くべき書物です．

　母音字母は天（・），地（一），人（ｌ）をかたどり，その組み合わせによって，また子音字母は人体の発音器官をかたどって作られました．

『訓民正音』

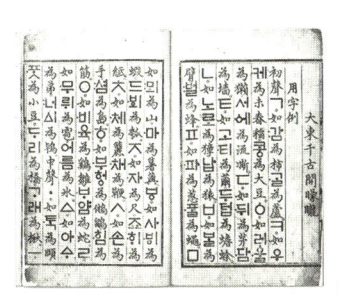

漢字と漢字語から迫る!

　ここで漢字と発音に注目してみましょう．日本語では，漢語のみならず，和語も，ひいては「珈琲」(コーヒー) や「倶楽部」(クラブ) のように外来語に至るまで漢字を当てて書いたりしています．

　その結果，1つの漢字が幾通りにも読まれることになります．「学生」「生涯」「生きる」「生まれる」「生える」「生意気」(なまいき)，「生一本」(きいっぽん)，「生憎」(あいにく)，「相生」(あいおい)，「壬生」(みぶ) …といった具合で，漢字の読み方を覚えるのは大変です．

　しかし，韓国語においては固有語や外来語に漢字を当てて読むことはしませんし，さらに，韓国語の漢字の読み方は次の原則があります：

　　"韓国語の漢字の多くは1文字が読み方は1通り，それも音読みだけ"

　音読みした日本語式の漢字の発音を日本漢字音，韓国語式の発音を朝鮮漢字音と呼んでいます．日本漢字音と朝鮮漢字音はいずれも古い中国語の音がそれぞれの仕方でいわばなまった音ですので，互いに似ています．ここで「会社員」〈會社員〉という単語を見てみましょう：

フェ　　サ　　ウォン
会　　社　　員
カイ　シャ　イン

朝鮮漢字音
日本漢字音

　それぞれの漢字に，日本漢字音，朝鮮漢字音があり，それらを組み合わせて「会社員」の意の韓国語の「フェサウォン」と日本語の「カイシャイン」という単語ができあがっていることがわかります．先ほど述べたように，漢字1文字はハングルで書くとやはりつぎのように1文字になります：

フェ　　サ　　ウォン
회　　사　　원

漢字語はこんなことができる!

会(カイ) 社(シャ) ▶ com-pany ◯

社(シャ) 会(カイ) ▶ pany-com ✗

英語はこうはいかない!

漢字語はこんなことができる!

회(フェ) 사(サ)

사(サ) 회(フェ)

!

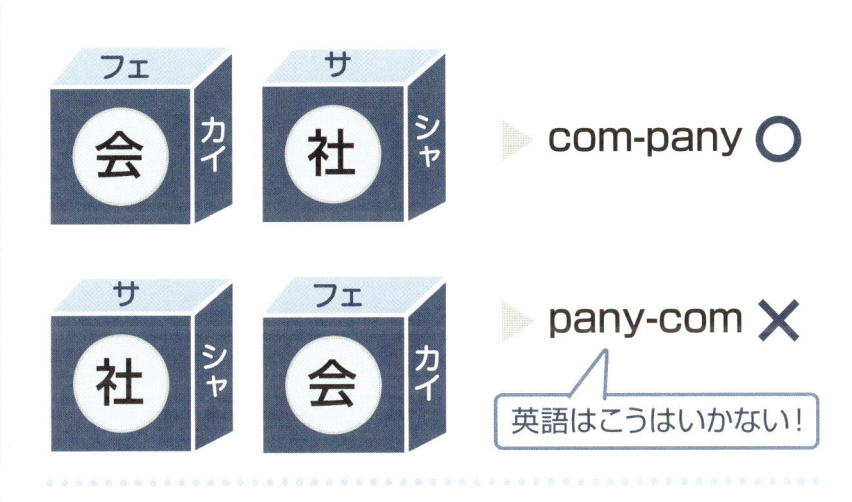

「フェサウォン」〈会社員〉という1つの単語を覚えておくと 회사〈会社〉「フェサ」, 사원〈社員〉「サウォン」, そして 회원〈会員〉「フェウォン」, それに何と 사회〈社会〉「サフェ」という単語までわかってしまうのです!

　また,韓国語の漢字語は [シンムンギジャ]（新聞記者）, [コソクトロ]（高速道路）のように, 日本語の漢語と音が似ている単語もたくさんあります. よく,「韓国語と日本語の単語は似ている」と言われますが, 上のようなわけで**漢字語や外来語は似ている**のです. 一方, **固有語はとうてい似ているとは言えません**.

　韓国語の**単語を学ぶ際に, それが漢字語かどうかに着目して, どういう漢字から成り立っているかに注目する**と, とても効率的に学ぶことができるわけです.

文字と発音

ハングルの構造

音を表す文字

　漢字は**表意文字**と言われています．一方，ハングルは日本語の文字「ひらがな」や「かたかな」，あるいはローマ字などと同様，音を表す**表音文字**です．表音文字ですので，ローマ字同様，ハングルで日本語をそれなりに書き表すことができます：

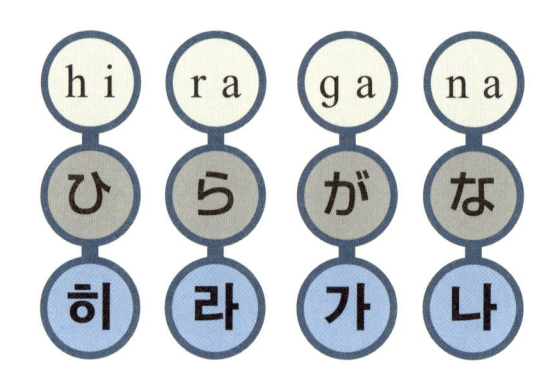

h i	r a	g a	n a
ひ	ら	が	な
히	라	가	나

　「ひ」，「ら」，「が」，そして「な」のように，◯で囲んだひとまとまりの音の単位を**音節**（おんせつ）といいます．上の図でわかるように，かなは1文字が1つの音節を表しています．「ひらがな」という単語は4音節からなる単語で，かなでは4文字で表しています．同じように，**ハングルも1文字が1音節**をなす，**音節文字**となっています．

ハングルもアルファベットだ！

さて「ひ」という1文字は，[hi]という音を表す音節文字ですが，子音と母音を分けて書くことはできません．「ら」「が」「な」，どれも子音と母音を分けることはできません．これに対してローマ字を見ると，「ひ」を [h]+[i] のように子音と母音とに分けて表しています．ローマ字は全ての音節を子音と母音とに分けて表記していますね．ローマ字のように子音と母音を分けて1字母が1音を表す文字を単音文字（アルファベット）と呼びます．実はハングルも単音文字なのです．字母が文字を組み立てる部品になっています．もう一度ハングルをじっと観察してみましょう：

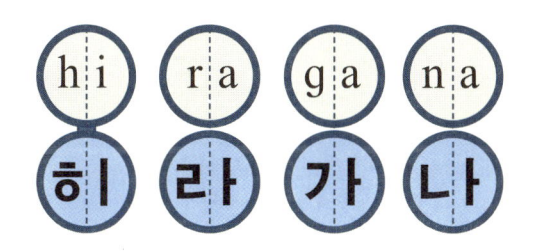

hi ra ga na
히 라 가 나

単音も音節も表す文字

つまりハングルはローマ字同様，子音，母音のそれぞれの音を1つの字母で表す単音文字（アルファベット）であると同時に，かな同様，1文字が1つの音節を表す音節文字でもあるという，2つの性格を併せ持っているのです．つまり1音を表す字母が組み合わさって1音節を表す文字を成しているわけです．ハングルは音節の中身も見える文字なのです．

子音を表す字母と母音を表す字母

子音を表す字母は19あり，母音を表す字母は21あります．母音を表す字母には日本語でいうヤ行音やワ行音も含んでいるので，母音字母がたくさんある勘定になります．

母音(1) 単母音

まず母音とそれを表す字母を学びましょう：

単母音は8つあります　韓国語には，日本語の「アイウエオ」に相当する単母音は8つあります．それぞれ，次のような母音字母で表します：

	字母	唇の形	発音表記	発音
あ	ㅏ		[a ア]	口を大きく開けて「あ」
い	ㅣ		[i イ]	口を横に引いて「い」
う	ㅜ		[u ウ]	唇を円く突き出して「う」
	ㅡ		[ɯ ウ]	ㅣと同じ口の形のまま「う」
え	ㅔ		[e エ]	「え」よりもやや口を狭め「え」
	ㅐ		[ɛ エ]	「え」より口を開いて「え」
お	ㅗ		[o オ]	唇を円く突き出して「お」
	ㅓ		[ɔ オ]	「あ」よりは唇を狭めて，「お」よりは唇を開いて「お」

単母音字母の形と書き順

ハングル字母にも書き順があります．練習してみましょう：

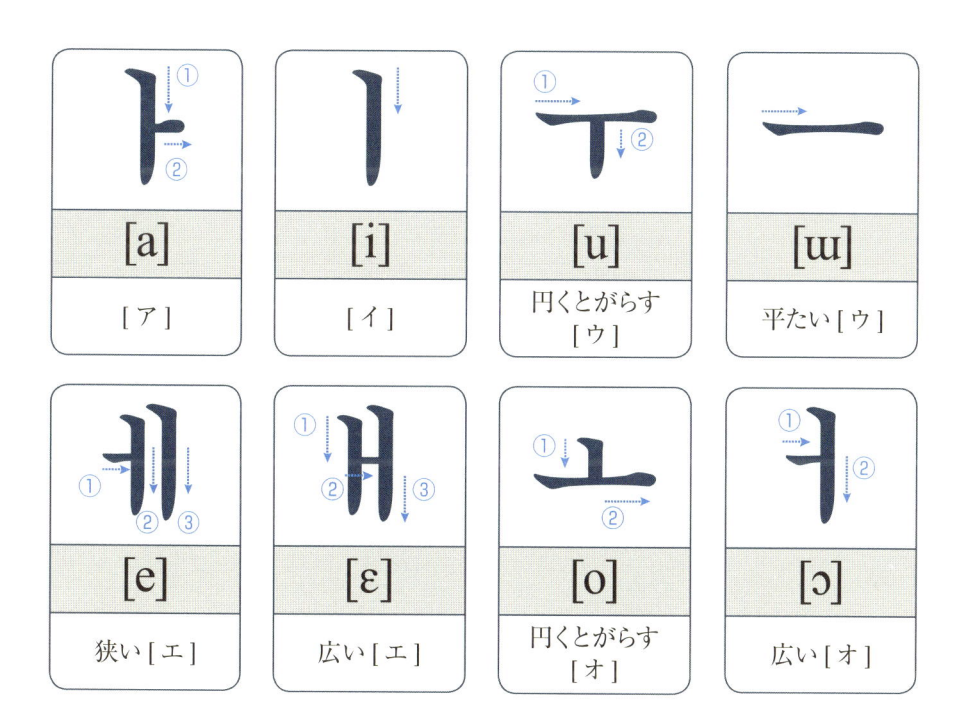

ト	l	ㅜ	ー
[a]	[i]	[u]	[ɯ]
[ア]	[イ]	円くとがらす [ウ]	平たい [ウ]

ㅔ	ㅐ	ㅗ	ㅓ
[e]	[ɛ]	[o]	[ɔ]
狭い [エ]	広い [エ]	円くとがらす [オ]	広い [オ]

母音だけからなる音節を表す1つの文字として書くときは，**自分自身の音を持たない子音字母** |ㅇ| **イウん** |をつけて書きます．この|ㅇ|は上から反時計回りに書きます：

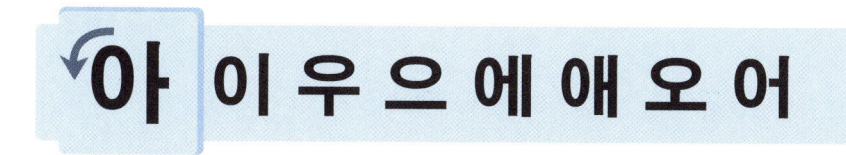

아 이우으에애오어

> 発音のイメージ － 母音三角形

　母音の発音を学ぶのに，次のような母音三角形でイメージをつかみましょう．三角形の上部に位置するほど唇の開きが狭く，下部に位置するほど口を大きく開けます．三角形の左にあるほど，口の中で舌先が口の前のほうにせり出します．

　大きく開く唇から狭めて突き出す唇へ，舌は前のほうから後ろのほうへといった，口の形と舌の位置を確認しながら，8つの単母音を練習してみましょう．「あいうえお」というひらがなは日本語の5つの母音のおよその位置です：

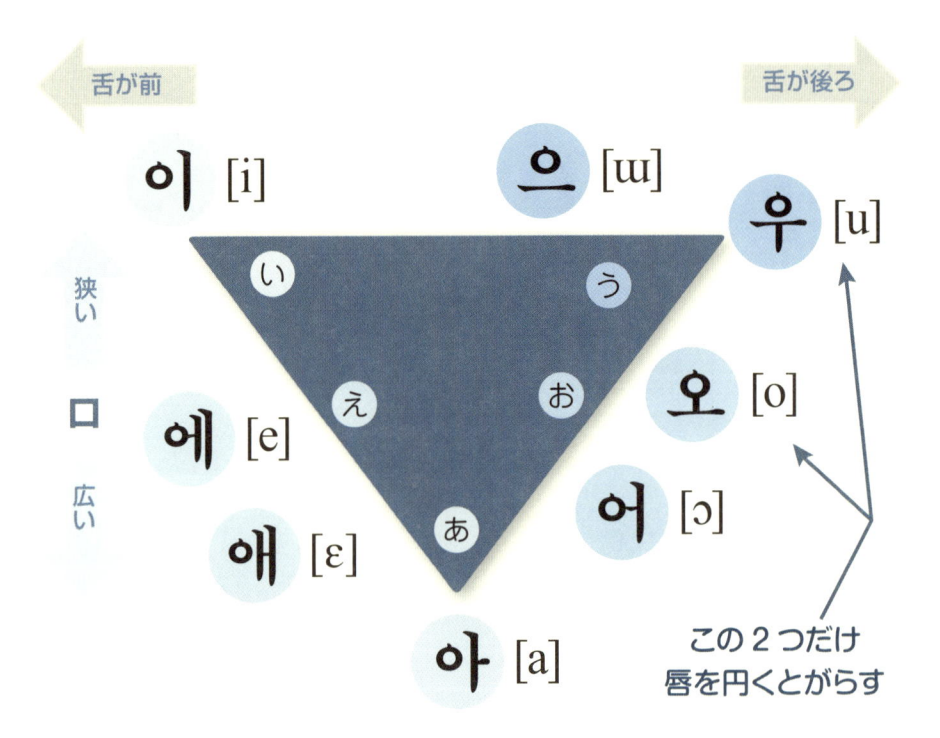

←舌が前　　　　　　　　　　　　　　舌が後ろ→

이 [i]　　　　　　　으 [ɯ]　　　　　우 [u]
　　　　(い)
　　　　　　　　　　(う)
狭い　　　　　　　　　　　　　　　　오 [o]
에 [e]　　　(え)　　(お)
口
広い　　　　　　　　　　　　어 [ɔ]
애 [ɛ]　　　(あ)

　　　　　아 [a]

この2つだけ
唇を円くとがらす

> ㅔとㅐの発音の区別はなくなっている！

　最近は[え]の2つの発音，すなわち**狭い「에」と広い「애」の発音上の区別はなくなっており，いずれも日本語の「え」のように発音**してかまいません．ただし書くときは区別しなければなりません．

母音 (2) 二重母音

次は日本語の**ヤ行音**，**ワ行音**などにあたる，**二重母音**という音を学びます．

二重母音には，上記の8つの単母音に，日本語のヤ [ja], ユ [ju], ヨ [jo], ワ [wa] のように，母音の前に半母音 [j]（ヨットと呼びます）や [w] がついた音と，2つの単母音が組み合わさった二重母音があります．

半母音 [j] がつく母音＝ヤ行の音

日本語の「ヤ」を発音すると，舌先がまず前の方にせり出し，次に口を開いて「ア」の形になります．舌がこうしてせり出す音を [j]（ヨット）で表します．「ヤ」は半母音 [j] と単母音 [a] の組み合わせでできた音です．

韓国語にもこの [j] を用いる**ヤ行音**があります．

아 [a ア]	야 [ja ヤ]	우 [u ウ]	유 [ju ユ]
어 [ɔ オ]	여 [jɔ ヨ]	에 [e エ]	예 [je イェ]
오 [o オ]	요 [jo ヨ]	애 [ɛ エ]	얘 [jɛ イェ]

여우
[jɔu ヨウ] きつね

여유
[jɔju ヨユ] 〈余裕〉余裕

우유
[uju ウユ] 〈牛乳〉牛乳

예
[je イェ] はい（改まった肯定の返事）

半母音 [w] が付く母音＝ワ行の音

　日本語のワ [w] を発音してみましょう．まず唇を若干狭めてから [a] のように口を開くことがわかります．この最初の唇の狭めが**半母音の** [w] です．韓国語にもこの [w] と単母音を組み合わせた**ワ行音**があります．ただし，韓国語の [w] の方が日本語の東京方言などの [w] より, さらに円くとがります．

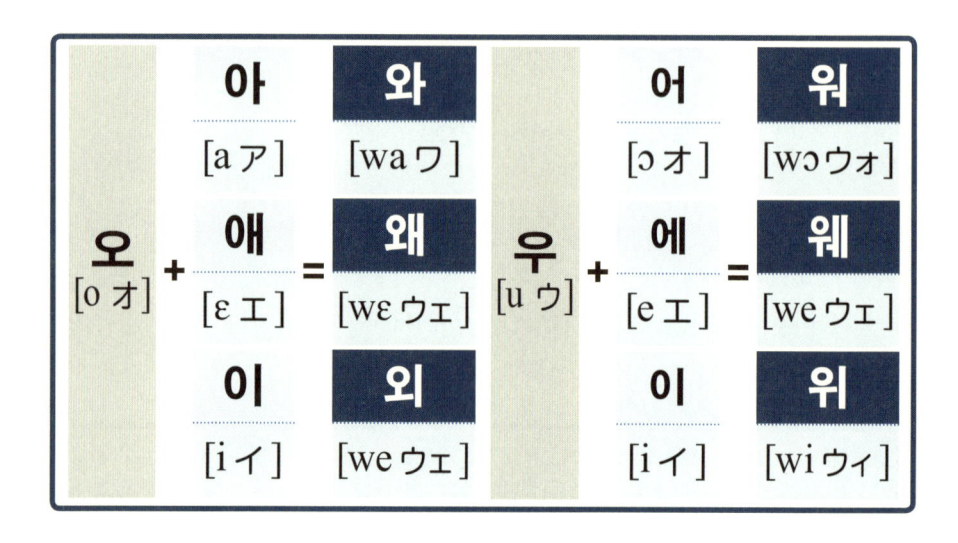

	아		와		어		워
	[a ア]		[wa ワ]		[ɔ オ]		[wɔ ウォ]
오 [o オ]	+ 애	=	왜	우 [u ウ]	+ 에	=	웨
	[ɛ エ]		[wɛ ウェ]		[e エ]		[we ウェ]
	이		외		이		위
	[i イ]		[we ウェ]		[i イ]		[wi ウィ]

위
[wi ウィ] 上 ★共和国では우

왜요?
[wɛːjo ウェーヨ] なぜですか

와요
[wajo ワヨ] 来ます

二重母音 "ᅴ"

　単母音のー [ɯ ウ] と ㅣ [i イ] を組み合わせた "의 [ɯi ウィ]" という二重母音があります．의 [ɯi ウィ] はー [ɯ ウ] やㅣ [i イ] の発音と同様，唇を横に引き，平らなまま発音します．唇の形は動かず，舌だけが前のほうに動きます．半母音 [w] のついた前ページの위 [wi ウィ] は，唇を円く突き出してから，[i イ] に移行するところが異なります．

　この의は文の中で現れる位置によって，次の3通りの発音があります：

文の中での 의 の発音

語頭で [ɯi ウィ]	語頭以外で [i イ]	助詞「…の」の意味で [e エ]
의의	예의	아이의 우유
[ɯii ウィイ]	[jei イェイ]	[aie uju アイエ ウユ]
〈意義〉意義	〈禮儀〉礼儀	子供の牛乳

これで母音字母は全て出そろいました．

子音 (1) 初声

音節とハングルの仕組み

日本語の音節は母音で終わるものがほとんど

　日本語の「か」や「し」や「と」等々，その前後で切って発音することができるような音の単位を**音節**といいます．「ん」やつまる音の「っ」などは問題ですが，日本語のそれ以外の**かな**はおおむね1つの音節を表しています．また，日本語を**ローマ字**で書いてみるとわかるように，**日本語の音節は「子音＋母音」**の組み合わせで，a, i, u, e, o という母音で終わるものが多いことが特徴です：

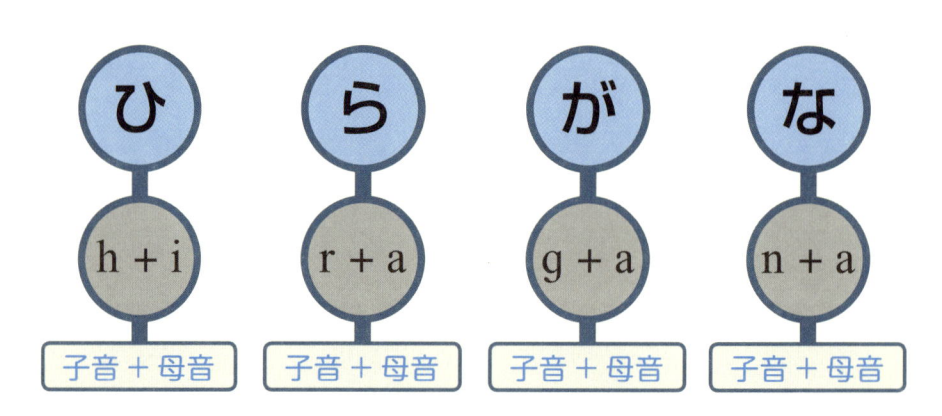

ひ	ら	が	な
h + i	r + a	g + a	n + a
子音 + 母音	子音 + 母音	子音 + 母音	子音 + 母音

韓国語の音節は子音で終わるものもあり

　これに対し，韓国語の音節は日本語に多い「子音＋母音」の組み合わせもありますが，最後に子音がもう1つついた，**「子音＋母音＋子音」**という**組み合わせの音節も**たくさんあります．例えば，[h+i][ヒ]もあれば，さらにその後ろに [m] がついた，[h+i+m][ヒム] のような音節もあるわけです．

[ハングル]という単語の音を分解すると

たとえば韓国語の文字の名称「ハングル」を分解してみましょう：

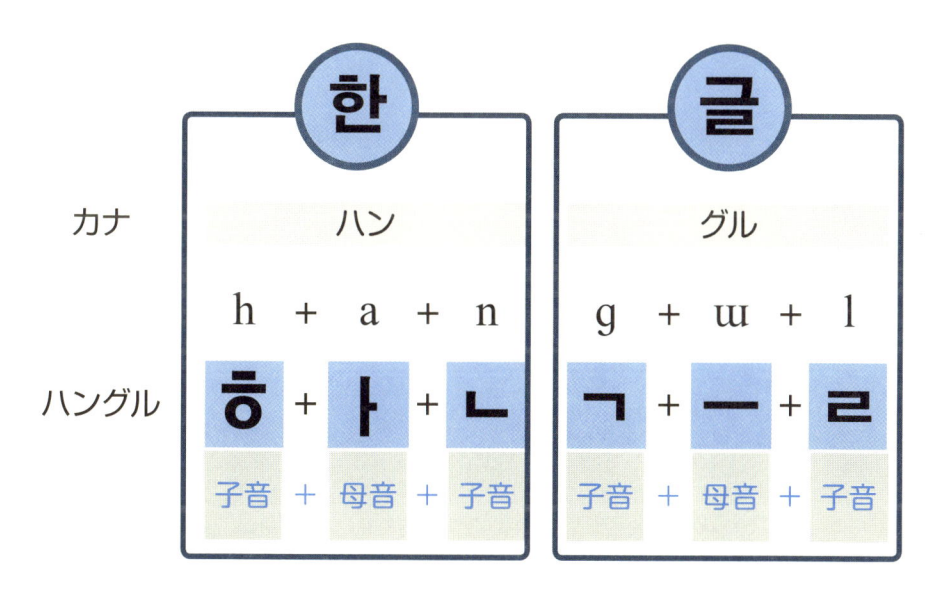

	한	글
カナ	ハン	グル
	h + a + n	g + ɯ + l
ハングル	ㅎ + ㅏ + ㄴ	ㄱ + ㅡ + ㄹ
	子音 + 母音 + 子音	子音 + 母音 + 子音

　かなでは「ハ」「ン」「グ」「ル」と4拍，4文字であるのに対し，ハングルは，[ハン]と[グル]の2つの音節になります．さらに[ハン]と[グル]をハングル字母で表すと「子音＋母音＋子音」の組み合わせがローマ字と同じ原理で並んでいることがわかります．

　要するにハングル字母はアルファベットなわけです．

ハングルは音節ごとに字母をまとめて1文字

　[haŋɯl ハングル] という音は，ハングル字母を横1列に並べて表すと「ㅎㅏㄴㄱㅡㄹ」のように，ローマ字などと同じ原理になりますが，15世紀にハングルを作った人々は，これでは満足せず，さらに**音節ごとにまとめて書く**ことにしました．

　母音字母の位置によってハングルの1文字の構成は次の4つの型に分けることができます：

● ハングルの字母の構成の 4 つの型

하	그
子音: ㅎ / 母音: ㅏ	子音: ㄱ / 母音: ㅡ

한	글
子音: ㅎ / 母音: ㅏ / 子音: ㄴ	子音: ㄱ / 母音: ㅡ / 子音: ㄹ

初声，中声，終声

音節の頭の子音を初声，終わりの子音を終声，真ん中の母音を中声と呼びます．これらはハングルが作られた15世紀につけられた名称です：

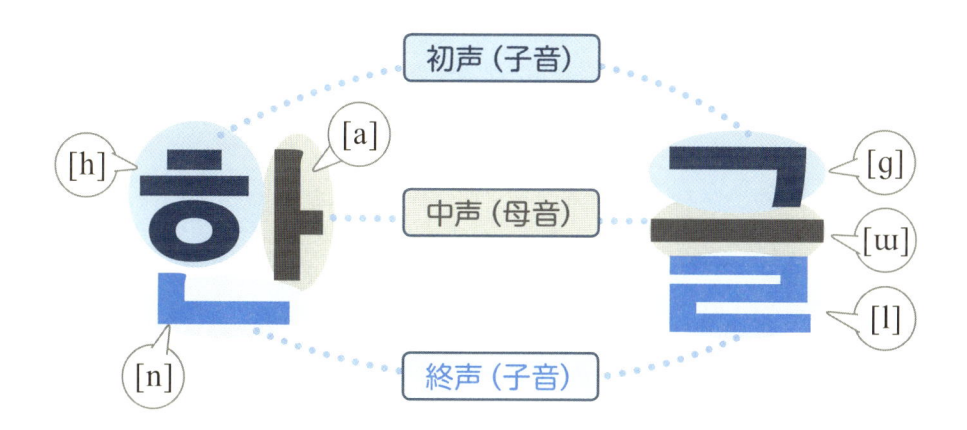

한 [h] [a] [n] → 初声（子音）／中声（母音）／終声（子音）
글 [g] [ɯ] [l]

POINT!

初声，中声，終声や子音，母音というのは，どこまでも音を表す名称です．文字について言うときは，**初声字母，中声字母，終声字母**，あるいは**子音字母，母音字母**のように，区別して呼びます．終声字母のことを**パッチム**ともいいます．

このように子音には音節の最初に来る初声と，音節末の終声の2種類があります．まず初声から学びましょう．

初声を表す子音字母

　音節の頭の子音, すなわち初声を表す子音字母には, 次のようなものがあります. 以下の子音字母の順序は, 濃音以外の配列は**辞書を引く際の順序**になっています.この中で, ㅇ [イウん] は初声の字母としては自分の音を持っていない子音字母です. ハングルは必ず子音と母音の組み合わせから成るので, ㅏ[a], ㅣ[i] のような母音だけの音のときも, 書く際は子音字母がないといけないのです. そうした際に, 아 [a], 이 [i] のように ㅇ [イウん] を用います.

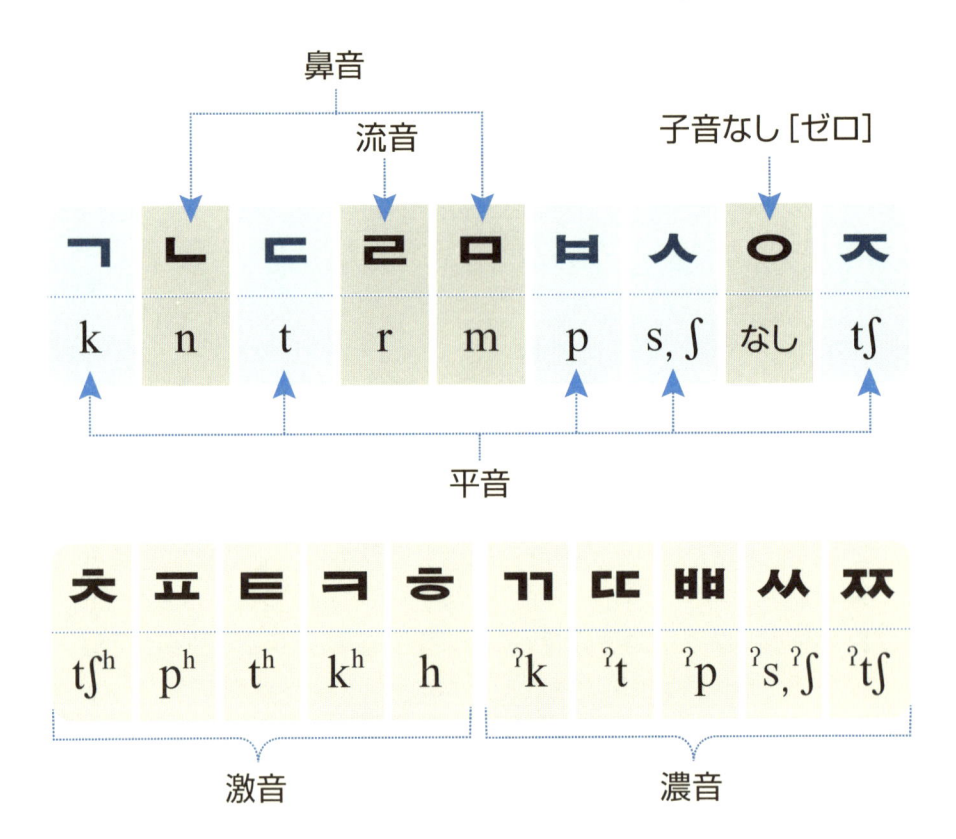

鼻音　　　　流音　　　　　　　　子音なし[ゼロ]

ㄱ	ㄴ	ㄷ	ㄹ	ㅁ	ㅂ	ㅅ	ㅇ	ㅈ
k	n	t	r	m	p	s, ʃ	なし	tʃ

平音

ㅊ	ㅍ	ㅌ	ㅋ	ㅎ	ㄲ	ㄸ	ㅃ	ㅆ	ㅉ
tʃʰ	pʰ	tʰ	kʰ	h	ʔk	ʔt	ʔp	ʔs, ʔʃ	ʔtʃ

激音　　　　　　　濃音

　これらの初声の子音は発音の方法によって**鼻音**(びおん), **流音**(りゅうおん), **平音**(へいおん), **激音**(げきおん), **濃音**(のうおん) という5つのグループに分けることができます. それぞれ前回学んだ単母音をつけて発音の練習をしてゆきます.

鼻音

肺からの空気が鼻に抜ける音です：

鼻音		鼻に抜ける音
ㅁ	[m]	日本語のマ行の子音とほぼ同じ
ㄴ	[n]	日本語のナ行の子音とほぼ同じ

	aア	iイ	uウ	ɯウ	eエ	ɛエ	oオ	ɔオ
ㅁ [m]	마 マ	미 ミ	무 ム	므 ム	메 メ	매 メ	모 モ	머 モ
ㄴ [n]	나 ナ	니 ニ	누 ヌ	느 ヌ	네 ネ	내 ネ	노 ノ	너 ノ

어머니 [ɔmɔni オモニ] お母さん

나 [na ナ] (目下や友人に用いる) ぼく．わたし

누나 [nuːna ヌーナ] (弟から見た) 姉

流音

流音は ㄹ だけです．日本語のラ行の子音とほぼ同じで，舌先が上の歯の歯茎を軽くはじく音です．発音記号では [r] で表しますが，英語の [r] や [l] 音とは異なりますので，注意しましょう：

流音		ラ行の軽くはじく音
ㄹ	[r]	日本語のラ行の子音とほぼ同じ

ㄹ [m]	a ア	i イ	u ウ	ɯ ウ	e エ	ɛ エ	o オ	ɔ オ
	라 ラ	리 リ	루 ル	르 ル	레 レ	래 レ	로 ロ	러 ロ

우리 [uri ウリ] 私たち　　노래 [norɛ ノレ] 歌

平音

平音はほとんど息を伴わず，やわらかく発音される子音です．ただし，単語の１音節目，つまり**語頭**に来る場合と，２音節目以降，つまり**語中**に来る場合とで，発音が異なります：

기 자　　　자 기 가
語頭 語中　　語頭 語中 語中
[キ] [ジャ]　　[チャ] [ギ] [ガ]

同じ字母でも語頭では濁らず，語中で濁っている

平音は単語の頭では澄んだ音，語中では濁った音になります．

POINT!

　平音は単語の最初に来るとき，すなわち語頭では，声を伴わず，声帯の振動がない，澄んだ無声音，つまり日本語の「か」「た」などの清音のような音です．平音が単語の中に入ると，すなわち語中では声を伴い，声帯の振動がある，濁った有声音，つまり日本語の「が」「だ」のような濁音になります．このように**無声音**は澄んだ音，**有声音**は濁った音のことです．

平音	語頭では無声音		語中では有声音	
ㄱ	[k]	カ行の子音	[g]	ガ行の子音
ㄷ	[t]	タ行の子音	[d]	ダ行の子音
ㅂ	[p]	パ行の子音	[b]	バ行の子音
ㅈ	[tʃ]	チャ行の子音	[dʒ]	ジャ行の子音
ㅅ	[s]	サ行の子音．[i] [wi] [j] の前では日本語同様 [ʃ]		

　ㅅは語頭，語中で発音の区別がないところがほかの平音と異なります．基本的にはサ行の子音と同じで，시は [si スィ] ではなくて，日本語のように [ʃi シ] となります．なお，ㅅはほかの平音に比べ，息を強く出すので，次に学ぶ激音に分類することもできます．

　平音字母の書き順は次のようになります：

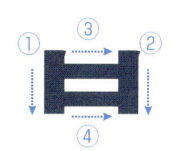

このとき ㄱ [k] は横，すなわち右側に母音が来るときは，**가**のように左下に払います．下に母音が来るときは，**구**のように直角に下に下ろします．ㅈは活字だと「ㅈ」という形になる書体がありますが，書くときは「ㅈ」という形で，2画で書きます．

　平音字母と母音字母を組み合わせてみましょう：

	a ア	i イ	u ウ	ɯ ウ	e エ	ɛ エ	o オ	ɔ オ
ㄱ [k] [g]	가 カ	기 キ	구 ク	그 ク	게 ケ	개 ケ	고 コ	거 コ
ㄷ [t] [d]	다 タ	디 ティ	두 トゥ	드 トゥ	데 テ	대 テ	도 ト	더 ト
ㅂ [p] [b]	바 パ	비 ピ	부 プ	브 プ	베 ペ	배 ペ	보 ポ	버 ポ
ㅈ [tʃ] [dʒ]	자 チャ	지 チ	주 チュ	즈 チュ	제 チェ	재 チェ	조 チョ	저 チョ
ㅅ [s]/[ʃ]	사 サ	시 シ	수 ス	스 ス	세 セ	새 セ	소 ソ	서 ソ

平音を語頭と語中の音の違いに注意しながら発音してみましょう:

語頭	語中		意味
가	자	[kadʒa カジャ]	行こう
자	기	[tʃagi チャギ]	〈自己〉自分
바	다	[pada パダ]	海
도	보	[tobo トボ]	〈徒歩〉徒歩
가	수	[kasu カス]	〈歌手〉歌手

저 [tʃɔ チョ] (目上に用いる) わたくし

그대 [kɯdɛ クデ] (やや詩的に) 君

부부 〈夫婦〉[pubu ププ] 夫婦

시 [ʃi シ] 〈詩〉詩

비디오 [pidio ピディオ] ビデオ

저기 [tʃɔgi チョギ] あそこ

새 [ʃɛː セー] 鳥

激音＝息を出す音

　私たちは寒いときに手に「はーっ」と息を吹きかけたりしますね．激音はそういう**「はーっ」という強い息を伴う音**です．語頭でも語中でも無声音で，語中でも濁ることはありません．発音記号では肩に小さな [h] をつけて表しますが，これは息を強く出すことを示す記号です：

激音		語頭，語中区別なく，息を強く出す音
ㅋ	[kʰ]	カ行に強く息を足して出す発音
ㅌ	[tʰ]	タ行に強く息を足して出す発音
ㅍ	[pʰ]	パ行に強く息を足して出す発音
ㅊ	[tʃʰ]	チャ行に強く息を足して出す発音
ㅎ	[h]	ハ行に強く息を足して出す発音

書き順を覚えましょう．

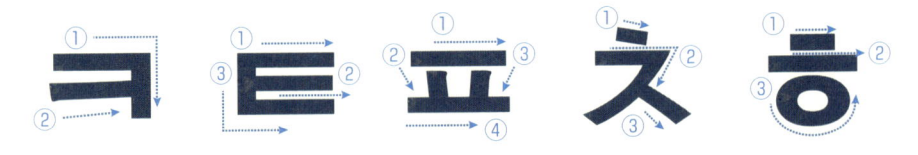

ㅋ　ㅌ　ㅍ　ㅊ　ㅎ

　このときㅋは横，すなわち右側に母音が来るときは카のように左下に払います．下に母音が来るときはㅋのように直角に下に下ろします．

	a ア	i イ	u ウ	ɯ ウ	e エ	ɛ エ	o オ	ɔ オ
ㅋ [kʰ]	카 カ	키 キ	쿠 ク	크 ク	케 ケ	캐 ケ	코 コ	커 コ
ㅌ [tʰ]	타 タ	티 ティ	투 トゥ	트 トゥ	테 テ	태 テ	토 ト	터 ト
ㅍ [pʰ]	파 パ	피 ピ	푸 プ	프 プ	페 ペ	패 ペ	포 ポ	퍼 ポ
ㅊ [tʃʰ]	차 チャ	치 チ	추 チュ	츠 チュ	체 チェ	채 チェ	초 チョ	처 チョ
ㅎ [h]	하 ハ	히 ヒ	후 フ	흐 フ	헤 ヘ	해 ヘ	호 ホ	허 ホ

차
[tʃʰa チャ] 〈車〉車

해
[hɛ ヘ] 太陽

커피
[kʰɔpʰi コピ] コーヒー

티슈
[tʰiʃu ティッシュ] ティッシュ

濃音＝つまるような音

　濃音は息を全く伴わない音で，**のどをはじめ発音器官を強く緊張させて発音**します。日本語のつまる音，促音の「ッ」を前に入れる感じに，のどを引き締め，音を出すときは絶対に息を出さないようにするのがポイントです。語頭でも語中でも濁らず，無声音です：

濃音		語頭，語中区別なく濁らず，のどを締めて息を出さない
ㄲ	[$^?$k]	カ行の子音．「すっかり」の「か」の子音に似る
ㄸ	[$^?$t]	タ行の子音．「やった」の「た」の子音に似る
ㅃ	[$^?$p]	パ行の子音．「やっぱり」の「ぱ」の子音に似る
ㅆ	[$^?$s],[$^?$ʃ]	サ行の子音．「あっさり」の「さ」の子音に似る
ㅉ	[$^?$tʃ]	チャ行の子音．「ぽっちゃり」の「ちゃ」の子音に似る

　発音記号の左肩に[$^?$]がついているのが，濃音のしるしです。書き順は次のようになります。

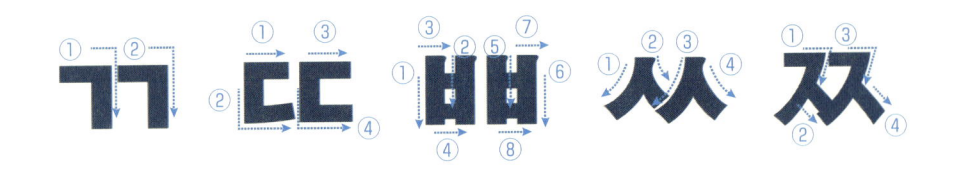

　このとき ㄲ は母音字母が横，すなわち右側に来るときは 까 のように左下に払います。母音字母が下に来るときは 꾸 のようにほぼ直角に下に下ろします。漢字の「刀」のように書いてはいけません。

	a ア	i イ	u ウ	ɯ ウ	e エ	ɛ エ	o オ	ɔ オ
ㄲ [ʔk]	까 カ	끼 キ	꾸 ク	끄 ク	께 ケ	깨 ケ	꼬 コ	꺼 コ
ㄸ [ʔt]	따 タ	띠 ティ	뚜 トゥ	뜨 トゥ	떼 テ	때 テ	또 ト	떠 ト
ㅃ [ʔp]	빠 パ	삐 ピ	뿌 プ	쁘 プ	뻬 ペ	빼 ペ	뽀 ポ	뻐 ポ
ㅆ [ʔs], [ʔʃ]	싸 サ	씨 シ	쑤 ス	쓰 ス	쎄 セ	쌔 セ	쏘 ソ	써 ソ
ㅉ [ʔtʃ]	짜 チャ	찌 チ	쭈 チュ	쯔 チュ	쩨 チェ	째 チェ	쪼 チョ	쩌 チョ

오빠 [oʔpa オッパ]（妹から見た）お兄さん

때 [ʔtɛ テ] 時

찌개 [ʔtʃigɛ チゲ] 鍋物

어깨 [ɔʔkɛ オッケ] 肩

씨 [ʔʃi シ]（名前をつけて）…さん

カナダラを覚えよう

　ここで, 初声を表す全ての子音字母に母音 [a ア] をつけて読んでみましょう. 前にも見たように, この順序は濃音を除いた, **辞書に載る順序**でもありますので, 覚えてしまいましょう. なお, これには濃音は含まれていません. 例えば「기니디리미비시」[キニディリミビシ] といった具合に [i イ] などに母音をとり変えて練習するのもいいでしょう:

가	나	다	라	마	바	사
ka	na	da	ra	ma	ba	sa
カ	ナ	ダ	ラ	マ	バ	サ

아	자	차	카	타	파	하
a	dʒa	tʃʰa	kʰa	tʰa	pʰa	ha
ア	ジャ	チャ	カ	タ	パ	ハ

　다, 바, 자といった文字は, 子音が**平音**ですので, 1文字ずつ切って発音すると, [ta タ], [pa パ], [tʃa チャ] という澄んだ音ですが, 一気に続けて発音すると, [da ダ], [ba バ], [dʒa ジャ] と濁った音になります. もちろん 가 [ka カ] も, もし語頭以外に来たら, [ga ガ] と濁ります. こうした濁った音を**有声音**というのでしたね.

子音 (2) 終声
しいん　しゅうせい

終声は音節末の子音

音節の頭に立つ子音を初声，音節の最後に立つ子音を終声といいます．先に初声の子音を学びました．ここでは終声の子音を学びます：

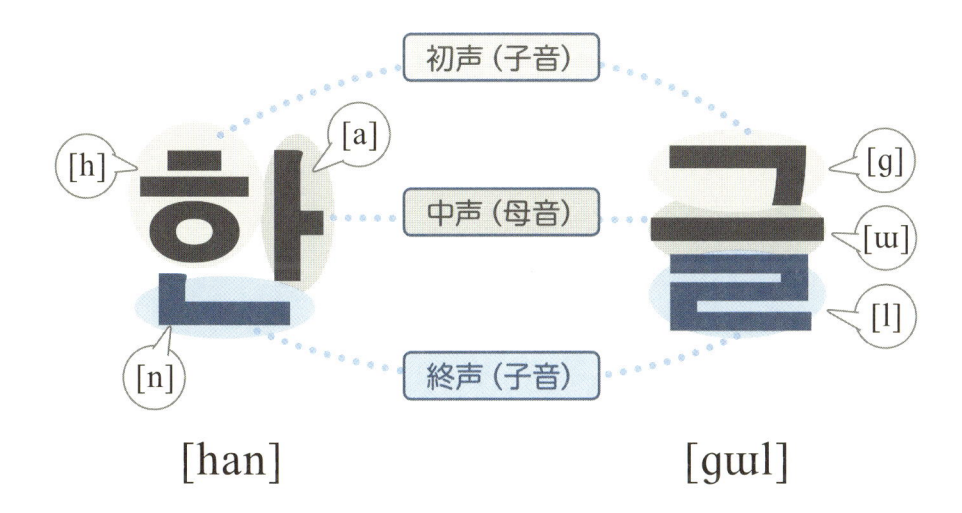

初声 (子音)

中声 (母音)

終声 (子音)

[h] [a] [n] → [han]

[g] [ɯ] [l] → [gɯl]

終声の字母は16種類だが，音は7種類だけ

終声に立ちうる子音は，音としては 7 種類です．初声の子音が 19 個であることに比べると少ないですね．しかし，書くときに用いる終声の子音字母は，次のように初声の 19 個の子音字母のうち，ㄸ, ㅃ, ㅉを除いた 16 個の子音字母が用いられます．16 通りに書かれても，発音される音としては，終声は 7 種類しかないわけです：

ㄱ ㄴ ㄷ ㄹ ㅁ ㅂ ㅅ ㅇ ㅈ ㅊ ㅋ ㅌ ㅍ ㅎ ㄲ ㅆ ㄸ ㅃ ㅆ ㅉ

終声は発音の方法によって**口音**，**鼻音**，**流音**に分けることができます．どの終声字母がどういう音を表すかを見ると，次のとおりです：

子音	実際の発音 （7 種のみ）	
ㅁ	[m ム]	
ㄴ	[n ン]	鼻音
ㅇ	[ŋ ん]	
ㄹ	[l ル]	流音
ㄱ ㅋ ㄲ	[ᵏ ク]	
ㄷ ㅌ		
ㅈ ㅊ	[ᵗ ッ]	口音
ㅅ		
ㅎ		
ㅂ ㅍ	[ᵖ プ]	

> ㅁ, ㄴ, ㅇ, ㄹ の発音はそれぞれ 1 通り，k の系列であるㄱ, ㄲはすべて [k] で，p の系列であるㅂ, ㅃは [p] で，それ以外はすべて [ᵗ] で発音します．

終声字母は文字の下半分に書く

終声を表す字母は次のように1文字の下半分の位置に書きます：

밥 [paᵖ パプ] ご飯

학 [haᵏ ハク] 〈鶴〉鶴

말 [ma:l マール] ことば

옷 [oᵗ オッ] 服

강 [kaŋ カん] 〈江〉川

> **POINT!**
>
> 終声の発音をカナで示すときは，ここでは小さいカナを使って，[ㇺ][ン][ん][ㇽ][ㇰ][ッ][ㇷ゚]のように表すことにします．終声の発音を示すときは小さいカナを用いますので，カナで発音を表す際，大きなカナの数とハングルの文字の数，つまり音節の数は常に一致します．また，舌先をつけるㄴ [n]はカタカナで [ン]，舌先をつけない ㅇ [ŋ] (エヌジー) の音はひらがなで [ん] と区別して示します．鼻音，流音，口音の順に見てみましょう．

鼻音

鼻音は鼻に息を抜く音ですので，鼻をつまんで発音すると全く発音ができなくなります．

鼻音		肺からの空気を鼻に抜く音
ㅁ	[m ㇺ]	唇をしっかり閉じて，息を鼻に抜く音．日本語の「ム」のように母音「ウ」をつけてはいけない．
ㄴ	[n ン]	舌先を上の歯，歯茎にしっかり密着させ，息を鼻に抜く音．唇は閉じない．
ㅇ	[ŋ ん]	舌先は下の歯の歯茎にしっかり密着させ，下の奥を口の天井の奥 (軟口蓋) につける．息を鼻に抜く音．唇は閉じない．舌先は上へ持ち上げない．

終声の3つの鼻音の発音

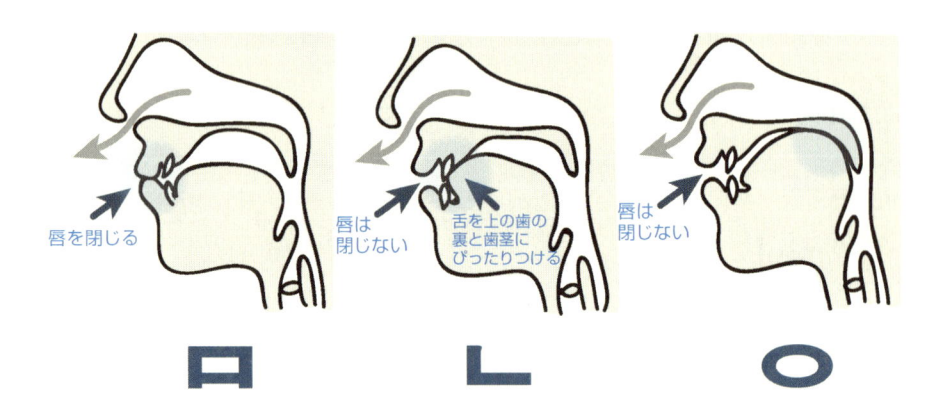

唇を閉じる　　　唇は閉じない　舌を上の歯の裏と歯茎にぴったりつける　　　唇は閉じない

ㅁ　　ㄴ　　ㅇ

　子音字母ㅇ [イゥん] は**初声字母**としては**子音がゼロ**，つまり子音がないことを示しますが，**終声字母**としては [ŋん] という音を持っていることに注意しましょう．この音のことを [エヌジー](ng) と呼ぶことにします．

　終声字母のㄴの書き方に注意しましょう：

안〇　안✕　안✕　안✕

次の単語を読んでみましょう：

마음 [maɯm マウм] 心

언니 [ɔnni オンニ] （女性から見た）お姉さん

사랑 [saraŋ サラん] 愛

선생님 [sɔnsɛŋnim ソンセんニм]〈先生－〉先生

流音

終声の流音は ㄹ [l] のみです．

ㄹ [l ル]　舌の先を口の天井にしっかりつける．つけたまま空気をすってみる．舌の両脇が涼しくなるように．

初声の流音ㄹは，日本語のラ行の発音とほぼ同じで，舌先が**上の歯の歯茎を軽くはじく音**です．しかし，終声の流音ㄹは，はじくのではなく，天井から舌をすぐ離してもいけません．**舌先を上の歯茎より更に奥のほうにしっかりつけて止める**ことが重要です．

ㄹは最後の3画めを上にはねて漢字の「己」のように書くのはいけません：

ㄹㅇ　　**ㄹ** ✕ ── はねてはいけない

얼굴 [ɔlgul オルグル] 顔

달 [tal タル] 月

서울 [sɔul ソウル] ソウル

口音

肺から出てくる空気を，唇や舌などの発音器官によって閉じて止める，つまり閉鎖するだけで破裂させない，**つまる音**になることが特徴です．いずれも無声音で濁りません：

口音		息が出ずつまる音
ㄱㅋㄲ	[ᵏク]	舌の奥のほうを，口の天井の奥のほうにしっかりつけて止める．例えば**악**のㄱは「アック」の「ク」の音を破裂させない「アㄱ」の音．
ㄷㅅㅈㅌㅆㅊㅎ	[ᵗッ]	舌先を上の歯，歯茎につけて止める．例えば**맏**のㄷは「マット」の「ト」の音を破裂させない「マッ」の音．
ㅂㅍ	[ᵖプ]	唇をしっかり閉じて止める．例えば**입**のㅂは「イップ」の「プ」の音を破裂させない「イㅂ」の音．

初声字母に来たㄱは左下に払いますが，同じㄱでも**終声字母**の位置に書かれるときは，真下に抜きます：

각
左下に払う　　真下に抜く

終声の口音 [ᵏ] [ᵗ] [ᵖ] は常に閉鎖するだけで破裂させない音です．この点で英語の book, cat, cap などの語末の [k] [t] [p] とは異なります．

次の単語を読んでみましょう：

학교 [haᵏʔkjo ハッキョ] 〈學校〉学校

책 [tʃʰɛᵏ チェㄱ] 〈冊〉本

이것 [igɔᵗ イゴッ] これ

컵 [kʰɔᵖ コㅂ] コップ

곧 [koᵗ コッ] すぐ

집 [tʃiᵖ チㅂ] 家

口音を表す終声字母

なお，口音は1つの終声を表すのに，他の子音字母が書かれる単語もあります．例えば, 낟, 낱, 낫, 낮, 낯, 낳 はすべて同じく [naᵗ] で発音されます．しかし，同じ発音であっても字母が異なると意味も異なってきます．例えば 낫は「鎌」, 낮は「昼」, 낯は「顔」の意味になります：

꽃 [ʔkoᵗ コッ] 花

끝 [ʔkɯᵗ クッ] 終わり

인터넷 [intʰɔneᵗ イントネッ] インターネット
★共和国では인터네트

2つの子音字母からなる終声

終声の子音字母に2つの子音字母が来る場合もあります．そういう場合はいずれか片方で読みます．

ㅂㅅ ㄱㅅ ㄴㅈ ㄴㅎ ㄹㅅ ㄹㅎ ㄹㅌ ㄹㅐ	前の子音字母を読む
ㄹㄱ ㄹㅐ ㄹㅍ ㄹㅁ	後ろの子音字母を読む

값 → [갑 kaᵖ カプ] 値段

닭 → [닥 taᵏ タク] にわとり

삶 → [삼 saᵐ サム] 生きること

2つの子音字母からなる終声はそう多くないので，学習が進む中で，出てくる単語から覚えるようにすればよいでしょう．

用言の活用

用言の活用——ここをしっかり押さえておくと，使える表現がぐんと増えますよ．非常に**重要**です！

用言とは？

日本語の「行く」という動詞は「行きます」，「行った」，「行けば」などのように，いろいろに形を変え，活用します．また文の中では述語になることができます．動詞，形容詞のように活用し，述語として使われるこうした単語を**用言**と言います．
　韓国語の用言は次のように**4つの品詞**に分けることができます．

品詞	辞書形	意味
動詞	맞다　[maʔta マッタ]	合う
形容詞	좋다　[tʃoːtʰa チョッタ]	良い
存在詞	있다　[iʔta イッタ]	ある．いる
指定詞	- 이다　[ida イダ]	…である

辞書形はいつも - 다で終わる！

日本語の用言の基本形は「行**く**」や「食べ**る**」，「歌**う**」，「きれい**だ**」，「良**い**」など，形が一律ではありません．しかし，韓国語では動詞も形容詞も用言は4つの品詞すべてが辞書に載るときは - 다で終わっています．このように - 다で終わっている形を**辞書形**，あるいは**基本形**とも呼びます．

用言の構造は？

語幹の後ろに語尾がつく

　用言の辞書形を見ると，맞다，좋다，있다，-이다のように，「単語の本体＋-다」という形になっています。「単語の本体」の部分を語幹と言い，後ろの-다の部分を語尾と言います。

　また，この-다の前，すなわち語幹が子音で終わっているものを，子音語幹，-다の前が母音で終わっているものを，母音語幹と呼びます：

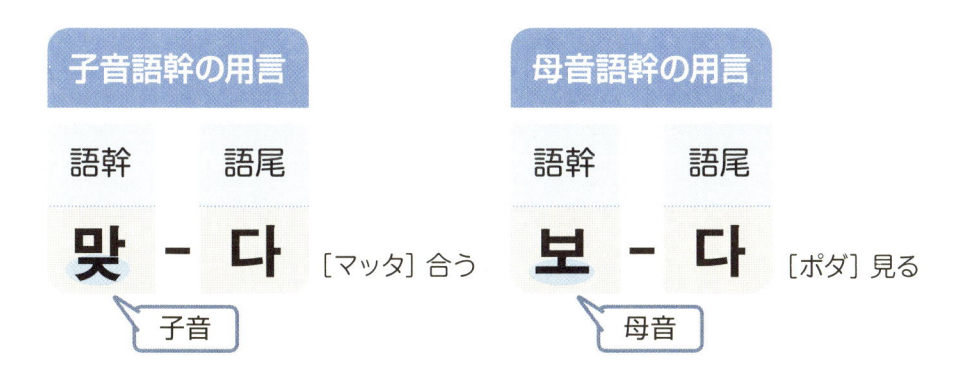

子音語幹の用言

語幹　語尾

맞 - 다　[マッタ] 合う

↑子音

母音語幹の用言

語幹　語尾

보 - 다　[ポダ] 見る

↑母音

用言は無限に形を変えるように見えるが…？

　実は用言の本体の形は3つだけ！

　用言が実際に使われるときには，辞書形のままで使われるのではありません．맞다 (合う) 1つとっても，맞아요 (合っています)，맞죠 (合ってるでしょう)，맞을까 (合うかな)，맞네요 (合ってますね)，맞았어요 (合ってました) …等々，一見すると，日本語同様，無限に形が変わっているように見えます．しかし，どんな複雑な形になっても用言の本体を見ると，どの用言も形は3つしかありません．この3つの形を語基 (ごき)，と呼びます．そしてこの3つの語基は，go-went-gone などと，単語ごとに暗記しなければならないのではありません．3つの語基は何と辞書形から規則的・機械的に作ることができるのです！

語幹は3つの語基で現れる

　上で述べたように，用言が実際に現れるときには，辞書形がそのまま使われるのではなく，すべての用言の本体は3つの形に姿を変えて現れます．つまり辞書形の語幹がそのままの形で現れるわけではなく，**語幹が3つの語基の姿**をとって現れるのです．

　辞書形だけではなく，用言はいつも「単語の本体＋後続部分」という構造になっています．「単語の本体」が語幹で，その単語の語彙的な意味を表します．語幹の後ろについている部分が語尾で，その単語の文法的な働きを受け持ちます．－다という語尾は「辞書形を作る」という働きを持っているわけです．

　辞書形が**맞다**（合う）という用言の，実際の現れの例を見てみましょう：

	語幹：単語の意味	＋	語尾：文法的な機能
I	맞 （合う）	＋	죠 （でしょう）［マッチョ］
II	맞으 （合え）	＋	면 （ば）［マジュミョン］
III	맞아 （合い）	＋	요 （ます）［マジャヨ］

これらそれぞれを**語基**という

　用言が実際に現れるときには，上のように，語幹が3つのうちのどれかの形に変わって現れ，そこに語尾がつく仕組みになっています．語幹のこの3つの形を語基と呼ぶわけです．つまり語基とは語幹の3つの姿のことです．3つの語基は，上から順に第Ⅰ語基，第Ⅱ語基，第Ⅲ語基のように呼び，それぞれⅠ，Ⅱ，Ⅲのようにローマ数字で表します．

語尾そのものの形は基本的にいつも変わらない

　日本語を見ると，「行くから」，「食べるから」，「おいしいから」のように「か

ら」という語尾はどの用言につくときも，いつも「から」という形のままで変化しませんね．韓国語でもどの用言につくときも，語尾そのものの形は変わりません．上の-죠（でしょう），-면（れば），-요（です）といった語尾は，どの単語につくときも，自分自身の形は変わらないのです．

なるほどCHECK!

日本語の話し手はこんなシステムをいちいち覚えなくても，いつも「書き＋ます」となります．「書か＋ます」とか「書く＋ます」などとはなりませんね．つまり「ます」はいつも「書き」という語基につく，と決まっているわけです．すべての語尾がどの語基につくかが決まっているとは，こうしたことをいうわけです．

3つの語基と語尾の仲は？

すべての語尾はどの語基につくかが決まっている

どの単語につくときも，語尾そのものの形は変わりませんが，すべての語尾はどの語基につくか，すなわち第何語基につくかが決まっています．すなわち，語尾によって語基の形が決まっています．

> 要するに，
> 語基とは語尾などをつける基（もと）になる形

なのです．それでは語尾ごとにいちいち第何語基につくかを覚えなければいけないのでしょうか．いえいえ，たくさんある語尾ごとに，ひとつひとつ覚える必要はありません．なぜならその語尾がどんな音で始まっているかによって，おおむね第何語基につくかがわかるからです．代表的な例を見てみましょう：

	語幹:**맞**	語尾:**다**(辞書形を作る語尾)

Ⅰ	맞 [maᵗ マッ]	**-죠**(…でしょう), **-고**(…て) など, ㄱ, ㄷ, ㅈ, 는で始まる語尾
Ⅱ	語基 맞으 [madʒɯ マジュ]	**-면**(…れば), **-ㄹ게요**(…しますから) など, ㅁ, 終声ㄹ, 終声ㄴで始まる語尾
Ⅲ	맞아 [madʒa マジャ]	**-요**(…です), **-서**(…て) など, 요, ㅅで始まる語尾

達人への道

　語尾だけではなく，単語の本体と語尾の間に入り込む，**接尾辞**と呼ばれる要素，例えば尊敬の接尾辞Ⅱ-시-や，過去の接尾辞Ⅲ-ㅆ-なども，それぞれⅡ，Ⅲにつくというように，第何語基につくか決まっています．

3つの語基の作り方は？

　次は語基の作り方です．何とありがたいことに，用言の3つの語基は基本的に辞書形から規則的に導き出すことができます．

第Ⅰ語基は辞書形から-다をとるだけ！

　第Ⅰ語基につく語尾は-고(…して), -지요/-죠(…でしょう)などがあります．第Ⅰ語基はすべての用言の**辞書形(基本形)**から**-다**をとった形です:

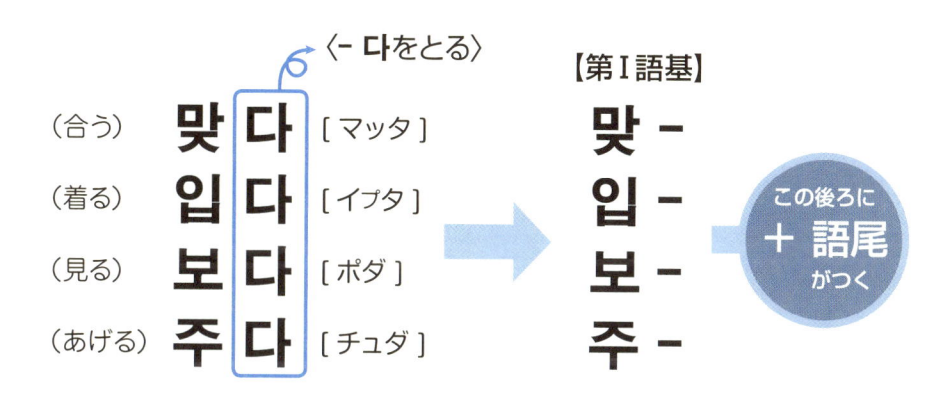

(合う) 맞다 [マッタ]
(着る) 입다 [イプタ]
(見る) 보다 [ポダ]
(あげる) 주다 [チュダ]

⟨-다をとる⟩

【第Ⅰ語基】
맞-
입-
보-
주-

この後ろに ＋語尾 がつく

第Ⅱ語基，子音語幹には -으- をつけ，母音語幹には何もつけない！

　第Ⅱ語基につく語尾は -면 (…すれば) などがあります．
　第Ⅱ語基を作るには子音語幹か，母音語幹かで区別します．辞書形から-다をとった形で，**子音語幹には -으- をつけ，母音語幹には何もつけません．**子音語幹の맞다なら -으- をつけて，맞으-，母音語幹用言の보다なら何もつけないので，보- となります．したがって母音語幹の用言の第Ⅱ語基は，結果として第Ⅰ語基と同じ形になります：

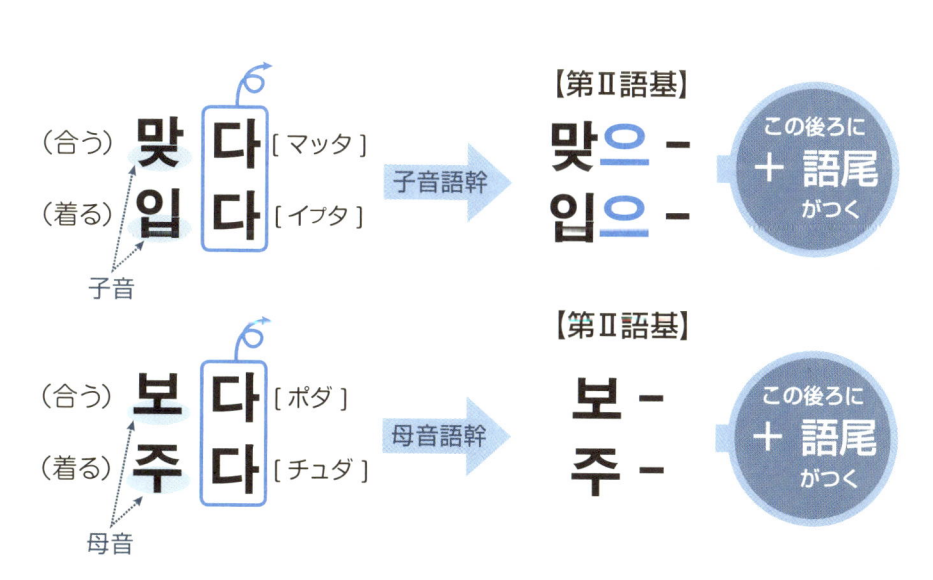

(合う) 맞다 [マッタ]
(着る) 입다 [イプタ]
　　子音

子音語幹

【第Ⅱ語基】
맞으-
입으-

この後ろに ＋語尾 がつく

(合う) 보다 [ポダ]
(着る) 주다 [チュダ]
　　母音

母音語幹

【第Ⅱ語基】
보-
주-

この後ろに ＋語尾 がつく

第Ⅲ語基は語幹最後の母音によって-아-か-어-をつける!

-요(…です・…ます)などの語尾は第Ⅲ語基につきます。

第Ⅲ語基は-다をとった語幹の最後の母音に着目します。最後の母音が-ㅏ,-ㅗの場合は-아-をつけ、それ以外の場合には-어-をつけます:

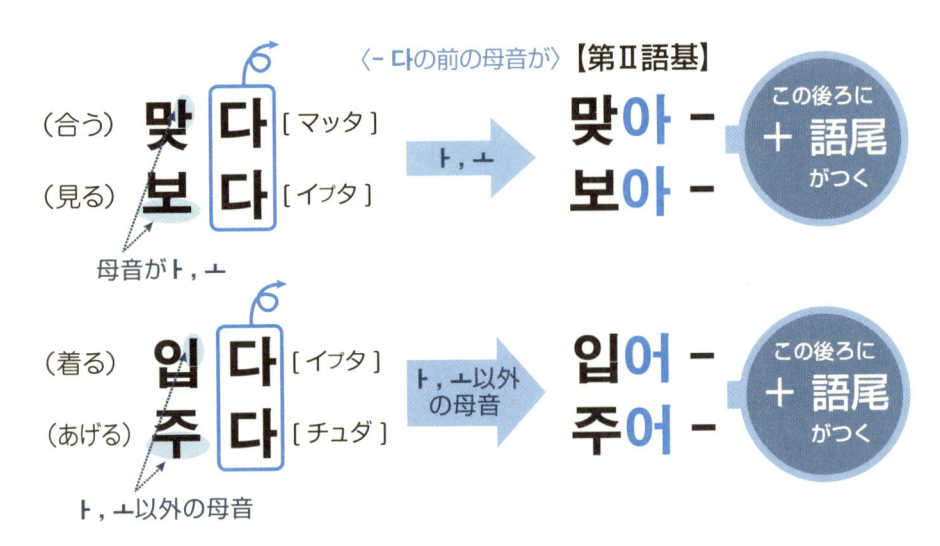

〈-다の前の母音が〉【第Ⅱ語基】

(合う) 맞다 [マッタ] ㅏ,ㅗ → 맞아- この後ろに +語尾 がつく
(見る) 보다 [ポダ]   보아-

母音がㅏ,ㅗ

(着る) 입다 [イプタ] ㅏ,ㅗ以外の母音 → 입어- この後ろに +語尾 がつく
(あげる) 주다 [チュダ]   주어-

ㅏ,ㅗ以外の母音

一部の用言を除いて、こうした3つの語基は辞書形から規則的に導き出せます。

POINT!

まとめるとたったこれだけ!● 3つの語基の作り方

第Ⅰ語基は辞書形から-다をとった形。(맞-, 주-)

第Ⅱ語基は子音語幹なのか、母音語幹なのかをまず区別する。-다をとって子音語幹なら으-をつけた形、母音語幹なら何もつけない形。(맞으-, 주-)

第Ⅲ語基は-다の直前の母音によって区別する。-다の前の母音がㅏもしくはㅗの場合は-아-を、それ以外の母音の場合は-어-をつけた形。(맞아-, 주어-)

子音語幹の用言で実践！

もう用言に語尾を自由につけられる！

辞書形の−다の直前が子音で終わっていると子音語幹，母音で終わっていると母音語幹と言うのでした．ここではドラマに出てきた子音語幹の用言を例に、実際に使ってみましょう．どれもよく使う単語です：

있다	[イッタ 읻따]	存在詞	ある．いる
없다	[オープタ 업따]	存在詞	ない．いない
멋있다	[モシッタ 머싣따]	存在詞	格好いい
괜찮다	[クェンチャンタ 괜찬타]	形容詞	大丈夫だ．かまわない
좋다	[チョータ 조타]	形容詞	良い

これらの子音語幹用言に次のような語尾をつけてみましょう．

① Ⅰ−습니다 …します．…です

例えば語尾−습니다は[スムニダ]は，第Ⅰ語基につきます．そこでこれからは，第Ⅰ語基に−습니다がついた形を，Ⅰ−습니다と表します．Ⅰ−습니다は子音語幹の用言についてハムニダ体を作る語尾です．動詞について「…します」，「形容詞」について「…です」の意になります．

② Ⅱ−면 …すれば

Ⅱ−면は「…すれば」の意を表します。

③ Ⅲ−요 …します．…です

Ⅲ−요はヘヨ体を作る形です。

	Ⅰ-습니다 (…です・ます)	Ⅱ-면 (…すれば)	Ⅲ-요 (…です・ます)
있다	있습니다	있으면	있어요
없다	없습니다	없으면	없어요
멋있다	멋있습니다	멋있으면	멋있어요
좋다	좋습니다	좋으면	좋아요
괜찮다	괜찮습니다	괜찮으면	괜찮아요

> ㅏ,ㅗ以外の母音なので-어-+語尾

> 母音がㅏ,ㅗなので-아-+語尾

> 子音語幹なので-으-+語尾

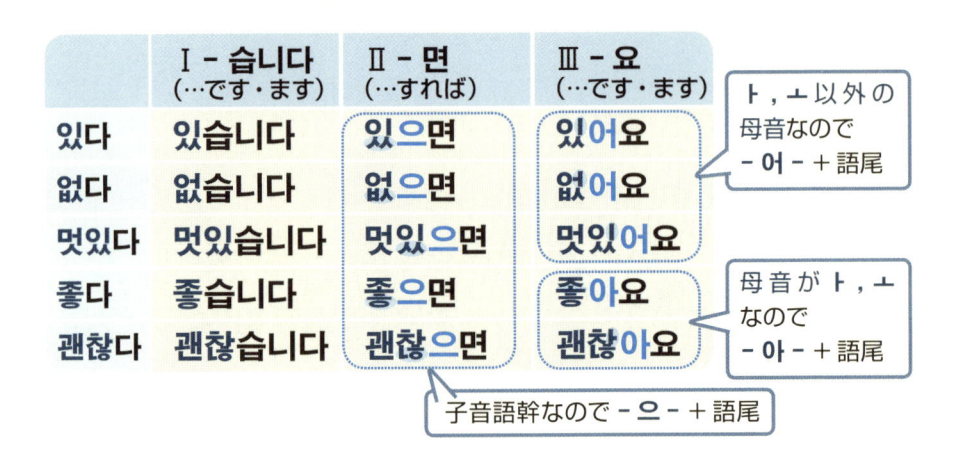

ドラマの解析だってできるぞ!

ドラマの中には次のような表現があります。それぞれ,上のどの用言の第何語基にどんな語尾がついた形か,解析してみましょう:

마키: 제 가이드 북에 사진이 있어요.
マキ:私のガイドブックに写真があります.

석우: 전 내일은 좀 시간이 없습니다.
ソグ:私は明日はちょっと時間がありません.

석우: 약속이 있어요.
ソグ:約束があります.

준호: 석우 씨 괜찮습니까?
チュノ:ソグさん,大丈夫ですか.

마키: 괜찮아요.
マキ:大丈夫です.

마키: 오빠가 요즘에 시간이 좀 없어요.
マキ:先輩が最近時間がちょっとありません.

마키: 와, 정말 멋있어요.
マキ:うわ,本当にすてきです.

마키: 너무 좋아요.
マキ:とてもいいです.

用言の活用ができると，ドラマの会話以上の会話を楽しめます．

母音の短縮形の規則

母音語幹の用言には話しことば，書きことばにかかわらず，常に第Ⅲ語基が短くなってしまうグループもあります：

【第Ⅱ語基】

① ㅏ + 아 ➡ ㅏ　가다 [カダ] (行く)　　가 - + 아　➡ 가 -
　 ㅓ + 어 ➡ ㅓ　서다 [ソダ] (立つ)　　서 - + 어　➡ 서 -

② 오 + 아 ➡ 와　오다 [オダ] (来る)　　오 - + 아　➡ 와 -
　 우 + 어 ➡ 워　배우다 [ペウダ] (習う)　배우 - + 어　➡ 배워 -

가다のように語幹がㅏで終わるものは，第Ⅲ語基でㅏをつけるときに，가+ㅏと，直接ㅏが2つぶつかってしまいます．こういう用言は第Ⅲ語基では母音ㅏを1つ消すのです．가+ㅏは가となります．そうすると，가다のように語幹が母音ㅏで終わる用言は，なんと結果として第Ⅰ語基から第Ⅲ語基までみな同じ形になってしまいます．要するに辞書形から‐다をとっただけ！　서다のように語幹がㅓで終わるものも同様です：

가다 (行く) のように語幹が母音ㅏで終わる用言
第Ⅰ語基から第Ⅲ語基までみな同じ
いつも**가**　　　超簡単！

CHECK!

語幹がㅏで終わる用言は，使われる頻度の高い単語がたくさんありますよ！　가다 (行く), 사다 (買う), 만나다 (会う), 떠나다 (去る), 비싸다 ((値が)高い), 싸다 (安い), 자다 (眠る), 차다 (ける), 타다 (乗る)　…ありすぎる

指定詞の - 이다（…である）と아니다（…ではない）の活用

　すでに学んだ指定詞 – 이다（…である）と，その否定形아니다（…ではない）の活用を見てみましょう．これらの第Ⅲ語基は原則通りの形を含め，次のような形があります． – 이다は母音語幹の体言につくと – 이 – が脱落します：

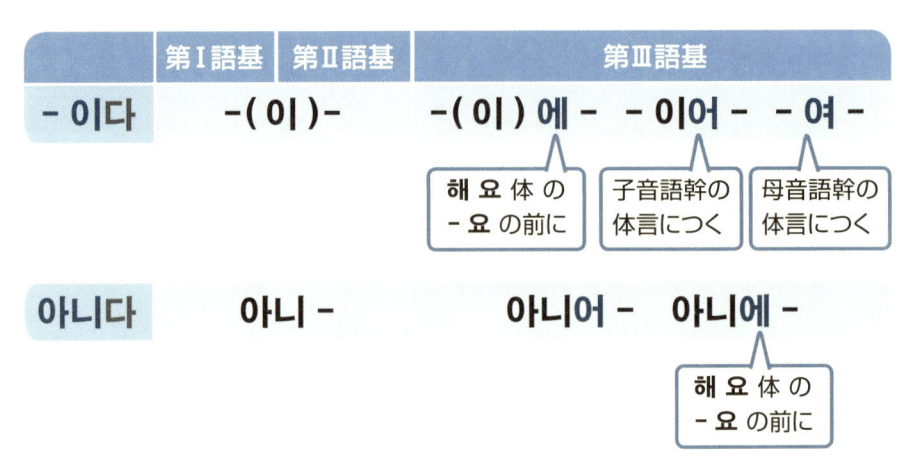

	第Ⅰ語基	第Ⅱ語基	第Ⅲ語基		
- 이다	-(이)-		-(이)에-	-이어-	-여-
			해요体の -요の前に	子音語幹の体言につく	母音語幹の体言につく
아니다	아니-			아니어-	아니에-
					해요体の -요の前に

　– 이다（…である）と – 아니다（…ではない）の，합니다体と해요体を作って練習してみましょう．なお，아니다を名詞につけて用いる場合は助詞 – 가/– 이を名詞の後につけ，「–가/– 이 아니다」（…ではない）という形を用います：

	Ⅰ- ㅂ니다 （…です：합니다体）	Ⅲ- 요 （…です：해요体）
학생이다 学生である	학생입니다	학생이에요
	学生です	
친구이다 友達である	친굽니다	친구예요
	友達です	
학생이 아니다 学生ではない	학생이 아닙니다	학생이 아니에요
	学生ではありません	
친구가 아니다 友達ではない	친구가 아닙니다	친구가 아니에요
	友達ではありません	

하다用言の活用

하다は日本語の「する」の意の動詞です．単独で1つの動詞として用いることもありますし，日本語の「勉強＋する」のように，他の名詞について新しい動詞を作ったりもします．공부하다（勉強する），전화하다（電話する），통하다（通じる），따뜻하다（暖かい），좋아하다（好む，好きだ），싫어하다（嫌う，嫌いだ）などがあります．こうした하다用言の活用はどうでしょうか．하다も母音語幹ですので，第Ⅰ語基と第Ⅱ語基は同じ形ですが，**第Ⅲ語基**は해 - となって，普通の用言とは形が異なります．名詞などと結合してできた하다用言も，単独の하다と同じように活用します：

基本形	第Ⅰ語基	第Ⅱ語基	第Ⅲ語基
하다 [ハダ]（する）	하 -	하 -	해 -
공부하다 [コンブハダ]（勉強する）	공부하 -	공부하 -	공부해 -

하다も하다用言も，第Ⅲ語基は**해** - という形になりますが，非常にかたい書きことばでは**하여** - という形も用いられます．하다と하다用言を活用させ，次の形を作ってみましょう：

	Ⅰ - ㅂ니다 （…です：합니다体）	Ⅱ - 면 （すれば）	Ⅲ - 요 （…です：해요体）
하다 する	**합니다** します	**하면** すれば	**해요** します
공부하다 勉強する	**공부합니다** 勉強します	**공부하면** 勉強すれば	**공부해요** 勉強します
좋아하다 好む	**좋아합니다** 好みます	**좋아하면** 好めば	**좋아해요** 好みます
사랑하다 愛する	**사랑합니다** 愛します	**사랑하면** 愛すれば	**사랑해요** 愛します

もう辞書だって引けるぞ!

こういう解析ができれば,用言のどんな形でも辞書が引けます.辞書を引くとは,活用して語尾類がついた形から辞書形を導き出す作業です:

辞書引きのプロセス

① 있어요を見て
② 있다の第Ⅲ語基있어 - に - 요がついた形と見抜く. - 어 - は第Ⅲ語基を作るためにつけた母音だから,있 - のようにとりはずしておいてから,辞書形を作る語尾 - 다をつけると,辞書形있다ができあがり.
③ 辞書で있다と語尾 - 요を引く
   있다「ある.いる」と - 요「…ます」だから「あり+ます」 !

日本語でわかる語基

―― **語基と語尾のかかわりを日本語で見る!**

ここは余裕があったらお読みください.ここで語尾の種類によって語基の形が変わる様子を,他ならぬ日本語で見てみましょう.まず動詞「書く」を例に見てみましょう.「書く」を無理やりハングルで表記してみると각우 [kak^{h}uカク] となります.どうやら子音語幹のようですね!この각우はどういうふうに姿を変えるでしょうか.

語基形成母音

	語幹＋(語尾)	語幹＋(語尾)	
未然形	かか＋ない	각 아	＋ 나이
連用形	かき＋ます	각 이	＋ 마스
終止形	かく＋ぞ	각 우	＋ 조
仮定形	かけ＋ば	각 에	＋ 바
未然形	かこ＋う	각 오	＋ 오
連用形	かい＋た	가 이	＋ 타 (イ音便)

日本語では「ない」は語尾ではありませんし，「ば」などは助詞と呼んでいますが，仕組みを理解する上で便宜的に語尾扱いしてみましょう．ここでは連体形は終止形と同じ形なので省いてあります．これでわかるように，日本語では，後ろにどういう語尾（相当のもの）が来るかによって，語基を選ぶ，逆に言うと，すべての語尾は 6 つのうちのどの語基につくかが決まっているということですね．「書き＋ます」となるわけですから，마스「ます」はいつも가이「書き」という語基につくと決まっていて，他の語基につけるわけにはいかないわけです．もちろん日本語母語話者はこんなシステムはいちいち覚えないでも，自動的に形を作れますね．

――語基とは語尾などをつける基(もと)になる形

　これでわかるように，語基とは，日本語の学校文法でいう，活用形に相当するものなのです．日本語ではいわゆる五段活用といわれる「書く」のような動詞は 6 つの語基を持っていることになり，かなり複雑です．
　しかし，この韓国語ではすべての用言は基本的に 3 つの語基しかありません．そしてこの 3 つの語基を第Ⅰ語基，第Ⅱ語基，第Ⅲ語基と呼ぶわけです．どの語尾が来てもこの 3 つの語基の形のどれか 1 つとだけ結びつくのです．さらに後ろに来る語尾がどんな音で始まるかで，第何語基につくかが，おおよそわかってしまうという，学習者にとっての大朗報つきなわけですね．

達人への道！

　ㅏ, ㅗを**陽母音**と言い，それ以外の母音は**陰母音**と言います．第Ⅲ語基の作り方は，陽母音には陽母音が，陰母音には陰母音がつくという，**母音調和**の規則によるものです．このページで見たように，日本語で語基を作るには，아이우에오という母音をつけて作ることにも注目しましょう．これらを**語基形成母音**と呼ぶことができます．韓国語の語基形成母音は，第Ⅰ語基ではゼロ（なし），第Ⅱ語基では으／ゼロ，第Ⅲ語基では아／어ということになります．

韓国語のスピーチレベル

　日本語に「だ・である体」「です・ます体」があるように，韓国語には해요(ヘヨ)体，합니다(ハムニダ)体，해(ヘ)体，한다(ハンダ)体という4つの**表現のスタイル**，つまり**文体**があります．こうした文体を〈**スピーチレベル**〉と呼びます．4つの文体の役割を見てみましょう．

해요(ヘヨ)体と합니다(ハムニダ)体

　韓国語の해요体と합니다体は，どちらも**丁寧な文体**で，日本語の「です・ます体」に相当します：

해요体は
① もともとソウルことばである．
② 日常的なソウルことばでは男女を問わず，非常にたくさん用いられている．
③ 柔らかくて親しみがある．

⇒ 用言の第Ⅲ語基に-요語尾をつけると해요体の形ができます．
　平叙形は文末のイントネーションを下げ，**疑問形**はイントネーションを上げます．

　　이 책 재미있어**요**? — 네, 재미있어**요**.
　　(この本，面白いですか．——ええ，面白いです．)

> **합니다体は**
> ① フォーマルな，改まった感じの文体である．
> ② 改まった場や公的な場などで用いることが多い．
> ③ どちらかというと男性が多く用いる．

平叙形は，子音語幹の用言には，第Ⅰ語基に **-습니다**をつけ，母音語幹の用言には第Ⅰ語基に **-ㅂ니다**をつけます．
疑問形は，子音語幹の用言には，第Ⅰ語基に **-습니까**をつけ，母音語幹の用言には第Ⅰ語基に **-ㅂ니까**をつけます．

이 책 재미있**습니까**?—— 네, 재미있**습니다**.
(この本, 面白いですか．——ええ, 面白いです．)
한국 영화 좋아합**니까**? —— 네, 좋아합**니다**.
(韓国の映画は好きですか．——ええ, 好きです．)

해(ヘ)体と한다(ハンダ)体

　日本語の「だ・である体」のような**非丁寧な文体**には，해体と한다体という2通りの文体があります．

　丁寧な文体である해요体と합니다体，そして非丁寧な文体である해体は，〈**話しことば**〉で主に用いられます．話し手が相手によって使い分けるわけです．これに対し，非丁寧な한다体は，不特定多数を相手にした〈書きことば〉の文体で，新聞や雑誌の記事，エッセイ，小説の地の文，論文，報告書など各種の〈**書きことば**〉で広く用いられます．

해体は用言の第Ⅲ語基の形のままで文を終止させます．平叙，疑問，勧誘，命令などの意味を文末のイントネーションで区別します：

	平叙 …する	疑問 …するの？	勧誘 …しよう	命令 …せよ
動詞	해 (Ⅲ)	해？(Ⅲ？)	해 (Ⅲ)	해 (Ⅲ)
存在詞			하자 (Ⅰ-자)	해라 (Ⅲ-라)
形容詞			なし	なし
指定詞	-(이)야	-(이)야？		

例えば먹다（食べる）の場合，해体は，먹어（食べる）먹어？（食べる?）먹어／먹자（食べよう）먹어／먹어라（食べろ）となります．また体言につく指定詞は，例えば책이다（本である．）친구다（友達である．）の場合，책이야．（本だよ．）책이야？（本なの?）친구야．（友達だ．）친구야？（友達なの?）となります．

한다体では次のような形が用いられます：

		平叙 …する	疑問 …するの？	勧誘 …しよう	命令 …せよ
動詞	子音語幹	Ⅰ-는다	Ⅰ-는가	Ⅰ-자	Ⅱ-라
	母音語幹	Ⅱ-ㄴ다			
存在詞					
形容詞		Ⅰ-다	Ⅱ-ㄴ가	なし	なし
指定詞					

例えば먹다（食べる）の場合，한다体は，먹는다（食べる）먹는가？（食べる?）먹자（食べよう）먹으라（食べろ）となります．

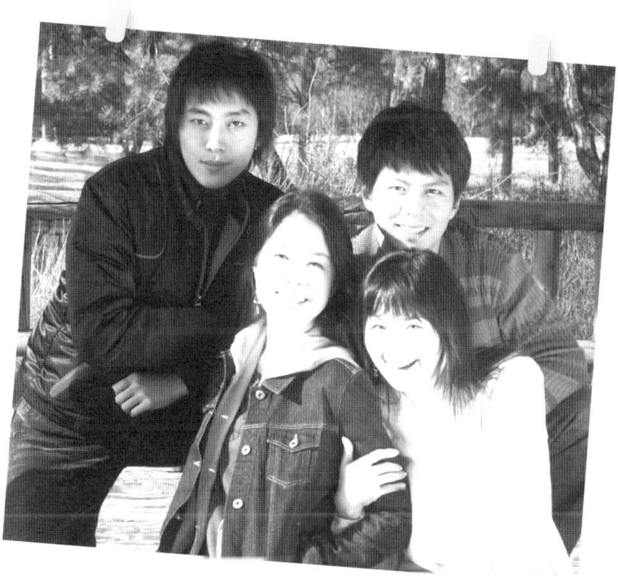

用言の活用の型

語基	語尾	하다活用	母音活用		子音活用	ㄹ活用
第Ⅰ語基	Ⅰ-다 辞書形	하다 する	놀라다 驚く	배우다 学ぶ	웃다 笑う	놀다 遊ぶ
	Ⅰ-지요? するでしょう?	하지요	놀라지요	배우지요	웃지요	놀지요
	Ⅰ-습니다 します	×	×	×	웃습니다	×
第Ⅱ語基	Ⅱ-ㅂ니다 します	합니다	놀랍니다	배웁니다	×	놉니다
	Ⅱ-십니다 なさいます	하십니다	놀라십니다	배우십니다	웃으십니다	노십니다
	Ⅱ-세요 なさいます[か]	하세요	놀라세요	배우세요	웃으세요	노세요
	Ⅱ-면 すれば	하면	놀라면	배우면	웃으면	놀면
第Ⅲ語基	Ⅲ-요 します[か]	해요	놀라요	배워요	웃어요	놀아요
	Ⅲ-ㅆ습니다 しました	했습니다 하였습니다	놀랐습니다	배웠습니다	웃었습니다	놀았습니다
	Ⅲ-ㅆ어요 しました[か]	했어요 하였어요	놀랐어요	배웠어요	웃었어요	놀았어요
例		생각하다 （思う）	서다 （立つ）	춤추다 （踊る）	찾다 （探す）	불다 （吹く）
		안녕하다 （お元気だ）	싸다 （包む）	나오다 （出る）	얻다 （貰う）	날다 （飛ぶ）
		깨끗하다 （きれいだ）	짜다 （塩辛い）	싸우다 （戦う）	적다 （少ない）	달다 （甘い）
		말하다 （言う）	모자라다 （足りない）	긴장되다 （緊張する）	좋다 （良い）	덜다 （少ない）

ㅂ変格	ㄷ変格	ㅅ変格	ㅎ変格	으活用	르変格
새롭다 新ただ	싣다 載せる	잇다 繋ぐ	까맣다 真っ黒だ	끄다 消す	고르다 選ぶ
새롭지요	싣지요	잇지요	까맣지요	끄지요	고르지요
새롭습니다	싣습니다	잇습니다	까맣습니다	×	×
×	×	×	×	끕니다	고릅니다
새로우십니다	실으십니다	이으십니다	까마십니다	끄십니다	고르십니다
새로우세요	실으세요	이으세요	까마세요	끄세요	고르세요
새로우면	실으면	이으면	까마면	끄면	고르면
새로워요	실어요	이어요	까매요	꺼요	골라요
새로웠습니다	실었습니다	이었습니다	까맸습니다	껐습니다	골랐습니다
새로웠어요	실었어요	이었어요	까맸어요	껐어요	골랐어요
눕다 (横たわる)	듣다 (聞く)	붓다 (腫れる)	저렇다 (あんなだ)	모으다 (集める)	흐르다 (流れる)
곱다 (きれいだ)	묻다 (尋ねる)	긋다 (線を引く)	하얗다 (真っ白だ)	따르다 (従う)	마르다 (乾く)
◆語幹がㅂで終わるほとんどの形容詞	걷다 (歩く) ◆動詞のみ	◆形容詞は낫다(良い)一語のみ	◆좋다以外のㅎで終わる全形容詞	나쁘다 (悪い) 슬프다 (悲しい)	다르다 (異なる) 배부르다 (満腹だ)

登場人物紹介

마키 マキ ：日本人．大学2年生．意地っ張りで，考えていることをあまり言わない性格．しかし，自分を強く導いてくれる人に憧れる，実はちょっと弱くて優しい性格．韓国の映画や歌が好きになったのがきっかけになり，ことばの勉強をはじめた．そして韓国へ行ってみる．ドラマの俳優のようなすてきな男性に出会えるのではと，淡い期待も抱いている．

준호 チュノ ：韓国人．就職を控えている大学4年生．おおらかで爽やかな性格だが，ある面，おちゃめでいいかげんなところも多く，失敗も多い．しかし，心優しく，義理人情に厚い青年である．やや古くて保守的な一面も．

석우 ソグ ：在日韓国人．大学2年生．静かだが芯の強い理知的な性格．密かに小説を書いている．母国のことばと文化を直接学ぼうと，韓国へやってきた．マキのよき理解者でもある．

지은 チウン ：韓国人．大学2年生．日本語を専攻している．素直で率直な性格．チュノを慕っているようである．

・ドラマ篇・

그대, 바람 속에
君, 風の中に

第1回　マキとチュノの出会い

●ソウルのにぎやかな街．
●大型のCD店．

　マキが真剣な顔でCDやDVDなどを探している．背負っているリュックサックのポケットからは，携帯用の傘や水のボトル，ソウル観光地図などが見える．購入したいCDのリストを見ながら，1つずつCDを棚から取り出して，手元に積んでゆく．

マキ：**아**．　**이거**．
　　　ア　　イゴ
　　　あ．　これ．

　1枚のCDを手にして明るく微笑む．左手にCDを持ち，ジャケットに書いてある歌手の名を，右手の人差し指で描きながら，ゆっくり読んでみる．

マキ：**이**，**유**，**아**．　**이유아**．
　　　イ　 ユ　 ア　　　イユア
　　　イー，ユ，ア．　　イー・ユア．

　嬉しそうに，しかし静かにつぶやく．次はジャケットの裏に書いてある曲名を読んでみる．なかなか読めないが，ゆっくり一文字ずつ指でたどって読んでみる．

제 1 회 마키와 준호의 만남

ト書きの韓国語訳

- 서울의 번화한 거리.
- 대형 시디 가게.

마키가 진지한 표정으로 시디와 디비디를 찾고 있다. 등에 멘 배낭 주머니에는 휴대용 우산과 물병, 서울 관광지도 등이 보인다. 구입하고 싶은 시디 리스트를 보면서 한 개씩 시디를 진열대에서 꺼내 자기 앞에 쌓아 놓는다.

어떤 시디를 손에 들고 밝게 웃는다. 왼손에 시디를 들고, 시디 케이스에 써 있는 가수의 이름을 오른손 검지 손가락으로 그려 가며 천천히 읽어 본다.

기뻐하며 조용히 중얼거린다. 다음에는 케이스 뒤에 써 있는 곡명을 읽어 본다. 좀처럼 빨리 읽을 수는 없지만 천천히 한 글자 씩 손가락을 움직여 가며 읽는다.

☐ 제 1(일) 회 [tʃeːir(h)we チェーイルェ] 〈第一回〉第一回

☐ 마키 [makʰi マキ] **マキ**. 日本人女性の名

☐ -와 [wa ワ] 体言語尾 …と. 書きことば形. 子音につくときは -과 [ˀkwa クァ] [gwa グァ] という別の形になる

☐ 준호 [tʃun(h)o チュノ] **チュノ**. 韓国人男性の名. 1文字ずつ切って発音すると [tʃun ho チュン・ホ] だが, 普通は[h]が脱落し [tʃuno チュノ] と発音する. 終声の初声化という現象 ⇨ p.302

☐ -의 [e エ] 体言語尾 …の

☐ 만남 [mannam マンナム] 出会い

☐ 일 [il イル] 〈一〉 一. 漢字語数詞

☐ 아 [a ア] 間投詞 あ

☐ 이거 [igɔ イゴ] これ. 話しことばで用いる

☐ 이유아 [iːjua イーユア] **イ・ユア**. 人名. ★姓の이〈李〉は共和国では리 [riː リー] という

第1回　マキとチュノの出会い

マキ：'저 바다'. '그대, 다시 여기에'.
　　　　チョ　バダ　　　　クデ　タシ　ヨギエ
　　　「あの 海」.　　　「君, 再び ここに」.

'어느 나무'. 아, 이 노래. '어느 나무'.
　オヌ　ナム　　ア　イノレ　　オヌ　ナム
　「ある 木」.　あ　この 歌.　「ある 木」.

そのCDを手元に取っておく．次のCDを探すため，積んであったCDから一歩離れたとき，一人の男性が近づいてきて，マキの隣に立つ．ちょっと見渡したところで，マキがとっておいた「イユア」のCDを見て思わず，

チュノ：어, 이유아. 여기 있다.
　　　　オ　イユア　　ヨギ　イッタ
　　　　お． イユア．　ここに　あるじゃん．

と言いながら，手に取る．突然の声にマキ，チュノのほうを見る．マキが選んでおいたCDを取ってゆくチュノに，何か言おうとするが，ことばが出てこない．悔しい表情で諦める．次のCDのアーティストの名をつぶやきながら，指で探す．

マキ：조수아, 조수아, 조…
　　　　チョスア　　チョスア　　チョ
　　　　チョ・スア, 　チョ・スア, 　チョ…

マキの指が「チョ・スア」のCDに触れる直前，チュノが手を伸べ，「チョ・スア」のCDを先に取ってしまう．

제 1 회 마키와 준호의 만남

ト書きの韓国語訳

그 시디도 밑에 내려 놓는다. 다른 시디를 찾기 위해 마키가 쌓아 놓은 시디에서 한 걸음 물러 섰을 때, 어느 한 남자가 다가와 마키 옆에 선다. 그는 시디 선반을 잠깐 둘러 보고 나서 마키가 골라 놓은 "이유아" 시디를 보고 선뜻,

라고 말하며 집는다. 그 소리에 마키, 준호 쪽을 돌아 본다. 마키가 골라 놓은 시디를 집어 가는 준호에게 뭔가 말하려고 하지만 말이 안 나온다. 억울해 하며 포기한다. 나른 시니의 가수 이름을 중얼거리며 손가락으로 찾는다.

마키의 손가락이 "조수아"의 시디에 멈추기 바로 직전, 준호가 손을 뻗쳐 "조수아" 시디를 먼저 잡는다.

- ☐ 저 [tʃɔ チョ] 冠形詞 あの
- ☐ 바다 [pada パダ] 海
- ☐ 그대 [kɯdɛ クデ] 君. やや詩語的. 歌や詩で用いる
- ☐ 다시 [taʃi タシ] 再び
- ☐ 여기 [jɔgi ヨギ] ここ
- ☐ -에 [e エ] 体言語尾 …に
- ☐ 어느 [ɔnɯ オヌ] 冠形詞 どの
- ☐ 나무 [namu ナム] 木
- ☐ 이 [i イ] 冠形詞 この
- ☐ 노래 [nɔrɛ ノレ] 歌
- ☐ 어 [ɔ オ] 間投詞 あ. おお. あら
- ☐ 있다 [iˀta イッタ] ある. いる. [iˀda イッダ] ではなく [iˀta イッタ]. この平音ㄷは濁らない. このように平音の前に [ˀ] のようなつまる音があると平音は濁らず, 常に濃音となる. これを濃音化(のうおんか)という. なおこの -다 のように子音語幹の用言につく語尾の頭の平音はすべて濃音で発音される
- ☐ 조수아 [tʃosua チョスア] チョ・スア. 人名. 「チョ」と発音する姓には「趙」氏, 「曺」氏などがある

第1回　マキとチュノの出会い

チュノ：**아 , 조수아 .**
<small>ア　　チョ ス ア</small>
<small>あ，　チョ・スア．</small>

　瞬間，マキ，腹が立ってチュノを恨めしそうに見る．チュノ，その視線に気がついて，ふとマキを見る．マキとチュノ，目が合う．マキ，ややふてくされた感じの表情．
　ため息をつき，積んであったCDを取って支払いに行く．チュノ，その彼女の後ろ姿を見る．マキに関心のありそうな表情で，微笑む．

●ソウルのある公園．

　マキ，日本から持ってきたソウルの観光ガイドブックを片手に，公園を歩く．ベンチが目に入る．その隣のベンチには帽子をかぶった青年が座って本を読んでいる．チュノである．マキ，それに気づかず，隣のベンチに座る．マキ，かばんの中から韓国語の教科書"한글（ハングル）Ⅰ"とソウルの地図を取り出し，脇に置く．次に，ソウルの観光ガイドブックを出して見ている．マキ，ガイドブックのページをめくりながら，地名をゆっくり読む．

マキ：**서울 , 신촌 , 종각 , 강남 , 압구정동 .**
<small>ソ ウル　シンチョン　チョンガク　カンナム　アプ ク ジョンドン</small>
<small>ソウル，　新村，　鐘閣，　江南，　狎鷗亭洞．</small>

　　　아 , 종각 .
<small>ア　チョンガク</small>
<small>あ，　鐘閣．</small>

제 1 회　마키와 준호의 만남

> ト書きの韓国語訳

그 순간 마키, 화가 나 준호를 노려 본다. 준호, 마키의 시선을 느끼고는 돌아본다. 마키와 준호, 눈이 마주친다. 마키, 화가 난 표정.
한숨 짓고 나서 쌓아 놓은 시디를 들고 계산대로 간다. 준호, 그녀의 뒷 모습을 바라본다. 마키에게 관심이 있는 듯한 표정, 미소 짓는다.

● 서울의 어느 공원

마키, 일본에서 가지고 온 서울 관광 가이드 북을 한 쪽 손에 들고 공원을 걷는다. 벤치가 눈에 들어 왔다. 그 옆 벤치에는 모자를 쓴 청년이 앉아서 책을 읽고 있다. 쥰호이다. 마키, 쥰호인지 모르고 옆 벤치에 앉는다. 마키, 가방에서 한국어 교과서 "한글Ⅰ"과 서울 지도를 꺼내 옆에 내려 놓는다. 그리고는 서울 관광 가이드 북을 꺼내 본다. 마키, 가이드북의 페이지를 넘기며 지명을 천천히 읽는다.

□ 서울 [sɔul ソウル] ソウル. 都. 都市名のほとんどは漢字語だが, 서울は固有語で, 漢字では書けない.「ソウル」という固有名詞のほか, 「都」の意の普通名詞でも用いる. 以下, いずれもソウルの地名
□ 신촌 [sintɕʰon シンチョン] 〈新村〉新村
□ 종각 [tɕoŋgaᵏ チョンガㇰ] 〈鐘閣〉鐘閣
□ 강남 [kaŋnam カㇺナㇺ] 〈江南〉江南
□ 압구정동 [aᵖˀkudʑoŋdoŋ アㇷ゚クジョンドン]〈狎鷗亭洞〉狎鷗亭洞. -동〈洞〉は日本語の「…町」ほどにあたる. 구のㄱは直前につまる音ㅂ[ᵖ゚]があるので[g]と濁らず濃音化し, [ˀk]と発音される

*漢字音には終声 -ㄷ[ᵗ]で終わるものはないので, 漢字語地名には -ㄷ[ᵗ]で終わる音節はない. ㅏの 5つの地名で -ㄷ[ᵗ]以外の6種の終声ㅂ, ㄱ, ㅁ, ㄴ, ㅇの練習ができる

第1回　マキとチュノの出会い

地図を広げて位置を確認する．地下鉄路線図．

マキ：**지하철 , 종각 . 음…**
　　　チハチョル　チョンガク　ウム
　　　地下鉄，　　鐘閣．　　うーん…

隣のチュノに道を尋ねようとする．本を見ながら．

マキ：**저 , 저기요 .**
　　　チョ　チョギヨ
　　　あの，すみません．

チュノ，マキを見る．マキとチュノ，目が合った瞬間，2人とも驚く．

マキ：**아 .**
　　　ア
　　　あ．

チュノ：**어 .**
　　　　オ
　　　　あ．

（音楽）

제 1 회 마키와 준호의 만남

ト書きの韓国語訳

지도를 펼쳐 위치를 확인한다. 지하철 노선도.

☐ **지하철** [tʃi (h) atʃʰɔl チハチョル] 〈地下鐵〉**地下鉄**

☐ **음** [ɯm ウム] 間投詞 **うん. うーん**

옆 벤치에 앉아 있는 준호에게 길을 물어 보려고 한다.

☐ **저** [tʃɔ チョ] 間投詞 **あの**
☐ **저기요** [tʃɔgijo チョギヨ] **あのですね. すみません.** 呼びかけ表現に用いる

준호, 마키를 본다. 마키와 준호, 눈이 마주친 순간 둘이 같이 놀란다.

☐ **아** [a ア] 間投詞 **あ**
☐ **어** [ɔ オ] 間投詞 **あ. お**

第2回　空 , 風 , 星そして君

●ソウルのある公園.

チュノ, 笑いながら応答する.

チュノ: 네.
　　　　（ネ）
　　　はい.

マキ, 慌てて, 結構です, という表情.

マキ: 아 , 아니에요 .
　　　（ア）（アニエヨ）
　　　いえ. いいです.

　マキ, ベンチに戻り, 急いで本をリュックに入れようとする. 日本語のガイドブックと韓国語の教科書"한글Ⅰ"が落ちる. チュノ, 優しい笑顔で落ちた本を拾ってやりながら.

チュノ: 일본 분이세요?
　　　　（イルボン　ブニセヨ）
　　　日本の方でいらっしゃいますか.

マキ: 네 , 일본 사람이에요 .
　　　（ネ）（イルボン　サラミエヨ）
　　　はい. 日本人です.

　マキ, 一瞬目立たないくらいに, "何でまた"という表情. チュノは, なんとなく興味ありげの嬉しい笑顔.

チュノ: 한국어 공부 하세요?
　　　　（ハングゴ　コンブ　ハセヨ）
　　　韓国語の勉強をしていらっしゃるんですか.

제 2 회　하늘, 바람, 별 그리고 그대

ト書きの韓国語訳

준호, 웃으며 대답한다.

마키, 당황하며 피하는 표정.

마키, 벤치로 가서 급히 책을 배낭에 넣는다. 일본어 가이드 북과 한국어 교과서 "한글Ⅰ"이 떨어진다. 준호, 따뜻한 미소로 떨어진 책을 주어 주며.

마키 눈에 띄지 않게 "왜, 또 이 사람이야"라는 표정. 준호는 웬지 관심을 보이며 기뻐하는 표정.

- □ 제 2(이) 회 [tʃeːiː(h)we チェーイーフェ] 〈第二回〉第二回
- □ 이 [iː] 〈二〉二. 漢字語数詞

- □ 네 [ne ネ] はい. 肯定の返事
- □ 아 [a ア] 間投詞 あ
- □ 아니에요 [aniejo アニエヨ] 違います. 結構です. 断りの表現
- □ 한글 [hangɯl ハングル] ハングル ★共和国では우리글 [urigɯl ウリグル] ということが多い
- □ 일 [il] 〈一〉一. 漢字語数詞.「Ⅰ」は [일] と読む
- □ 일본 분 [ilbonˀpun イルボンプン] 〈日本 −〉日本のかた. 尊敬語
- □ − 이세요 [isejo イセヨ] …でいらっしゃいますか. 尊敬形. 일본 분 이세요は [イルボンプンイセヨ] ではなく [イルボンプニセヨ] と発音. 終声の初声化 ⇨ p. 302
- □ 일본 사람 [ilbonˀsaram イルボンサラム] 〈日本 −〉日本人
- □ − 이에요 [iejo イエヨ] …です
- □ 한국어 [haːngugɔ ハングゴ] 〈韓國語〉韓国語. 朝鮮語 ★共和国では조선어 〈朝鮮語〉[tʃosɔnɔ チョソノ] という
- □ 공부하세요 [koŋbu(h)asejo コンブハセヨ] 〈工夫 −〉勉強なさっておられるのですか. 尊敬形

77

第2回 空, 風, 星そして君

マキ：……네.
　　　　ネ
　　　　はい.

　マキはあまり話したくないような雰囲気. チュノ, 拾った本をぺらぺら見ながら,

チュノ：어디 가고 싶으세요？
　　　　オディ カゴ シプセヨ
　　　　どこに　行きたいんですか.

マキ：….

　マキは黙って, あるページを開き, 「チョンガク」の文字を指差す. 文字クローズアップ. チュノ, いたずらっぽく, しかし優しい笑顔で,

チュノ：읽어 보세요.
　　　　イルゴ ボセヨ
　　　　読んでみてください.

　マキ, いきなりの指導にちょっと戸惑う表情.
　チュノ, 顔や肩で促すような仕草. マキ, 仕方なく,

マキ：종… 각….
　　　チョン　カク
　　　鐘　　　閣.

チュノ：야, 아주 좋은데요. 그럼 이건？
　　　　ヤ　アジュ チョウンデヨ　クロム イゴン
　　　　いや, とても いいですね.　それじゃ, これは？

マキ：음. 신… 천….
　　　ウム シン　チョン
　　　うーん. 新　　チョン.

チュノ：신촌.
　　　　シンチョン
　　　　新村.

第2回　하늘, 바람, 별 그리고 그대

> **ト書きの韓国語訳**

마키는 별로 이야기하고 싶지 않은 분위기. 준호, 주운 책 페이지를 넘겨 보며,

마키는 말 없이 한 페이지를 펴, '종각'이라는 글씨를 가리킨다. 글씨, 클로즈업. 준호, 장난기 어린, 그러면서도 상냥한 표정으로,

마키, 갑작스러운 준호의 지도에 약간 당황하는 표정. 준호, 얼굴과 어깨로 재촉하는 몸짓. 마키 할 수 없이,

☐ 어디 [ɔdi オディ] どこ
☐ 가고 싶으세요 [kagoʃipɯsejo カゴシプセヨ] **お行きになりたいですか**. 尊敬形. 가고는 가다 [kada カダ]（行く）という形で辞書に載る動詞. 辞書に載る見出語の形を**辞書形**という. Ⅰ-고 싶다は「…したい」
☐ 읽어 보세요 [ilgɔbosejo イルゴボセヨ] **読んでごらんになってください**. 尊敬形. 읽어の辞書形は읽다 [ikʲta イクタ]（読む）という形. Ⅱ-세요は尊敬語. ここでは命令を表す
☐ 야 [ja ヤ] 　**間投詞**　あ. わあ. おお
☐ 아주 [adʒu アジュ] **とても**. 非常に
☐ 좋은데요 [tʃoːɯndejo チョーウンデヨ] **いいですね**. Ⅱ-ㄴ데요は婉曲形. 좋은데요の辞書形は좋다 [tʃoːtʰa チョーッタ]（良い）. 形容詞
☐ 그럼 [kɯrɔm クロム] 　**接続詞**　**では**. それじゃあ
☐ 이건 [igɔn イゴン] **これは. 이것은**が短くなった、話しことばで用いる形

第2回　空, 風, 星そして君

マキ： <ruby>신촌<rt>シンチョン</rt></ruby>？
　　　新村?

　マキの発音を直してやったチュノ. 親指を立てて見せながら, 顔いっぱい笑顔で,

チュノ： <ruby>네<rt>ネ</rt></ruby> , <ruby>좋아요<rt>チョアヨ</rt></ruby>. <ruby>아주 좋아요<rt>アジュ チョアヨ</rt></ruby>. <ruby>이건<rt>イゴン</rt></ruby>？
　　　　ええ. いいですよ.　　 とても いいですね.　　 これは?

マキ： <ruby>명<rt>ミョン</rt></ruby>… <ruby>동<rt>ドン</rt></ruby>…
　　　明　　　洞

　思わず, マキの表情や唇にうっとりして見とれてしまう. ことばを一瞬失うチュノ.

マキ： <ruby>좋아요<rt>チョアヨ</rt></ruby>？
　　　いいですか.

チュノ： <ruby>네<rt>ネ</rt></ruby>？ <ruby>아<rt>ア</rt></ruby> , <ruby>아<rt>ア</rt></ruby> , <ruby>네<rt>ネ</rt></ruby>. <ruby>아주 좋습니다<rt>アジュ チョッスムニダ</rt></ruby>.
　　　　え?　あ,　あ,　はい.　とても いいですよ.

　慌てて答えるチュノ. 思い出したように自分のかばんの中から本を取り出す.

チュノ： <ruby>저기<rt>チョギ</rt></ruby> , <ruby>이거<rt>イゴ</rt></ruby>.
　　　　あの,　　これ.

　その本の中に挟まれていた栞を取って, 照れくさそうにマキに渡す. 栞に書いてあるハングル, クローズアップ.

　　　<ruby>하늘<rt>ハヌル</rt></ruby> , <ruby>바람<rt>パラム</rt></ruby> , <ruby>별<rt>ピョール</rt></ruby> , <ruby>그리고<rt>クリゴ</rt></ruby> <ruby>그대<rt>クデ</rt></ruby>
　　　空,　　 風,　　 星,　 そして　　 君

第 2 回　하늘, 바람, 별 그리고 그대

ト書きの韓国語訳

마키의 발음을 고쳐 주는 준호. 엄지 손가락을 세워 보이면서 만면에 미소를 지으며,

멍하게 마키의 표정과 입술에 반해 버린다. 할 말을 잃은 준호.

서둘러 대답하는 준호. 갑자기 생각이 난 듯 사시 사망 안에서 책을 꺼낸다.

그 책 안에 끼워 있던 책갈피를 꺼내 조심스레 마키에게 건넨다. 책갈피에 쓰여 있는 한글, 클로즈업.

- □ 좋아요 [tʃoːajo 조아요 チョーアヨ] 良いです. この죻のごとく, 終声字母のㅎ [ヒウッ] は母音の直前では常に発音しない ⇨ p. 307, 308
- □ 명동 [mjɔŋdoŋ ミョンドン]〈明洞〉明洞. ソウルの繁華街の地名
- □ 좋아요? [tʃoːajo チョーアヨ] 良いですか. 疑問形. 文末を上げて発音
- □ 네 [ne ネ] ええ? 네は「はい」という肯定の返事だが, このように文末を上げて発音すると「ええ?」「何ですって?」の聞き返しとなる
- □ 좋습니다 [tʃoːʔsɯmnida チョーッスムニダ] 良いです. 上の좋아요もこれと同じ意味. いずれも丁寧だが, 좋아요がやわらかい해요 (ヘヨ) 体, 좋습니다 の方がやや格式ばった합니다 (ハムニダ) 体という文体
- □ 저기 [tʃɔgi チョギ] 間投詞 あのう. えーっと. もともとは場所の代名詞で「あそこ」の意
- □ 하늘 [hanɯl ハヌル] 空. 天
- □ 바람 [param パラム] 風
- □ 별 [pjɔːl ピョール] 星
- □ 그리고 [kɯrigo クリゴ] 接続詞 そして
- □ 그대 [kɯdɛ クデ] 君. やや詩語的. 歌や詩で用いる

第2回 空, 風, 星そして君

　マキ, 受け取る. チュノ, 実際の風景を指差しながら, 栞の単語を一つずつマキに教える. まず空を指して,

チュノ: **하늘**.
　　　　(ハ ヌル)
　　　空.

マキ: **하늘**?
　　　(ハ ヌル)
　　　空?

　風でチュノの髪の毛がなびく. そっと目を閉じて,

チュノ: **바람**.
　　　　(パ ラム)
　　　風.

　マキ, チュノと同じく, そっと目を閉じる.
　そよ風でマキの長い髪が揺れる.

マキ: **바람**.
　　　(パ ラム)
　　　風.

　栞の「그대」を指した後, マキに指を向けるが, なかなか言えない.「그대」は「あなた」の意味ではあるが, 愛する人, 愛おしい人に使うことばなのである. そのとき, チュノが待っていた大学の後輩, チウンが走ってくる.

チウン: **오빠**!
　　　　(オッパ)
　　　先輩!

チュノ: **어, 지은아**.
　　　　(オ, チウナ)
　　　あ, チウン.

　チウン, マキを見て,

第2回　하늘, 바람, 별 그리고 그대

ト書きの韓国語訳

마키, 받아든다. 준호, 실제 풍경을 손가락으로 가르키며 책갈피의 단어를 마키에게 하나씩 가르쳐 준다. 먼저 하늘을 가리키며,

바람에 준호의 머릿결이 흩날린다. 살며시 눈을 감으며,

마키, 준호를 따라 눈을 감는다. 부드러운 바람에 마키의 머릿결이 흩날린다.

준호, 책갈피의「그대」라는 단어를 짚은 후, 마키를 가리키지만 좀처럼 말이 안 나온다.「그대」는「あなた」라는 의미이시반 사랑하는 사람, 그리운 사람에게 쓰는 말이다. 그 때 준호가 기다리고 있던 대학 후배 지은이가 뛰어 온다.

지은, 마키를 보고,

□ **오빠** [oʔpa オッパ] （妹から見た）**お兄さん**. 兄. 妹から見た「お兄さん」を오빠, 弟から見た「お兄さん」を형〈兄〉[hjɔŋ ヒョン] といって区別する. また, 兄弟姉妹でなくとも, 年上の親しい男性をしばしばこう呼ぶ

□ **지은아** [tʃiɯna チウナ] **チウン**. 지은は女性の名. 語末の‐아 [a ァ] は子音で終わる名前の後ろに付ける **呼びかけのマーカー**. 母音で終わる名には, 마키야（マキ!）, 준호야（チュノ!）のように, ‐야 [ja ャ] をつける. この‐아 / ‐야はいずれも目下の者を呼ぶ際に用いるもので, 目上には使えない ⇨ p.95, 219

● 지은아は [지‐은‐아 チウンア] ではなく, 必ず [지으나 tʃiɯna チウナ] と発音する. 은 [ɯn] の終声 ㄴ [n] が続く母音 ㅏ [a] の初声となり, 나 [na] と発音される. このように終声は母音の直前では, 常にその母音の初声として発音される. **終声の初声化**

これまで出た「가고 싶으세요」→ [가고시프세요],「읽어」→ [일거],「일본사람이에요」→ [일본사라미에요] なども終声の初声化 ⇨ p.302

第2回　空, 風, 星そして君

チウン: <ruby>누<rt>ヌ</rt></ruby><ruby>구<rt>グ</rt></ruby><ruby>예<rt>エ</rt></ruby><ruby>요<rt>ヨ</rt></ruby>？ <ruby>친<rt>チン</rt></ruby><ruby>구<rt>グ</rt></ruby><ruby>세<rt>セ</rt></ruby><ruby>요<rt>ヨ</rt></ruby>？
誰ですか.　　　友達ですか.

チュノ: <ruby>어<rt>オ</rt></ruby>, <ruby>아니<rt>アニ</rt></ruby>. <ruby>일본<rt>イルボン</rt></ruby> <ruby>관광객<rt>クァグァンゲ</rt></ruby><ruby>이야<rt>ギヤ</rt></ruby>.
あ,　いや.　日本の観光客だよ.

チウン: <ruby>어<rt>オ</rt></ruby>.
あ.

チウン, 元気いっぱいの声でかわいくあいさつする.

チウン: <ruby>안녕하세요<rt>アンニョンハセヨ</rt></ruby>？
こんにちは.

マキ: <ruby>안녕하세요<rt>アンニョンハセヨ</rt></ruby>？
こんにちは.

　チウン, マキのあいさつに笑顔で答えた後, すぐにチュノのほうを向く. マキにはあまり関心がない様子.

チウン: <ruby>가자<rt>カジャ</rt></ruby>. <ruby>오빠<rt>オッパ</rt></ruby>.
行こう.　先輩.

チュノ: <ruby>그래<rt>クレ</rt></ruby>.
うん.

　チウン, 満面の笑顔でチュノの腕を組みながらすぐにチュノの腕を引っ張っていく. チュノ, 笑顔で名残惜しい軽い会釈. マキのほうを見ながら去っていく.

（音楽）

제 2 회　하늘, 바람, 별 그리고 그대

ト書きの韓国語訳

지은, 씩씩하고 명랑한 목소리로 귀엽게 인사한다.

지은, 마키의 인사에 미소 지은 후, 곧 준호 쪽을 향한다. 마키에게는 별로 관심이 없는 눈치다.

지은, 함박 웃음으로 준호에게 팔짱을 끼며 준호의 팔을 끌고 간다. 준호, 서운한 듯한 미소를 지으며 마키에게 가볍게 인사한다. 마키 쪽을 돌아보며 간다.

☐ 누구 [nugu ヌグ] 誰
☐ -예요 [ejo〜ejɔ エヨ] …ですか. 母音で終わる単語につく. 子音で終わる単語につくときは -이에요 [iejo イエヨ]. いずれも文末のイントネーションを上げると疑問形となり, 下げると平叙形となる
☐ 친구 [tʃingu チング] 友達
☐ -세요 [sejo セヨ] …でいらっしゃいますか. 母音で終わる単語につく. 子音で終わる単語につくときは -이세요 [isejo イセヨ]. いずれも尊敬形. 文末のイントネーションを上げると疑問形となり, 下げると平叙形となる
☐ 아니 [ani アニ] 間投詞 いや
☐ 관광객 [kwangwaŋgɛk クァングァンゲク] 観光客
☐ -이야 [ija イヤ] …だよ. 丁寧でない形. 母音で終わる単語には -야 [ja ヤ] を用いる. 해(ヘ)体 ⇨ p.62
☐ 안녕하세요? [annjɔŋhasejo アンニョンハセヨ] おはようございます. こんにちは. こんばんは. お元気ですか. あいさつことば
☐ 가자 [kadʒa カジャ] 行こう. 가다(行く)という形で辞書に載る動詞. その勧誘形 I -자 ⇨ p.62
☐ 그래 [kɯrɛ クレ] わかった. いいよ. そうしよう. 辞書形は그러다.「そうする」の意の動詞

第3回　再会

●バスの中.

荒っぽい運転のバスの中. 急停車するたびに, マキは悲鳴を上げている.

マキ: 으악, 악.
　　　(ウアク)(アク)
　　　うわ, あっ.

マキの悲鳴に周りの人は眉間にしわを寄せる. マキ, それに気づき, 静かにしようと努める. 一人のおじいさんがバスに乗って来ると, ある青年がすぐ立ち上がって,

チュノ: 여기 앉으시죠.
　　　　(ヨギ アンジュシジョ)
　　　　ここに お座りください.

おじいさん: 아휴, 이거 고맙습니다.
　　　　　　(アヒュ)(イゴ)(コマプスムニダ)
　　　　　　おお, こりゃ ありがとうございます.

チュノ, マキの隣に立つ. バスが急停車するやいなや, ドアが開く. 入って来る強い風に, ドアの前のマキの短いスカートが舞い上がる. チュノ, 瞬間的に自分のカバンで風を防いでやるが, バスが揺れ, ふらついて思い切りマキの足を踏んでしまう.

マキ: 아.
　　　(ア)
　　　あっ.

チュノ: 아 죄송(합니다)….
　　　　(ア チェーソン)(ハムニダ)
　　　　あ, 申し訳(ございません)…

チュノ, 見覚えがあることに気づくが, マキは気づかず, 足を踏まれたことに腹を立てている.

マキ: 아이, 정말.
　　　(アイ)(チョーンマル)
　　　ほんとに もう.

제 3 회　재회

> ト書きの韓国語訳

●버스 안

난폭하게 달리고 있는 버스. 버스가 급정차 할 때마다 마키, 비명을 지르고 있다.

마키의 비명에 주위 사람들이 눈살을 찌푸린다. 마키, 눈치 채고 조용히 한다. 할아버지 한 분이 버스에 타시자, 한 청년이 일어나며,

준호, 마키 옆에 선다. 버스가 급정차 하자마자 버스 문이 열린다. 불어 오는 강한 바람에 문 앞에 서 있던 마키의 짧은 치마가 휘날린다. 준호, 순간적으로 자기 가방으로 바람을 막아 주지만 버스가 흔들리는 바람에 마키의 발을 밟고 만다.

이 때, 준호 마키를 어디선가 본 것 같은 느낌이 든다. 마키는 눈치 채지 못하고 발을 밟힌 것에 대해서 짜증을 낸다.

☐ 으악 [wakウァヶ] 間投詞 うわ. あっ. 悲鳴を表す

☐ 악 [ak アヶ] 間投詞 あっ

☐ 여기 [jɔgi ヨギ] ここ

☐ 앉으시죠 [andʒɯʃidʒo アンジュシジョ] お座りください. お座りになったらいかがですか

☐ 아휴 [a(h)ju アヒュ] 間投詞 おお. あれ

☐ 이거 [igɔ イゴ] これ

☐ 고맙습니다 [koːmapʔsɯmnida コーマプスムニダ] ありがとうございます

☐ 죄송 [tʃweːsoŋ チェーソン] 〈罪悚〉 죄송합니다 [tʃweːsoŋ(h)amnida チェーソンハムニダ] (申し訳ございません) を言いかけたもの

☐ 아이 [ai アイ] 間投詞 もう. あれ

☐ 정 말 [tʃɔːŋmal チョーンマル] 〈正 -〉 副詞 名詞 本当に. 本当

第3回　再会

● **大学の前のバス停から.**

二人, バスから降りる. マキ, 踏まれた足をやや引きずりながら歩く.
チュノ, マキの後を追い, ことばをかける.

チュノ: 저기요, 저, 혹시.
　　　　チョギヨ　　チョ　ホクシ
　　　　すみませーん, あの, ひょっとして.

マキ: 네?
　　　ネ
　　　え?

振り向いた瞬間, チュノの顔を見て, 逃げるように足早に歩き出す.

チュノ: 저기요, 잠깐만요.
　　　　チョギヨ　　チャムカンマンニョ
　　　　あのー, ちょっと.

マキ, 一瞬立ち止まり, とがめるような表情で振り向く.

マキ: 아니, 사람 발을 밟았으면 사과 정도는
　　　アニ　サーラム　パルル　パルバッ　スミョン　サグァ　チョンドヌン
　　　あれま, 人の　足を　踏んだら, 謝る　くらいは

　　　해야 하는 거 아니에요?
　　　ヘヤ　ハヌンゴ　アニエヨ
　　　しないといけないんじゃないですか.

チュノ: 아니, 사과를 안 한 게 아니라,
　　　　アニ　サグァルル　アナンゲ　アニラ
　　　　いや, 謝らなかったわけじゃ　なくて,

　　　아니, 전 그쪽의 치마가 휘날리는 걸
　　　アニ　チョン　クッチョゲ　チマガ　フィナルリヌン　ゴル
　　　いや, 私は　そちらの　スカートが　めくれるのを

　　　막아 주려다 그런 건데,
　　　マガ　ジュリョダ　クロンゴンデ
　　　防いであげようとしてて, ああなっちゃったのに,

　　　고맙다는 말은 안 하세요?
　　　コーマプタヌン　マールン　アナセヨ
　　　ありがとうの　一言も　ないんですか.

第 3 回　재회

ト書きの韓国語訳

● 대학 앞 버스 정류장에서

두 사람, 버스에서 내린다. 마키, 밟힌 발을 약간 절며 걸어간다. 준호, 마키의 뒤를 따라가다가 말을 건다.

마키, 돌아본 순간, 준호의 얼굴을 보고 도망치듯 빨리 걷기 시작한다.

마키, 순간 걸음을 멈추고 따질 듯한 얼굴로 돌아본다.

☐ 저기요 [tʃɔgijo チョギヨ] あの. すみません. 呼びかけの表現. **間投詞** 저기 (あの) に, ことばを丁寧化するマーカー －요 がついた形

☐ 저 [tʃɔ チョ] **間投詞** あの. 前置き表現

☐ 혹시 [hok²ʃi ホクシ] **副詞** ひょっとして. もしや. 前置き表現

☐ 네 [ne ネ] **間投詞** え？聞き返し. 後ろを上げて発音. 下げて発音すると「はい」という肯定の返事となる

☐ 잠깐만요 [tʃam²kanmannjo チャムカンマンニョ] しばしば [tʃaŋ²kammannjo チャンカムマンニョ] とも発音. ちょっと. ちょっと待ってください. 잠깐 (しばらく) ＋ －만 (…だけ) ＋ －요 (丁寧化のマーカー). 最後の －요は ㄴ [n] の挿入 を起こして [뇨] あるいは [녀] と発音 ⇨ ㄴ [n] の挿入は p.308

☐ 아이 [ani アー] **間投詞** いや. あれま. 一種の前置き表現

☐ 사람 [saːram サーラム] **人**

☐ 발 [pal パル] **足** (足首から先)

☐ 사과〈謝過〉[sagwa サグァ] **謝り**

☐ 치마 [tʃʰima チマ] **スカート**

☐ 말 [maːl マール] **ことば**.

第3回　再会

マキ：　뭐라구요？
　　　　ムォーラグ　ヨ
　　　　何ですって？

チュノ：그렇게 짧은 치마를 입고 다니니까 그렇잖아요．
　　　　クロ　ケ　チャルブン　チマ　ルル　イプコ　タニニカ　クロチャナヨ
　　　　そんな　短い　スカート　はいて　歩いてるからじゃないですか．

マキ：　뭐라구요？
　　　　ムォーラグ　ヨ
　　　　な，何言ってるんですか．

怒って，片足を引きずりながら，足早に去る．

チュノ：저기요，잠깐만요．
　　　　チョ　ギヨ　　チャムカン　マン　ニョ
　　　　あのー，　　　ちょっと待ってください．

チュノ，マキの後を追う．

●**大学の語学堂（韓国語教育センター）の前．**

　昼．チュノ，語学堂の前で待っている．マキが出て来る．チュノ，ことばをかける．

チュノ：저기요，
　　　　チョ　ギ　ヨ
　　　　あの…

　　　　안녕하세요？저 기억 안 나세요？
　　　　アンニョンハセヨ　　チョ　キオガン　ナセヨ
　　　　こんにちは．　　　私のこと，覚えてらっしゃいませんか．

マキ，いぶかしげな顔で見ていると，

チュノ：작년에 그 공원에서．
　　　　チャンニョネ　ク　コンウォネソ
　　　　去年，　　あの　公園で…

ト書きの韓国語訳

화를 내고는 한 쪽 다리를 끌며 도망치듯이 빠른 걸음으로 가 버린다.

준호, 마키를 따라간다.

● 대학 어학당 [한국어 교육 센타] 앞

낮. 준호, 어학당 앞에서 기다리고 있다. 마키가 나온다. 준호, 말을 긴넨다.

마키, 의심스러운 듯한 표정으로 보고 있자,

☐ 뭐라구요 [mwɔːragujo ムォーラグヨ] 何ですって？ 標準語形は뭐라고요 [mwɔːrag o jo ムォーラゴヨ] だが，実際の話しことばではしばしばこう言う．뭐（何）＋라고（…と．引用を導く）＋‐요（丁寧化のマーカー）

☐ 안녕하세요？ [annjɔŋ(h)asejo アンニョんハセヨ] 〈安寧 -〉こんにちは．おはようございます．こんばんは．お元気ですか．해요（ヘヨ）体のあいさつことば

☐ 저 [tʃɔ チョ] 私（わたくし）．目上や初対面の人に対して用いる謙譲形．目下には나 [na ナ] を用いる

☐ 기억 [kiɔᵏ キオク] 〈記憶〉 記憶 「기억 안 나세요?」は逐語訳すると「記憶，お出（で）になりませんか」の意

☐ 작년 [tʃaŋnjɔn チャンニョン] 〈昨年〉 去年．昨年．終声ㄱが鼻音ㄴの前で鼻音ㅇに変わる**口音の鼻音化**．⇨ p.305, 306

☐ ‐에 [e ㅔ] …に．작년에は逐語訳すると「昨年に」．日本語では普通「…に」は言わないが，韓国語では‐에を用いるのが普通

☐ 그 [kɯ ク] 冠形詞 その．（話の現場にない事物を指して）あの

☐ 공원 [koŋwɔn コンウォン] 〈公園〉 公園

☐ ‐에서 [esɔ エソ] …(どこどこ)で．ことが行われる場所を表す

第3回　再会

マキ: 네？……아, 그 시디가게에서.
　　　ネ　　　　ア　ク シディカ ゲ エ ソ
　　　え？　　　ああ, あの CD　ショップで.

チュノ: 네, 네, 맞아요.
　　　　ネ　ネ　マジャヨ
　　　　ええ, ええ, そうです.

チュノ, すぐ笑顔になってあいさつする.

チュノ: 안녕하십니까？
　　　　アンニョン ハ シム ニ カ
　　　　こんにちは.

マキ: 어머, 안녕하세요？
　　　オ モ　アンニョン ハ セ ヨ
　　　あら,　こんにちは.

제3회 재회

ト書きの韓国語訳

준호, 웃으며 인사한다.

□ 아 [a ア] 間投詞 あ
□ 시디가게 [ʃidiˀkage シディカゲ] 通常, 語頭を濃音にして [ˀʃidiˀkage 씨디까게] と発音. CDショップ. 가게 [kage カーゲ] は品物を売る「店」. 시디가게という単語の中で가게が [gage] ではなくて [ˀkage 까게] と濃音で発音されるのは, ２つの単語が１つになって**合成語を作る際に起こる濃音化**. 合成語で濃音化するかどうかは, 単語ごと個別に覚えねばならない ⇨ p.305
□ 네 [ne ネ] はい. 肯定の返事
□ 맞아요 [madʒajo マジャヨ] そうです. 合っています. あいづちにも用いる
□ 안녕하십니까 [annjoŋ(h)aʃimniˀka アンニョンハシムニッカ] 〈安寧-〉 こんにちは. おはようございます. こんばんは. お元気ですか. 합니다 (ハムニダ) 体のあいさつことば. ここではチュノがやや改まってあいさつをしている
□ 어머 [ɔmɔ オモ] 間投詞 あら. 女性が用いる

第4回 また新たな出会い

●大学の語学堂（韓国語教育センター）の前．

チュノ： 아니, 여기는 어떻게….
　　　　アニ　ヨギヌン　オットケ
　　　　いや,　ここには　どうして…

このとき，ソグ登場．遠くから走ってきて，息せき切ってマキを呼ぶ．

ソグ： 마키야！
　　　マキヤ
　　　マキ!

マキ： 어, 오빠．
　　　オ　オッパ
　　　あ,　先輩．

ソグ： 아, 미안！ 많이 기다렸지．
　　　ア　ミアン　マーニ　キダリョッチ
　　　いやあ,ごめん！　ずいぶん待ったろ?

マキ： 아니에요． 나도 금방 왔어요．
　　　アニエヨ　　ナド　クムバン　ワッソヨ
　　　いいえ．　　私も　来たばかりですよ．

ソグ： 어, 그래? 오늘 좀 춥다．
　　　オ　クレ　　オヌル　チョム　チュプタ
　　　あ,　そうなの．今日　ちょっと　寒いな．

ソグ，マキの上着の襟を立ててやる．チュノは二人を見ている．ソグ，隣のチュノの存在に気づく．

チュノ： 저, 안녕하세요? 박준호라고 합니다．
　　　　チョ　アンニョンハセヨ　　パクチュノラゴ　ハムニダ
　　　　あの,　こんにちは．　　　パク・チュノと　　申します．

제 4 회　새로운 만남

ト書きの韓国語訳

●대학 어학당
[한국어 교육 센터]
앞

이 때, 석우 등장. 멀리서부터 달려와, 숨찬 목소리로 마키를 부른다.

☐ 여기 [jɔgi ヨギ] ここ
☐ – 는 [nɯn ヌン] …は. 母音で終わる単語につく. 子音で終わる単語には – 은 [ɯn ウン] を用いる
☐ 어떻게 [ɔʔtɔkʰe オットケ] どのように（方法）. どうして（理由）
☐ – 야 [ja ヤ] …よ. 마키야（マキ!）のように, 母音で終わる単語について, 呼びかけに用いる. 子音で終わる単語には지은아（チウン!）のように – 아 [a ア] を用いる ⇨ p.83, 219
☐ 오빠 [oʔpa オッパ]（妹から見た）兄さん. 兄. 先輩. 兄妹の関係になくとも, ここでのように女性が親しい年上の男性にも用いる
☐ 미안〈未安〉[mian ミアン] ごめん. 目下に用いる略式の謝罪. 目上には죄송합니다〈罪悚 – 〉[tʃweːsoŋ(h)amnida チェーソンハムニダ] という
☐ 많이 [maːni マーニ] たくさん
☐ 기다렸지 [kidarjɔˀtʃi キダリョッチ] 待ったろう? 目下に用いる形. 辞書形は기다리다（待つ）
☐ 아니에요 [aniejo アニエヨ] 指定詞 違います. いいえ. 辞書形아니다（…ではない）の해요（ヘヨ）体
☐ 나 [na ナ] わたし. ぼく. 目上には저を用いる
☐ – 도 [do ド]. [ⁿ][ˡ][ᵏ] のあとでは [ˀɯ ト] …も
☐ 금방 [kɯmbaŋ クムパン]〈今方〉すぐ. 今し方

석우가 마키의 옷깃을 여며 준다. 준호, 둘을 바라보고 있다. 석우가 옆에 선 준호의 존재를 알아차린다.

☐ 왔어요 [waˀsɔjo ワッソヨ」来ました. 辞書形오다（来る）の過去形の해요（ヘヨ）体
☐ 그래 [kɯrɛ クレ] そう. うん. 目下への返事
☐ 오늘 [onɯl オヌル] 今日
☐ 좀 [tʃom チョム] ちょっと
☐ 춥다 [tʃuᵖˀta チュプタ] 形容詞 寒い
☐ 박준호 [paᵏˀtʃun(h)o パクチュノ] パク・チュノ
☐ – 라고 합니다 …と申します. 子音で終わる単語には「– 이라고 합니다」を用いる

第4回　また新たな出会い

チュノ: 여기 경영학과 사학년이에요.
ここの　経営学科　　　4年生です.

マキ: 저기… 저….
あのう…　その…

작년에 한국에 왔을 때 우연히 만난 분이에요.
去年　　韓国に　　来た　とき，偶然　　　会った　方なんです.

ソグ: 어, 그래?
ああ, そう.

전 김석우라고 합니다.
私は　キム・ソグと申します.

일본외국어대학 삼학년입니다.
日本外国語大学の　　　　　3年生です.

チュノ: 아, 네. 예? 김석우 씨, 일본 분이세요?
ああ, はい. え?　キム・ソグさん, 日本の方ですか.

성함은 한국 분이신 것 같은데.
お名前は韓国の方みたいですが.

ソグ: 네, 전 재일교포에요.
はい,　私は在日僑胞です.

チュノ: 아, 재일교포세요?
あ, 在日僑胞でいらっしゃいますか.

第 4 回　새로운 만남

- ☐ 경영학과 [kjɔŋjɔŋ(h)aᵏ⁷kwa キョンヨンハックァ]〈經營學科〉**経営学科**
- ☐ 사학년 [sa:(h)aŋnjɔn サーハんニョン]〈四學年〉**4 年生**. 학년は**口音の鼻音化**で [항년] と発音 ⇨ p.305, 306
- ☐ **- 이에요** [iejo イエヨ] 指定詞 …です. 사학년이에요（4 年生です）のように, 子音で終わる単語につく. 母音で終わる単語につくときは - 예요 という形を用いる. 母音につくこの - 예요 は - 에요 と書かれることもある. 発音はいずれも [ejo エヨ]. 辞書形 - 이다 （…である） の 해요 （ヘヨ） 体 ⇨ P.60
- ☐ 한국 [ha:nguk ハーングク] しばしば [haŋguk 항국ハんグク] とも発音.〈韓國〉**韓国**
- ☐ 분 [ʔpun プン][bun ブン] 依存名詞 **方** （かた）. 尊敬語. 必ず他の単語のあとについてのみ用いられるこうした名詞を**依存名詞**あるいは**不完全名詞**という. 依存名詞は前の単語とつけて発音する
- ☐ 전 [tʃɔn チョン] **私は**. 저（私）+ - 는（…は）の短縮形. 話しことばで多用される
- ☐ 김석우 [kimsɔgu キムソグ] **キム・ソグ**
- ☐ 일본외국어대학 [ilbonwegugɔdɛ(h)aᵏ イルボンウェグゴデハク]〈日本外國語大學〉**日本外国語大学** （架空の大学名）
- ☐ 삼학년 [sam(h)aŋnjɔn サマんニョン]〈三學年〉**3 年生**.「1 年生」は 일학년 [ir(h)aŋnjɔn イラんニョン],「2 年生」は 이학년 [i:(h)aŋnjɔn イーハんニョン]
- ☐ **- 입니다** [imnida イムニダ] 指定詞 …です. 辞書形 - 이다 （…である） の 합니다 （ハムニダ） 体 ⇨ P.61
- ☐ 네 [ne ネ] **はい, ええっ?** 肯定の返事. 文末を上げて発音すると聞き返しになる
- ☐ 일본 [ilbon イルボン]〈日本〉**日本**.「일본 분」で「日本の方」
- ☐ 성함 [sɔ:ŋ(h)am ソーんハム]〈姓銜〉**お名前**. 尊敬語. 非尊敬語の「名前」は 이름 [irum イルム]
- ☐ 재일교포 [tʃɛ:ilgjopʰo チェーイルギョポ]〈在日僑胞〉**在日僑胞** （きょうほう）. **在日韓国人. 在日朝鮮人**
- ☐ **- 세요** [sejo セヨ] **…でいらっしゃいますか**. 母音で終わる単語につく. 子音で終わる単語には - 이세요 [isejo イセヨ] を用いる. それぞれ - 예요, - 이에요 の尊敬形

97

第4回　また新たな出会い

ソグ: **네, 재일교포 삼셉니다.**
　　　はい．在日僑胞の3世です．

チュノ: **네.**
　　　なるほど．

チュノ, マキの方を見る．(준호, 마키를 본다.)

マキ: **전 핫토리 마키에요.**
　　　私は 服部マキです．

チュノ: **아, 네. 유학생이세요?**
　　　あ．そうですか．留学生でいらっしゃいますか．

ソグ: **네, 한 달 코스 어학 연수 중이에요.**
　　　ええ．1か月　コースの　語学研修中です．

マキ, ソグを見て．(마키, 석우를 보고,)

マキ: **오빠, 배 고파요. 빨리 밥 먹으러 가요.**
　　　先輩．おなかすいちゃってるんですよ．早くご飯 食べに 行きましょ．

ソグ: **그래, 가자. 저기… 준호 씨두 같이 가시겠어요?**
　　　うん．行こう．えっと…　チュノさんも 一緒に お行きになりますか．

マキ, やや不満げそうな顔．(마키, 약간 불만스러운 표정.)

マキ: **아니에요. 바쁘실 텐데.**
　　　だめですよ．　　お忙しいでしょうから．

チュノ: **아유, 아닙니다. 저쪽에 아주 맛있는 집이 있어요.**
　　　あ．そんなことありませんよ．あっちに とっても おいしい 店が あるんですよ．

98

제 4 회　새로운 만남

- [ ] 삼세 [samse サㇺセ]〈三世〉三世
- [ ] -ㅂ니다 [mnida ㇺニダ] 指定詞 …です．삼세입니다→삼셉니다のように, 母音で終わる単語につくときに-입니다の-이-が脱落した形. 話しことばで多用される
- [ ] 핫토리 마키 [haᵗhori makʰi ハットリ マキ] 服部マキ. 日本語のつまる音「っ」はこのようにㅅで書く．「と」(토)「き」(키) などのように語中の清音は平音(도,기)ではなくて、激音で書く
- [ ] 유학생 [juhakˀsɛŋ 유학쌩 ユハクセン]〈留學生〉留学生. ★류학생
- [ ] 한 [han ハン] ひとつの．「한 달」で「ひと月」
- [ ] 코스 [kʰosɯ コス] コース. このように英語からの外来語の [p][t][k][tʃ] は激音ㅍㅌㅋㅊで表記する
- [ ] 어학 [ɔ(h)aᵏ オハク]〈語學〉語学
- [ ] 연수 [jɔːnsu ヨーンス]〈研修〉研修．「어학 연수」は [ɔ(h)aŋnjɔnsu 어항년수 オハンニョンス] と発音．[n] の挿入と鼻音化が起こっている ⇨ p.305, 306, 308
- [ ] 중 [tʃuŋ チュン]〈中〉 依存名詞 (…の) うち. 中
- [ ] 배 [pɛ ペ] おなか
- [ ] 고파요 [kopʰajo コパヨ] 形容詞 (おなかが) すいています. 辞書形고프다 (すいている) の해요 (ヘヨ) 体. 합니다 (ハㇺニダ) 体なら고픕니다となる
- [ ] 빨리 [ˀpalli パㇽリ] はやく
- [ ] 밥 [pap パㇷ゚] ごはん
- [ ] 먹으러 [mɔgɯrɔ モグロ] 食べに. 辞書形は먹다 [mɔᵏˀta モクタ] (食べる).「밥 먹으러」は続けると口音の鼻音化を起こして [pammɔgɯrɔ 밤머그러 パㇺモグロ] と発音　Ⅱ-러は「…しに」という目的を表す形．Ⅱについては ⇨ p.51
- [ ] 가요 [kajo カヨ] 行きましょうよ. 辞書形가다 (行く) の해요 (ヘヨ) 体
- [ ] 가자 [kadʒa カジャ] 行こう. 辞書形は가다 (行く). Ⅰ-자は目下に用いる勧誘形
- [ ] 아닙니다 [animnida アニㇺニダ] 指定詞 違います. 結構です. 断りの表現
- [ ] 집 [tʃip チㇷ゚] 家. (修飾語を伴って) 店
- [ ] 있어요 [iˀsɔjo 이써요 イッソヨ] あります. 存在詞 있다 (ある. いる) の 해요 (ヘヨ) 体. 합니다 (ハㇺニダ) 体なら있습니다となる

第4回　また新たな出会い

チュノ： 제가 안내해 드리겠습니다.
　　　　私が　案内して　さしあげます.

3人が少し歩いていったところで，チウン，友人たちと立ち話をしている．（셋이서 조금 걸어간 곳에 지은이가 친구들과 얘기를 나누고 있다.）

チュノ： 어, 지은아.
　　　　あ, チウン.

チウン： 선배, 어디 가세요?
　　　　先輩,　どこに行かれるんですか.

チュノ： 너 작년에 공원에서 만났던 일본 분 기억나?
　　　　君さ, 去年　公園で　会った　日本の方, 覚えてる?

チウン： 작년에요? 아, 네. 아, 그 분.
　　　　去年ですか.　あ,　はい.　ああ, あの方.

チュノ： 어, 우리 학교로 어학 연수 오셨대.
　　　　おお.　うちの　学校に　語学研修に　来られたんだって.

チウン： 어머, 그러세요?
　　　　あら,　そうなんですか.

チュノ： 핫토리 마키 씨.
　　　　服部マキさん.

그리구 이 분은 마키 씨 어학당 친구 분인
それから　この方は　マキさんの　語学堂の　お友達の

김석우 씨. 재일교포시래.
キム・ソグさん.　在日の方だって.

第4回 新しい出会い

- 제가 [tʃega チェガ] 私が
- 안내해 [aːnnɛ(h)ɛ アーンネヘ]〈案内 −〉案内して. 辞書形は안내하다 [aːnnɛ(h)ada アーンネハダ]（案内する）
- 드리겠습니다 [dɯrigeʔsɯmnida ドゥリゲッスムニダ]（…して）さしあげます. 辞書形は드리다（さしあげる）
- 어디 [ɔdi オディ] どこ
- 가세요？ [kasejo カセヨ] お行きになるのですか. 辞書形가다（行く）の尊敬形の해요（ヘヨ）体
- 기억나 [kiɔŋna キオンナ]〈記憶 −〉覚えてる? 辞書形기억나다（覚えている. 思い出す）の**해（ヘ）体**. 해（ヘ）体は目下に用いるぞんざいな文体で반말 [パーンマル] ともいう.「기억나」（記憶出る?＝覚えてる?）は続けると**口音の鼻音化**を起こし [kiɔŋna 기엉나キオンナ] と発音
- 작년에요？ [tʃaŋnjɔnejo チャンニョネヨ] 去年にですか. 작년（去年）＋ − 에（… に）＋ − 요（…ですか. 聞き返しの丁寧化）
- 우리 [uri ウリ] わたしたち. ぼくたち
- 학교 [hakʔkjo 학꾜 ハッキョ]〈學校〉学校. **濃音化** ⇨ p.304, 305
- − 로 [ro ロ] …へ（方向）. …で（手段）. 母音や ㄹ で終わる単語につく. 子音で終わる単語には − 으로 [ɯro ウロ] を用いる
- 그러세요 [kɯrɔsejo クロセヨ]. そうでいらっしゃいますか. 辞書形그렇다（そうだ）の尊敬形の해요（ヘヨ）体
- 그리구 [kɯrigu クリグ] そして. 標準語形は그리고 [kɯrigo クリゴ] だが, 話しことばではしばしばこの形を用いる
- 이 [i イ] 冠形詞 この.「이 분」で「この方」
- 어학당 [ɔ(h)akʔtaŋ オハクタン]〈語學堂〉語学堂. 大学の語学研修センターをこう呼ぶ
- 친구 [tʃʰingu チング]〈親舊〉友達.「친구 분」で「お友達の方」
- − 이신 [iʃin イシン] …でいらっしゃる…. 指定詞 − 이다（…である）の尊敬形の連体形
- − 시래 [ʃirɛ シレ] …でいらっしゃるんだって. 指定詞 − 이다（…である）の尊敬形をぞんざいな해（ヘ）体の引用形で言った形. ここではソグに対して尊敬形を用い, チウンに対してはぞんざいな形である해（ヘ）体で言っている. このように日本語同様,「尊敬／非尊敬」と「丁寧／ぞんざい」を区別する

第4回　また新たな出会い

チウン: 네. 안녕하세요?
　　　　ええ．こんにちは．

チュノ: 이쪽은 동아리 후배예요.
　　　　こちらは　サークルの　後輩です．

チウン: 이지은입니다. 만나게 돼서 반갑습니다.
　　　　イー・チウンです．　お会いできて　うれしいです．

マキ,ソグ: 네. 안녕하세요?
　　　　ええ．こんにちは．

チュノ: 우리 지금 밥 먹으러 가는데 같이 갈래?
　　　　僕たち　今，ご飯　食べに　行くんだけど，一緒に行く？

チウン: 아, 좋아요.
　　　　ええ，いいですよ．

　チュノ，喜んで前に立つ．マキ，不満げな顔．ソグ，「いいじゃないか」というサインをマキに送る．(준호는 기뻐하면서 앞장선다. 마키 불만스러운 표정. 석우, '괜찮아'라는 사인을 마키에게 보낸다.)

● 韓国料理店．

店員: 어서 오세요.
　　　いらっしゃいませ．

マキ: 난 한식 별론데.
　　　私，韓国料理あまり好きじゃないんだけど．

チュノ: 왜요?
　　　　どうしてですか．

マキ: 매운 건 싫어요.
　　　辛いのは嫌いなんです．

- [ ] 이쪽 [iʔtɕokʰ イッチョク] こっち
- [ ] －은 [ɯn ウン] …は. 子音で終わる単語につく. 母音で終わる単語には －는 [nɯn ヌン] を用いる
- [ ] 동아리 [toŋari トンアリ] **サークル. 同好会**
- [ ] 후배 [huːbɛ フーベ] 〈後輩〉**後輩**
- [ ] 이지은 姓名をつけて発音すると [iːdʑiɯn イージウン], 切って発音すると [iːtɕiɯn イー チウン] **イー・チウン**
- [ ] 만나게 [mannage マンナゲ] **会うことに**. 辞書形は만나다 [mannada マンナダ] (会う)
- [ ] 돼서 [t(w)ɛːsɔ トェーソ] **なって**. 辞書形は되다 [t(w)eda トェダ] (なる)
- [ ] 반갑습니다 [paŋɡapʔsɯmnida パンガプスムニダ] しばしば [paŋɡapʔsumnida パんガプスムニダ] と発音. **うれしいです**. 辞書形반갑다 [paŋɡapʔta パンガプタ] の합니다（ハムニダ）体
- [ ] 지금 [tɕiɡɯm チグム] 〈只今〉**今**
- [ ] 가는데 [kanɯnde カヌンデ] **行くんだけど**. 辞書形は가다 (行く)
- [ ] 같이 [katɕʰi カチ] **一緒に**. これは [katʰi カティ] ではなくて [katɕʰi 가치 カチ] と発音. [i] の前でㅌがㅊと発音されるこうした現象を**口蓋音化** (こうがいおんか) という ⇨ p.301
- [ ] 갈래 [kallɛ カルレ] **行く?** 目下に해(ヘ)体で意志を尋ねている. 辞書形は가다 (行く)
- [ ] －ㄹ래 [llɛ ルレ] **…する?** 意志を尋ねる. 해(ヘ)体の語尾
- [ ] 좋아요 [tɕoːajo チョーアヨ] **良いです**. 辞書形좋다 (良い) の해요 (ヘヨ) 体
- [ ] 어서 오세요 [ɔsɔ osejo オソ オセヨ] **いらっしゃいませ**. 店員のあいさつ
- [ ] 난 [nan ナン] **わたしは. ぼくは**. 나 [na ナ] (わたし) ＋ －는 [nɯn ヌン] (…は) の短縮形
- [ ] 별론데 [pjɔllonde ピョルロンデ] 〈別 －〉**それほど好きじゃないのに. いまいちなのに**. 별로 (たいしたことないもの) ＋ －이－ (…である. 指定詞) ＋ －ㄴ데 (…のに). 母音で終わる별로という単語の後ろで指定詞の －이－ が脱落している
- [ ] 왜요 [wɛːjo ウェーヨ] **どうしてですか**. 副詞왜 (なぜ) に**丁寧化のマーカー** －요がついた形
- [ ] 매운 [mɛun メウン] 形容詞 辛い. 辞書形맵다 (辛い) の連体形
- [ ] 건 [ɡɔn ゴン] **のは**. 依存名詞の것 (もの) ＋ －은 (…は) の短縮形
- [ ] 싫어요 [ɕirɔjo シロヨ] 形容詞 嫌です. 辞書形싫다 (嫌だ) の해요 (ヘヨ) 体

第4回 また新たな出会い

チュノ: 여긴 정말 맛있어요. 한번 드셔 보세요.
ここはほんとにおいしいんですよ.　一度召し上がってみてください.

마키 씨, 이거 한번 드셔 보세요, 순두부찌개.
マキさん,　これ一回召し上がってみてください.　スンドゥブチゲ.

マキ: …

チュノ: 석우 씨는 동태찌개 어떠세요?
ソグさんは　タラチゲ,　いかがですか.

ソグ: 동태찌개요? 예, 뭐, 그러죠.
タラチゲですか.　ええ,　まあ,　そうしましょう.

　一人で注文を決めてしまうチュノの態度に, やや動揺するマキとソグ.（혼자서 메뉴를 정해 버리는 준호의 태도에 약간 동요하는 마키와 석우.）

チュノ: 지은아, 너는?
チウン,　君は?

チウン: 난 오빠랑 같은 거.
私は 先輩と　同じの.

　チュノ, 微笑みながら.（준호, 미소 지으며.）

チュノ: 여기요. 순두부찌개 하나하고 동태찌개 세 개 주세요.
すみません. スンドゥブチゲ　1つと　タラチゲ3つください.

104

제 4 회　새로운 만남

- [ ] 여긴 [jɔgin ヨギン] ここは. 여기（ここ）＋ －는（…は）の短縮形
- [ ] 정말 [tʃɔːŋmal チョーンマル]〈正 －〉 副詞 本当に. 名詞 本当
- [ ] 맛있어요 [maʃiʔsɔjo マシッソヨ] 存在詞 おいしいです. 辞書形맛있다（おいしい）の해요（ヘヨ）体
- [ ] 한번 [hanbɔn ハンボン] 副詞 〈－番〉一度. ちょっと. 試しに
- [ ] 드셔 [tɯʃɔ トゥショ] 召し上がって. 辞書形은드시다 [tɯʃida トゥシダ]（召し上がる）. 尊敬形
- [ ] 보세요 [posejo ポセヨ]（…して）みてください. 辞書形보다 [poda ポダ]（見る）の尊敬形の해요（ヘヨ）体. Ⅲ 보다で「…してみてください」
- [ ] 순두부찌개 [sundubuʔtʃigɛ スンドゥブッチゲ]〈－豆腐 －〉スンドゥブチゲ. 豆腐のチゲ. 찌개は鍋物の一種
- [ ] 동태찌개 [toːŋtʰɛʔtʃigɛ トーンテッチゲ]〈凍太 －〉トンテチゲ. タラのチゲ
- [ ] 어떠세요 [ɔʔtɔsejo オットセヨ] いかがですか. 辞書形어떻다 [ɔʔtɔtʰa オットッタ]（どんなだ）の尊敬形の해요（ヘヨ）体
- [ ] － 요 [jo ヨ] …ですか. 聞き返しに用いた丁寧化のマーカー. 동태찌개 요 ？のように母音で終わる単語には － 요 [jo ヨ]を用い, 이쪽 이요 ？[iʔtʃogijo イッチョギヨ]（こっちですか）のように子音で終わる単語には － 이요 [ijo イヨ]を用いる. なお, これは指定詞ではなく, 語尾（助詞）の1つ ⇨ p.115
- [ ] 뭐 [mwɔː ムォー] 代名詞 間投詞 何. まあ. ぼかし表現
- [ ] 그러죠 [kɯrɔdʒo クロジョ] はい. 辞書形그러다（そうする）
- [ ] － 랑 [raŋ ラン] …と. 母音で終わる単語につく. 子音で終わる単語には － 이랑 [iraŋ イラン]を使う. 話しことばで用いる
- [ ] 같은 [katʰɯn カトゥン] 形容詞 同じ. 辞書形같다（同じだ）の連体形
- [ ] 거 [gɔː ゴ] [ʔkɔ コ] 依存名詞 もの. の. 것 [gɔʔ ゴッ][ʔkɔʔ コッ]の話しことば形
- [ ] 여기요 [jɔgijo ヨギヨ] すみません. 店員を呼ぶ際などの呼びかけ
- [ ] 하나 [hana ハナ] 1つ. 固有語の数詞
- [ ] 세 [seː セー] 3つの. 固有語の数詞の連体形
- [ ] 개 [gɛ ゲ][ʔkɛ ケ]〈個〉〈箇〉 名数詞 …個.「세 개」で「3個」「みっつ」
- [ ] 주세요 [tʃusejo チュセヨ] ください. 辞書形주다 [tʃuda チュダ]（くれる）の尊敬形の해요（ヘヨ）体

第5回 衝突 – 風の中へ

● 韓国料理店 (식당)

　マキ, 不満げに食堂を見渡してみる. そのとき, 壁に貼ってあるポスターが目に入る. (마키, 불만스러운 표정으로 식당 안을 둘러본다. 그 때, 벽에 붙어 있는 포스터가 눈에 들어온다.)

マキ： 아, 권상우다！
　　　　ア　　クォンサンウダ
　　　あ, クォン・サンウだ！

チウン： 권상우 팬이세요？
　　　　クォンサンウ　　ペニセヨ
　　　クォン・サンウのファンでいらっしゃいますか.

マキ： 네, 팬이에요. 이병헌, 원빈 다 팬이에요.
　　　ネ　ペニエヨ　　イービョンホン　ウォンビン ター　ペニエヨ
　　　ええ, ファンです. イー・ビョンホン, ウォン・ビン, みんなファンです.

ソグ： 마키의 유학 목적이 권상우예요.
　　　マ　キ　エ　　ユハヶ　モクチョギ　　クォンサンウ　エ　ヨ
　　　マキの　　留学　目的が　　クォン・サンウなんですよ.

チュノ： 정말이에요？ 잘 됐네요.
　　　　チョーンマ　リ　エ　ヨ　　チャルドェンネ　ヨ
　　　本当ですか.　　　　それはよかった.

　　　제가 우리 대학 권상웁니다.
　　　チェガ　ウリ　テーハク　クォンサンウムニ　ダ
　　　私が　うちの　大学の　クォン・サンウなんですよ.

マキ, ソグ： ….

チウン： 하하하.
　　　　ハ　ハ　ハ
　　　きゃはは.

第 5 回　충돌−바람 속으로

- [ ] 권상우 [kwɔnsaŋu クォンサンウ] **クォン・サンウ**. 俳優の名
- [ ] − 다 [da ダ] …だ. 指定詞 − 이다（…である）の 한다（ハンダ）体というぞんざいな形. − 이다の한다体は辞書形と同じ形で − 이다となるが, ここでは권상우が母音で終わっているので − 이 − が脱落している. 한다体は広く書きことばに用いられるが, 話しことばに現れる한다体は, しばしば感嘆を表す ⇨ p.62
- [ ] 팬 [pʰɛn ペン] **ファン**. 英語などの外来語の [f] の音はこの팬のようにㅍで表す. 패션 [pʰɛʃon ペション]（ファッション）, 필름 [pʰillɯm ピルルム] ★필림 [pʰillim ピルリム]（フィルム）などもこの例
- [ ] − 이세요 [isejo イセヨ] **…でいらっしゃいますか**. 指定詞の尊敬形の해요体. 子音語幹につく. 母音語幹では − 세요 [sejo セヨ]. 一般に해요体は文末を下げると平叙文, 上げて発音すると疑問文になる
- [ ] 이병헌 [iːbjɔŋ(h)ɔn イービョンホン] **イー・ビョンホン**. 俳優の名
- [ ] 원빈 [wɔnbin ウォンビン] **ウォンビン**. 俳優の名
- [ ] 다 [taː ター] 副詞 **みんな**
- [ ] − 의 [e エ] 助詞 強調すると [ɰi ウィ] とも発音. **…の**
- [ ] 유학 [juhaᵏ ユハク]〈留學〉**留学**. ★共和国では류학 [rjuhaᵏ リュハク]. この「留」（リュウ）のように, 日本語の音読みでラ行で始まる漢字は, 共和国では [r] 音で始まるが, 韓国では [r] 音が脱落したり, [n] の音になったりする. 요리★료리（〈料理〉料理）や 내일★래일〈來日〉（明日）もこの例
- [ ] 목적 [mokᵏtʃɔᵏ モクチョク]〈目的〉**目的**.「유학목적」（留学目的）は続けると [유항목쩍 ユハンモクチョク] と発音. **口音の鼻音化** ⇨ p.305, 306
- [ ] 잘 됐네요 [tʃald(w)ɛnnejo チャルドェンネヨ] **よかったですね**.「잘 됐네요.」は逐語訳すると「よく＋なりましたね」の意. 됐네요の辞書形は되다 [tweda トェダ]（なる）. 됐 [뙏] ＋ 네가 [땐네] となるのも**口音の鼻音化**
- [ ] 제가 [tʃega チェガ] **私が**. 저（私）＋ − 가（…が）はこの形になる
- [ ] 대학 [tɛː(h)aᵏ テーハク]〈大學〉**大学**. 学部. 四年制の「大学」は正式には대학교〈大學校〉[tɛː(h)aᵏkjo テーハッキョ] という. 大学には大学の中の「学部」の意もあり,「서울대학교 인문대학」〈− 大學校人文大學〉（ソウル大学人文学部）のように用いたりする
- [ ] − ㅂ니다 [mnida ㇺニダ] **…です**. 辞書形 − 이다（…である）の − 입니다の − 이 − が脱落した形で, 母音語幹につく
- [ ] 하하하 [(h)a(h)a(h)a ハハハ] **はははは**. 笑い声を表す

107

第5回 衝突—風の中へ

おかずが出てくる．(반찬이 나온다．)

チュノ，チウン： **우와, 맛있겠다．**
うわあ　　おいしそう．

マキ，指さしておかずの名を読み上げる．
(마키, 손가락으로 가리키며 반찬 이름들을 말해 본다．)

マキ： **배추김치, 깍두기, 이건．**
白菜のキムチ，　カクトゥギ，　これは．

チュノ： **파김치．이건 총각김치예요．**
ネギのキムチ．　これは　チョンガクキムチです．

マキ： **이게 다 김치예요？**
これが　みんなキムチなんですか．

이거 다 못 먹으면 너무 아깝잖아요．
これ　みんな　食べられないと　とっても　もったいないじゃないですか．

チュノ： **그러니깐 다 먹어야죠．**
だから　　　みんな食べなくちゃね．

チュノ，おいしそうにキムチをご飯もなしで食べる．続いて料理が出てくる．
(준호, 김치를 밥도 없이 맛있게 먹는다．잇달아 요리가 나온다．)

チュノ，チウン： **우와, 잘 먹겠습니다．**
うわあ，　いただきまーす．

チウン： **어때요？**
どうですか．

第5回　衝突－바람 속으로

- [ ] 반찬 [pantʃʰan パンチャン]〈飯饌〉おかず
- [ ] 우와 [uwa ウワ] 間投詞 わあ
- [ ] 맛있겠다 [maʃitʲkʲetʲta マシッケッタ] おいしそうだ．辞書形は맛있다 [maʃitʲta マシッタ]（おいしい）
- [ ] 배추김치 [pɛːtʃʰugimtʃʰi ペーチュギムチ] 白菜のキムチ. 배추は「白菜」
- [ ] 깍두기 [ˀkakˀtugi カクトゥギ] カクトゥギ. 日本語ではしばしば「カクテキ」と呼ばれる
- [ ] 이건 [igɔn イゴン] これは. 이것 [igɔtʲ イゴッ]（これ）＋ -은 [ɯn ウン]（…は）の短縮形．話しことば
- [ ] 파김치 [pʰagimtʃʰi パギムチ] ネギのキムチ. 파は「ネギ」
- [ ] 총각김치 [tʃʰoːŋgaˀkimtʃʰi チョーンガクキムチ]〈總角－〉チョンガクキムチ. 총각は未婚の男性のこと
- [ ] 이게 [ige イゲ] これが. 이것 [igɔtʲ イゴッ]（これ）＋ -이 [i イ]（…が）の短縮形．話しことば
- [ ] 이거 [igɔ イゴ] これ. 이것 [igɔtʲ イゴッ]（これ）の話しことば形
- [ ] 못 [moːtʲ モーッ] 副詞 …できない．動詞の前につけて不可能を表す
- [ ] 먹으면 [mɔgɯmjɔn モグミョン] 食べれば．辞書形は먹다 [mɔkˀta モクタ]（食べる）
- [ ] 너무 [nɔmu ノム] 副詞 あまりにも．とても
- [ ] 아깝잖아요 [aˀkapʲtʃanajo アッカプチャナヨ] もったいないじゃないですか．辞書形は아깝다 [aˀkapʲta アッカプタ]（もったいない．惜しい）
- [ ] 그러니깐 [kɯrɔnıˀkan クロニッカン] だから
- [ ] 먹어야죠 [mɔgɔjadʒo モゴヤジョ] 食べないと．食べなくては．辞書形は먹다 [mɔkˀta モクタ]（食べる）
- [ ] 잘 먹겠습니다 [tʃal mɔkˀkeˀsɯmnida チャルモッケッスムニダ] いただきます．食事を始めるあいさつことば．辞書形は먹다 [mɔkˀta モクタ]（食べる）
- [ ] 어때요 [ɔˀtɛjo オッテヨ] 形容詞 どうですか．辞書形어떻다 [ɔˀtɔtʰa オットッタ]（どんなだ）の해요体

第5回　衝突―風の中へ

ソグ： 어, 좀 맵지만 아주 맛있는데요.
あ、ちょっと辛いけど、とてもおいしいですね。

マキ： 매워요. 전 안 먹을래요.
辛いですよ。私は食べません。

ソグ： 어? 그래? 그럼 다른 거 먹어.
あ　そう？　じゃ、違うの食べて。

チュノ： 아니, 조금만 더 드셔 보….
いや、もうちょっとだけ食べてみ…

ソグ： 여기요, 여기 메뉴판 좀 갖다 주세요.
すみません、ここ、メニューをちょっと持ってきてください。

チウン： 어, 맛있는데.
あら、おいしいのに。

●語学堂(어학당)

チュノ： 안녕하세요?
こんにちは。

マキ： 어머, 안녕하세요?
あら、こんにちは。

チュノ： 수업, 끝나셨어요?
授業、終わられましたか。

第 5 回　衝突 - 바람 속으로

- [ ] 좀 [tʃom チョㇺ] 副詞 ちょっと
- [ ] 맵지만 [mɛpʔtʃiman メㇷ゚チマン] 辛(から)いけど. 辞書形は 맵다 [mɛpʔta メㇷ゚タ]（辛い）
- [ ] 아주 [adʒu アジュ] とても
- [ ] 맛있는데요 [maʃinnɯndejo 마신는데요 マシンヌンデヨ] おいしいですね. おいしいですが. 辞書形は 맛있다（おいしい）. 発音, **口音の鼻音化**に注意 ⇨ p.305, 306
- [ ] 매워요 [mɛwɔjo メウォヨ] 辛いです. 辞書形맵다の해요体
- [ ] 안 [an アン] 副詞 …しない. 用言の前につけて否定を表す
- [ ] 먹을래요 [mɔgɯllejo モグㇽレヨ]（意志を表して）食べます.「안 먹을래요」で「食べません」. 辞書形먹다 [mɔkʔta]（食べる）
- [ ] 그래 [kɯrɛ クレ] 間投詞 そう? 文末を上げて発音すると「そう?」, 下げると「そう」「うん」の意となる. なお, 同形で形容詞と動詞もある
- [ ] 그럼 [kɯrɔm クロㇺ] 接続詞 じゃ. だったら
- [ ] 다른 [tarɯn タルン] 別の. 違う. 辞書形다르다（異なる）の連体形
- [ ] 먹어 [mɔgɔ モゴ] 食べて. 食べるよ. 辞書形は먹다（食べる）. ソグはマキに対して目下に使う해（ヘ）体という文体で話している. ここでは해体の命令形 ⇨ p.62
- [ ] 조금 [tʃogɯm チョグㇺ] 少し. ちょっと
- [ ] - 만 [man マン] …だけ
- [ ] 드셔 보 「드셔 보세요.」[tɯʃɔbosejo トゥショボセヨ]（召し上がってごらんになってください）を言いかけたもの
- [ ] 여기요 [jɔgijo ヨギヨ] すみません. 店員などへの**呼びかけ表現**
- [ ] 여기 [jɔgi ヨギ] ここ
- [ ] 메뉴판 [menjupʰan メニュパン]〈- 板〉メニュー
- [ ] 갖나 주세요 [kaʔtadʒusejo カッタジュセヨ] 持って来てください
- [ ] 맛있는데 [maʃinnɯnde マシンヌンデ] おいしいのに. おいしいけど. 辞書形は맛있다（おいしい）. **口音の鼻音化**
- [ ] 어머 [ɔmɔ オモ] 間投詞 あら. 女性が用いる
- [ ] 수업 [suɔp スオㇷ゚]〈授業〉授業
- [ ] 끝나셨어요 [ʔkɯnnaʃʔsɔjo クンナショッソヨ] 終わられましたか. 尊敬形. 発音, **口音の鼻音化**

第5回　衝突―風の中へ

マキ： 아뇨, 아직이에요.
　　　 いいえ, まだです.

チュノ： 오후엔 무슨 수업이세요?
　　　 午後は 何の 授業ですか.

マキ： 오후엔 도우미 지은 씨하고 스터디예요.
　　　 午後は チューターのチウンさんと 勉強会です.

チュノ： 지은이가 도우미예요?
　　　 チウンが チューターなんですか.

マキ： 네, 지은 씨가 저희 도우미세요.
　　　 ええ, チウンさんが 私たちの チューターです.

チュノ： 그래요? 음, 제가 더 좋은 거 보여 드릴게요.
　　　 そうですか. うん, 私が もっといいのを 見せてさしあげますから.

マキ： 어.
　　　 あ.

チュノ, 無理やりマキをバイクに乗せる.
（준호, 억지로 마키를 오토바이에 태운다.）

チュノ： 타세요.
　　　 お乗りください.

ブルルンと音を響かせてバイクが去った後にソグが現れる.
（부르릉 소리를 울리며 오토바이가 떠난 뒤에 석우가 나타난다.）

ソグ： 아니, 이봐요. 마키야.
　　　 あれ, おーい. マキー!

第5回　衝突－바람 속으로

- □ 아뇨 [anjo アニョ] 間投詞 いいえ．否定の返事．間投詞아니（⇨p.85）に丁寧化のマーカー－요がついた아니요の短縮形で，話しことばでは普通はこの短縮形を用いる
- □ 아직 [adʒik アジク] 副詞 まだ
- □ －엔 [en エン] …には．－에 [e エ]（…に）＋－는 [nɯn ヌン]（…は）の短縮形．오후엔は逐語訳すると「午後には」．普通「…に」にあたる－에をつけてこのようにいう．日本語ではこうした場合「午後には」より「午後は」を好むが，오후（午後）のような時間を表す名詞を副詞的に用いる際に，この－에 [e エ]（…に）が用いられる
- □ 무슨 [musɯn ムスン] 冠形詞 何の
- □ 도우미 [toumi トウミ] チューター．コンパニオン．大学などで留学生の勉強を助けてやるために制度的に置いた学生をこう呼ぶ．博覧会などのコンパニオンにも用いる．「手伝ってくれる人」の意
- □ 씨 [ʔɕi シ]〈氏〉…さん．…氏
- □ －하고 [hago ハゴ] …と
- □ 스터디 [sɯtʰɔdi ストディ] 勉強会．学習会．英語 study からの外来語
- □ 지은이가 [tɕiɯniga チウニガ] チウンが．지은（チウン）＋－이＋－가（…が）．この－이は，子音で終わる人名について親しさやかわいさ，また場合によっては軽蔑などを表す．日本語で似ているものを強いて挙げれば，「チウンちゃん」「チウンのやつ」ぐらいしか見あたらず，日本語にはぴったり相当するものはない．また面白いことに，母音で終わる人名にはこれにあたる形がない
- □ －가 [ga ガ] …が．母音で終わる単語につく子音で終わる単語には－이 [i イ]．
- □ 저희 [tɕɔi チョイ] 私たち．私ども．発音上，普通ㅎ [h] は脱落する．目上に用いる謙譲形．非謙譲形は우리 [uri ウリ]
- □ 그래요？ [kɯrejo クレヨ] そうですか．辞書形그렇다（そうだ）の해요体．イントネーションに注意．文末を上げれば疑問文，下げれば「そうです」という平叙文
- □ 좋은 [tɕoːɯn チョーウン] 良い．辞書形좋다 [tɕoːtʰa チョータ]（良い）という形容詞の連体形
- □ 보여 드릴게요 [pojɔdɯrilʔkejo ポヨドゥリルケヨ] 見せてさしあげますから．보여の辞書形は보이다（見せる），드릴게요の辞書形は드리다（さしあげる）
- □ 타세요 [tʰasejo タセヨ] お乗りください．辞書形は타다 [tʰada タダ]（乗る）
- □ 이봐요 [ibwaːjɔ イブァーヨ] 間投詞 おーい．あのですね．元来は「これ見なさいよ」の意．呼びかけに用いる
- □ －야 [ja ヤ] 母音で終わる単語につき，呼びかけを表す⇨p.219

第 5 回　衝突―風の中へ

そのとき，チウンが走って来る．（그 때, 지은이가 달려온다.）

チウン：**석우 씨.**
　　　　ソグ ッシ
　　　　ソグさん．

ソグ：**아 , 지은 씨 .**
　　　ア　 チウン シ
　　　あ，　チウンさん．

チウン：**저거 , 준호 선배예요 ?**
　　　　チョゴ　　チュノ　ソンベエヨ
　　　　あれ，　　チュノ　先輩ですか．

ソグ：**네 .**
　　　ネ
　　　ええ．

チウン：**근데 , 뒤엣사람은 누구예요 ?**
　　　　クンデ　トゥィーエッサラムン　ヌグエヨ
　　　　ところで　後ろの 人は　　　誰ですか．

ソグ：**마키예요 .**
　　　マ キ エ ヨ
　　　マキですよ．

チウン：**네 ? 마키 씨요 ?**
　　　　ネ　マキ ッシヨ
　　　　ええっ？ マキさんですか？

　　　　어 , 둘이 어디 가는 거예요 ?
　　　　オ　トゥーリ オディ カヌン　ゴエヨ
　　　　え，2人は　どこに　行くんですか．

ソグ：**… .**

ソグ，悔しそうな表情．（석우, 분한 표정.）

114

□ **저거** [tʃɔgɔ チョゴ] あれ. **저것** [tʃɔgɔ̚ チョゴッ]（あれ）の話しことば形. 話の現場で, 遠くにある目に見えるものを指していう. ここではチュノたちの乗ったバイクを指している. こそあどの代名詞を整理しよう：

	これ	それ	あれ
書きことば形	이것	그것	저것
話しことば形	이거	그거	저거

□ **선배** [sɔnbɛ ソンベ]〈先輩〉先輩
□ **근데** [kɯnde クンデ] 接続詞 ところで. で
□ **뒤엣사람** [twiːeʔsaram トゥィーエッサラム] 後ろにいる人. 뒤에는元来は「後ろに」の意.「後ろの人」を「뒤에 사람」や「뒤의 사람」とは普通言わない
□ **사람** [saːram サーラム] 人
□ **누구** [nugu ヌグ] 誰
□ **- 요** [jo～jɔ] …ですか. 聞き返しの**丁寧化のマーカー**. ここでは「네？마키 씨？」（ええっ？マキさん？）に - 요をつけて「네？마키 씨 요 ？」（ええっ？マキさん です か ？）と, ソグに対して丁寧に言っている. **語尾, 助詞類や母音で終わる単語**につくときは - 요がつくが, **子音で終わる単語**につくときは「네？일본 사람 이요 ？」（えっ？日本人ですって？）のように, **- 이요**という形が用いられる. これは**聞き返しを丁寧にする語尾**（助詞）で, 指定詞の - 이다（…である）ではない. 指定詞なら例えば「저 사람은 마키 씨 예요 ？」（あの人はマキさん ですか ？）という形になる. 日本語にすると**丁寧化の - 요 / - 이요**も指定詞の - 이에요 / - 예요もいずれも同じ「ですか」という形になってしまうところが面白い

□ **둘** [tuːl トゥール] 2つ. 2人. 数詞には「ヒトツ」「フタツ」…にあたる**固有語数詞**と,「イチ」「ニ」…にあたる**漢字語数詞**があるが, この둘は固有語の数詞. こうした場合に漢字語数詞は使えない. 固有語数詞と固有語数詞は互いに用いられ方が決まっている. 一から十までの固有語数詞は ⇨ p.135
□ **어디** [ɔdi オディ] どこ
□ **가는 거예요** [kanɯngɔejo カヌンゴエヨ] 行くのですか. 가는は辞書形가다（行く）の連体形. 거は依存名詞で「の」「もの」, - 예요は指定詞 - 이다の해요体.「가는＋거＋-예요」で, 日本語の「行く＋の＋ですか」と同じ構造をしている

第5回　衝突—風の中へ

●バイクで走る二人（오토바이를 타고 달리는 두 사람）

　バイクで走っている二人．音楽．
(오토바이를 타고 달리는 두 사람 . 음악 .)

チュノ： **바람이 시원하죠 ?**
　　　　 パ ラ ミ　シウォナジョ
　　　　風が　　　気持ちいいでしょ？

マキ： **도대체 어디로 가는 거예요 ?**
　　　トデチェ オディロ カヌン ゴエヨ
　　　いったい，どこへ行くんですか．

チュノ： **바람 속으로요 .**
　　　　パ ラム ソグ ロ ヨ
　　　　風の中へですよ．

マキ： **뭐라구요 ?**
　　　ムォーラグ ヨ
　　　何ですって？

□ 오토바이 [otʰobai オトバイ] **オートバイ**

□ 바람 [param パラム] **風**

□ - 이 [i イ] **…が**. 子音で終わる単語につく. 母音で終わる単語には - 가 [ga ガ]

□ 시원하죠 [ʃiwɔn(h)adʒo シウォナジョ] **気持ちいいでしょう？ すかっとするでしょう？** 辞書形は시원하다 [ʃiwɔn(h)ada シウォナダ] (気持ちがいい. すかっとする. 涼しい). [시워나죠] という発音のように**語中の初声の ㅎ（ヒウッ）[h] は弱化したり脱落したりする** ⇨ p.307

□ 도대체 [todɛtʃʰe トデチェ] 〈都大體〉 副詞 **一体**

□ - 로 [ro ロ] **…へ**. **方向**を表す. また「…で」という**方法**も表せる. 母音やㄹ [リウル] で終わる単語につく. 子音で終わる単語には - 으로 [ɯro ウロ] がつく:

	- 로 / - 으로 …へ
母音やㄹで終わる単語に	어디로 (どこへ), 서울로 (ソウルへ)
子音で終わる単語に	바람 속으로 (風の中へ)

□ 바람 속으로요 [paramˀsogɯrojo パラムソグロヨ] **風の中へですよ**. 바람 (風) + 속 (中) + - 으로 (…へ) + - 요 (丁寧化). 「바람 속으로」だけで終わるとぞんざいなので, **丁寧にするために丁寧化のマーカー - 요 / - 이요**を用いたもの. この文末の - 요が円く尖らせる [jo] ではなく, 口の開きが非常に大きく発音させていることが, ドラマの画面でもよくわかる

□ 속 [soːᵏ ソーク] **奥. 中**

□ 뭐라구요 [mwɔːragujo ムォラグヨ] **何ですって？** 뭐 (何) + - 라구 (…と) + - 요 (丁寧化). ここでも「뭐라구」(何だって?) だけではぶっきらぼうになるので, **丁寧化のマーカー - 요 / - 이요**を用いている

□ 뭐 [mwɔː ムォー] **何**. 무엇 [muɔᵗ ムオッ] の話しことば形

□ - 라구 [ragu ラグ] **…と**. 引用を導く. 標準語形は - 라고 [rago ラゴ] だが, ソウルの話しことばではしばしばこのようにいう

第 6 回　民俗村 – 揺れる心

●民俗村 (민속촌)

マキ，怒っている．チュノは微笑みながら走る．
(마키 , 화가 나 있다 . 준호는 미소 지으며 달린다 .)
バイクが着いたところは民俗村．
(오토바이가 도착한 곳은 민속촌 .)

マキ： 여기가 어디에요 ?
　　　ここは　どこですか．

チュノ： 민속촌이에요 .
　　　民俗村です．

マキ： 민속촌이요 ?
　　　民俗村ですか．

チュノ： 네 , 한국 옛날의 전통적인 마을이에요 .
　　　ええ．韓国の　昔の　伝統的な　村です．

マキ： 그런데 저를 왜 여기로 데리고 오셨어요 ?
　　　でも．私を　どうしてここに　連れてらっしゃったんですか．
　　　그것도 이렇게 억지로 . 너무하지 않아요 ?
　　　それも　こんな　無理やり．ひどすぎるんじゃないですか．

チュノ： 아이 너무 그렇게 화내지 마세요 .
　　　いや，あまり　そう　怒らないでください．

第6回　민속촌-흔들리는 마음

- □ 민속촌 [minsokt͡ɕʰon ミンソクチョン] 〈民俗村〉**民族村**．文化保存や観光のために固有の建築や民俗資料を集めて作った村
- □ 여기 [jɔgi ヨギ] ここ．「そこ」は거기,「あそこ」は저기
- □ 어디 [ɔdi オディ] どこ．"여기가 어디에요?"は逐語訳すると「ここがどこですか」だが,「ここはどこですか」の意．このように, 어디（どこ）など疑問詞を持つ疑問文では, 日本語なら「ここはどこですか」と「…は」を用いるところで,「…が」にあたる - 가 / - 이を用いるのが普通．おおむね「…は= - 는 / - 은」,「…が= - 가 / - 이」と考えてよいが, こうした**疑問詞疑問文**では対応が崩れることがある
- □ - 이요 [ijo イヨ] …のことですか．…ですか．**丁寧化のマーカー**．子音で終わる単語につく．母音で終わる単語, あるいは語尾や助詞につくときは - 요 [jo ヨ]を用いる．この - 이요は指定詞ではない．⇨ 指定詞の活用については p.56
- □ 옛날 [jeːnnal イェーンナル] 昔．**口音の鼻音化**を起こし,[옛]がㄴの前で[옌]と発音されている
- □ 전통적인 [t͡ɕɔntʰoŋd͡ʑɔgin チョントンジョギン] 〈傳統的 -〉**伝統的な**
- □ 마을 [maul マウル] 村
- □ 그런데 [kɯrɔnde クロンデ] 接続詞 ところで．でも．で
- □ - 를 [rɯl ルル] …を．母音で終わる単語につく．子音で終わる単語には - 을 [ɯl ウル] がつく
- □ - 로 [ro ロ] …へ（方向）．…で（方法）．母音やㄹで終わる単語につく．子音で終わる単語には - 으로 [ɯro ウロ]を用いる．⇨ p.117
- □ 데리고 [terigo テリゴ] 連れて．辞書形は데리다 [terida テリダ]
- □ 오셨어요 [oɕʰɔʔsʰɔjo オショッソヨ] 来られましたか　尊敬形の過去形．辞書形は오다（来る）
- □ 그것도 [kɯgɔtʔto クゴット] それも．그것 [kɯgɔtʔ クゴッ] は「それ」,- 도は「…も」
- □ 이렇게 [irɔkʰe イロケ] このように
- □ 억지로 [ɔkʔt͡ɕiro オクチロ] 無理やり
- □ 너무하지 않아요 [nɔmu(h)ad͡ʑi anajo ノムハジアナヨ] あんまりじゃないですか
- □ 너무 [nɔmu ノム] あまり．あまりにも
- □ 그렇게 [kɯrɔkʰe クロケ] そのように
- □ 화내지 마세요 [hwaːned͡ʑimasejo ファーネジマセヨ] 〈火 -〉怒らないでください

第6回　民俗村—揺れる心

チュノ: **강남, 명동도 좋고, 잘생긴 배우들도 좋은데,**
江南, 明洞も いいし, かっこいい 俳優たちも いいけど,

그게 한국의 다가 아니죠.
それが 韓国の すべてじゃないでしょう.

한국의 더 많은 걸 보고 느끼고 체험해 보세요.
韓国の もっと 多くの ものを 見て 感じて体験してみてください.

붐비는 버스에도 김치에도 매운 찌개에도
混み合ってるバスにも キムチにも 辛い チゲにも

한국이 있어요.
韓国があるんです.

그래서 이런 한국의 전통적인 모습도
それで こんな 韓国の 伝統的な 姿も

마키 씨한테 보여 주고 싶었어요.
マキさんに 見せて あげたかったんですよ.

愛くるしく笑うチュノ. マキの腕を引っ張って民族村に入って行く. (사랑스럽게 웃는 준호. 마키의 팔을 끌어당기며 민속촌으로 들어간다.)
見物する2人. いろいろとマキに説明してあげるチュノ. (구경하는 두 사람. 마키에게 이것저것 설명해 주는 준호.)
土産店で, マキ, 韓国伝統婚礼のストラップを見て, (마키, 기념품점에서 한국의 전통혼례복의 신랑신부 핸드폰 줄을 보고,)

マキ: **우와 귀엽다. 이거 무슨 인형이에요?**
うわー, 可愛い. これ, 何の 人形ですか.

120

第 6 回　民俗村 – 흔들리는 마음

- ☐ 좋고 [tʃoːkʰo チョーコ] いいし．辞書形は좋다（良い）
- ☐ 잘생긴 [tʃalsɛŋgin チャルセンギン] かっこいい．美男の
- ☐ 배우 [pɛu ペウ]〈俳優〉俳優
- ☐ －들 [dɯl ドゥル] [ʔtɯl トゥル]…たち．体言について複数を示す
- ☐ 좋은데 [tʃoːɯnde チョーウンデ] いいけれど．辞書形は좋다（良い）
- ☐ 그게 [kɯge クゲ] それが．그것（それ）＋－이（…が）の短縮形
- ☐ 다 [taː ター] すべて．全部
- ☐ －가 아니죠 [ga anidʒo ガアニジョ] …じゃないでしょう？「－가/－이 아니다」は「…ではない．아니다は指定詞
- ☐ 많은 [maːnɯn マーヌン] 多くの．たくさんの．辞書形많다（多い）の連体形
- ☐ 걸 [gɔl ゴル] ものを．のを．것（もの．の：依存名詞）＋－을（…を）の短縮形．話しことば形
- ☐ 보고 [pogo ポゴ] 見て．辞書形は보다（見る）
- ☐ 느끼고 [nɯʔkigo ヌッキゴ] 感じて．辞書形は느끼다（感じる）
- ☐ 체험해 [tʃʰe(h)ɔm(h)e チェホメ]〈體驗－〉体験する．辞書形체험하다（体験する）．체험하다는하다動詞 ⇨ 하다用言の活用は p.57
- ☐ 보세요 [posejo ポセヨ] ごらんください．辞書形は보다（見る）
- ☐ 붐비는 [pumbinɯn プムビヌン] 混み合っている．辞書形붐비다（混み合う）の連体形
- ☐ －에도 [edo エド] …にも．－에（…に）＋－도（…も）の結合形
- ☐ 매운 [mɛun メウン] 形容詞 辛い．唐辛子やスパイスなどが「辛い」のに用いる．「塩辛い」は짜다 [ʔtʃada チャダ] という．辞書形맵다（辛い）の連体形
- ☐ 있어요 [iʔsɔjo イッソヨ] あります．辞書形있다（ある．いる）の해요体
- ☐ 그래서 [kɯresɔ クレソ] 接続詞 それで
- ☐ 이런 [irɔn イロン] こんな
- ☐ 모습 [mosɯᵖ モスプ] 姿
- ☐ －한테 [hantʰe ハンテ] …に．人や動物に用いる．物事，場所などに用いる「…に」は－에
- ☐ 보여 주고 싶었어요 [pojɔdʒugoʃipʰɔʔsɔjo ポヨジュゴシポッソヨ] 見せてあげたかったのです．辞書形보이다 [poida ポイダ]（見せる）
- ☐ 귀엽다 [kwiːjɔᵖʔta クィーヨプタ] 形容詞 可愛い．話しことばに用いられた한다体で感嘆を表す
- ☐ 무슨 [musɯn ムスン] 冠形詞 何の

第6回　民俗村－揺れる心

チュノ：**어, 이건 옛날에 결혼식을 올릴 때의 신랑신부예요.**
あ、これは昔、結婚式を 挙げる ときの 新郎新婦ですよ。

マキ：**신랑신부요？**
新郎新婦？

チュノ：**네. 이거 마키 씨 핸드폰에 잘 어울리는데요.**
ええ。これ、マキさんの 携帯に ぴったりですよ。

여기요, 이거 얼마예요？
すみません。これ、 いくらですか。

店員：**이천 이백 원이에요.**
2千2百ウォンです。

チュノ：**이건요？**
これは？

店員：**그건 삼천 원이에요.**
それは3千ウォンです。

チュノ：**삼천 원이요？ 음, 이걸로 주세요.**
3千ウォンですか。　うん、これ　ください。

　その場でストラップをチュノがマキに手渡す。マキ、嬉しいが、表現しない。
（그 자리에서 준호가 마키에게 핸드폰 줄을 건네 준다. 마키는 기쁘지만 표현하지 않는다.）

第 6 回　민속촌 – 흔들리는 마음

☐ 이건 [igɔn イゴン] これは. 이것（これ）+ －은（…は）の短縮形. 話しことばで用いる

☐ 옛날 [jeːnnal イェーンナル] 昔. 옛날（昔）+ －에（…に）. 口音の鼻音化

☐ 결혼식 [kjɔronʃik̚ キョロンシク]〈結婚式〉結婚式

☐ 올릴 [ollil オルリル] 挙げる. 올릴は辞書形올리다（挙げる）の第Ⅱ語基 + －ㄹの予期連体形という形. 語基については ⇨ p.46-59

☐ 때 [ˀtɛ テ] 時

☐ 신랑신부 [ʃillaŋʃinbu 실랑신부 シルらンシンブ]〈新郎新婦〉新郎新婦. 신랑は [ʃillaŋ 실랑 シルらン] と発音. ㄴ + ㄹは [ㄹ + ㄹ] と発音される 流音化

☐ －요 [jo ヨ] [jɔ ヨ] …ですか. 丁寧化のマーカー. 子音で終わる単語には －이요？がつき, 助詞類や語尾類, そして母音で終わるその他の単語には －요？がつく ⇨ p.115

☐ 핸드폰 [hɛndupʰon ヘンドゥポン] 携帯電話. phone が폰となるように, 英語などの [f] の音はㅍで写す. なお「핸드폰 줄」は携帯電話のストラップ

☐ 잘 [tʃal チャル] 副詞 よく

☐ 어울리는데요 [ɔullinundejo オウルリヌンデヨ] 似合いますが. 似合いますね. 辞書形は어울리다（似合う）

☐ 여기요 [jɔgijo ヨギヨ] すみません. 呼びかけの表現

☐ 얼마 [ɔːlma オールマ] いくら

☐ 이천 [iːtʃʰɔn イーチョン]〈二千〉二千

☐ 이백 [iːbɛk̚ イーベク]〈二百〉二百

☐ 원 [wɔn ウォン] ウォン, 通貨の単位. 大きく動くが, およそ 10 원が 1 円程度

☐ 이건요 [igɔnnjo イゴンニョ] これは？ 이건（これは）+ －요？(丁寧化). ㄴ [n] の挿入を起こし, [igɔnjo イゴーニョ] ではなくて [igɔnnjo イゴンニョ] ⇨ p.308

☐ 그건 [kɯgɔn クゴン] それは. 그것（それ）+ －은（…は）

☐ 삼천 원이요 [samtʃʰɔnwɔnijo サムチョヌォニョ]〈三千 －〉三千ウォンですか. 삼천（三千）+ 원（ウォン）+ －이요？(丁寧化のマーカー)

☐ 음 [ɯm ウム] 間投詞 うん. えー. ふむ

☐ 이걸로 [igɔllo イゴルロ] これで. 이것（これ）+ －으로（…で）の短縮形

☐ 주세요 [tʃusejo チュセヨ] ください. 辞書形주다（くれる）の해요体の尊敬形の命令形

第6回　民俗村－揺れる心

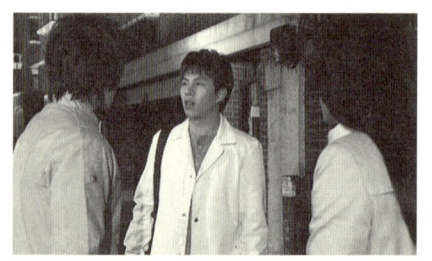

●マキの下宿の近所（마키의 하숙집 근처）

夜，マキの下宿の近所．マキ，バイクから降りて．(밤. 마키의 하숙집 근처. 마키, 오토바이에서 내려.)

マキ: 오늘 정말 즐거웠어요.
　　　オヌル チョーンマル チュルゴウォッソヨ
　　　今日，　ほんとに 楽しかったです．

チュノ: 정말이요?
　　　　チョーンマリヨ
　　　　ほんとですか．

マキ: 네. 또 다른 한국의 모습을 봤어요. 정말 고마워요.
　　　ネ ト タルン ハーングゲ モスブル プァーッソヨ チョーンマル コーマウォヨ
　　　ええ．また別の 韓国の 姿を見ました．ほんとうにありがとうございます．

チュノ: 아이, 아니에요.
　　　　アイ　アニエヨ
　　　　いえ，　いえ．

そのとき，後ろからソグ．マキを待っていた．(그 때 뒤에 서 있는 석우. 마키를 기다리고 있었다.)

ソグ: 마키야.
　　　マキヤ
　　　マキ！

マキ: 어, 오빠.
　　　オ オッパ
　　　あ，　先輩．

ソグ: 준호 씨 언제나 그렇게 자기 맘대로
　　　チュノ ッシ オーンジェナ クロケ チャギ マームデロ
　　　チュノさんって，いつも そうやって 自分の 気ままに

　　　행동하는 분이십니까?
　　　ヘンドン ハヌン ブニ シムニッカ
　　　行動する　方なんですか．

第6回 민속촌 - 흔들리는 마음

- [ ] 오늘 [onɯl オヌル] 今日.「明日」は내일★래일,「あさって」は모레
- [ ] 정말 [tʃɔːŋmal チョーンマル]〈正 -〉 名詞 本当. 副詞 本当に
- [ ] 즐거웠어요 [tʃɯlgʌwʌʔsɔjo チュルゴウォッソヨ] 楽しかったです. 辞書形は즐겁다 [tʃɯlgʌpʔta チュルゴプタ]. 形容詞. その過去形の해요체
- [ ] 정말이요 [tʃɔːŋmarijo チョーンマリヨ] 本当ですか. 정말（本当）+ - 이요？（丁寧化のマーカー）
- [ ] 또 [ʔto ト] 副詞 また
- [ ] 다른 [tarɯn タルン] 別の. 異なった. 辞書形다르다 [tarɯda タルダ]（異なる）の第Ⅱ語基に連体形語尾 - ㄴがついた連体形. 語基については ⇨ P.46-59
- [ ] 모습 [mosɯᵖ モスプ] 姿
- [ ] 봤어요 [pwaːʔsɔjo プァーッソヨ] 見ました. 辞書形보다（見る）の第Ⅲ語基봐 - に過去を表す接尾辞 - ㅆ어 - がつき, さらに해요체語尾 - 요がついた形
- [ ] 아니에요 [aniejo アニエヨ] 違います. とんでもありません. 結構です. 指定詞아니다（違う. …ではない）の해요체. ここでのように礼に対する受け答えでも用いる.「結構です」とことわる意の用例は ⇨ p.76, 77
- [ ] 마키야 [makʰija マキヤ] マキ！ - 야は母音で終わる単語につけて, 呼びかけに用いる. 子音で終わる単語には지은아（チウン！）のように - 아を使う ⇨ p.82, 83, 219
- [ ] 언제나 [ɔːndʒena オーンジェナ] いつも
- [ ] 그렇게 [kɯrɔkʰe クロケ] そのように.「ㅎ + ㄱ」は [ㅋ] と激音化を起こす.「このように」は이렇게 [irɔkʰe イロケ],「あのように」は저렇게 [tʃɔrɔkʰe チョロケ]
- [ ] 자기 [tʃagi チャギ]〈自己〉自分. 自己
- [ ] 맘대로 [mamdɛro マムデロ] 思い通りに. 맘は마음（心. 気持ち）の短縮形. - 대로は「…どおりに」
- [ ] 행동하는 [hɛŋdoŋ(h)anɯn ヘンドンハヌン]〈行動 -〉行動する. 辞書形행동하다（行動する）の第Ⅰ語基に連体形語尾 - 는がついた連体形. 행동하다は하다動詞

第6回　民俗村―揺れる心

マキ： 오빠.
　　　オッパ
　　　先輩（ソグさん）.

ソグ： 저희 한국에 온 지 얼마 안 되긴 하지만,
　　　チョイ　ハーングゲ　オンジ　オールマ　アン　ドェギン　ハジマン
　　　ぼくら，韓国に　　来て　　いくらもたってはいないけれど,

　　　이런 식의 도움은 필요 없습니다.
　　　イロン　シゲ　ト　ウムン　ピリョ　オープスムニダ
　　　こんな　ふうな助けはいりません.

　　　다시는 이러지 말아 주셨으면 좋겠어요.
　　　タシヌン　イロジ　マラ　ジュショッスミョン　チョーケッソヨ
　　　二度とこんなまねはしないでいただきたいですね.

　ソグ，マキの腕を引っ張って，マキの下宿の方へ連れて行く. マキ，後ろをやや振り返って，チュノに軽く会釈. チュノ，うろたえながら，去ってゆく二人の後ろ姿を見つめる.（석우, 마키의 팔을 잡아당겨 마키 하숙 쪽으로 데리고 간다. 마키, 뒤를 돌아보며 준호에게 가볍게 목례. 준호, 어찌할 바를 모르며 떠나는 두 사람의 뒷모습을 쳐다본다.）

第 6 回　민속촌 – 흔들리는 마음

- [ ] 저희 [tʃɔ(h)i チョイ] わたくしたち．わたくしども．우리（わたしたち．ぼくたち）の謙譲形．目上に対して用いる
- [ ] 온 [on オン] 来た．辞書形오다（来る）の第Ⅱ語基に－ㄴがついた連体形．語基については ⇨ p.46-59
- [ ] 지 [dʒi ジ] 依存名詞 （…して）以来．第Ⅱ語基に－ㄴがついた連体形について「…して以来」「…してこのかた」の意を表す．ここでは「한국에 온 지」で「韓国に来て以来」．この지のように必ず修飾語を前に伴って用いられる名詞を**依存名詞**あるいは**不完全名詞**という．これまで出た것（もの．の）や분（かた）も依存名詞
- [ ] 얼마 [ɔːlma オールマ] いくら．（後ろに否定を伴って）**いくらも**
- [ ] 안 [an アン] …しない．用言の前につけて**否定**を表す．後続の用言とつけて発音するので後ろの平音は**有声音化**して濁る
- [ ] 되긴 [dwegin ドェギン] なりは．辞書形되다（なる）の第Ⅰ語基に－기（…すること．名詞形語尾）がつき，さらに－는（…は）の短縮形－ㄴがついた形
- [ ] 안 되긴 하지만 [andwegin hadʒiman アンドェギンハジマン] なりはしないが．「用言の第Ⅰ語基＋－긴 하지만」で「…しはするが」「…ではあるが」の意
- [ ] 이런 [irɔn イロン] こんな．「そんな」は그런，「あんな」は저런
- [ ] 식 [ʃikˀ シㇰ] 〈式〉 依存名詞 （…な）ふう．方式．やりかた．「이런 식의 도움」は「こんなやりかたの助け」
- [ ] 도움 [toum トウム] 助け．手助け
- [ ] 필요 [pʰirjo ピリョ] 〈必要〉 必要
- [ ] 없습니다 [ɔːpˀsumnida 업씀니다 オープスムニダ] ありません．없のように**終声の位置に 2 つの子音字母が書かれている文字**は，直後に子音が来る場合は업다 [ɔːpˀta 업따 オープタ] のようにいずれか片方を読み，直後に母音が来る場合は없어요 [ɔːpˀsɔjo 업써요 オプソヨ]（ありません）のように 2 つとも読む
- [ ] 다시는 [taʃinun タシヌン] 二度とは．다시（再び）＋－는（…は）
- [ ] 이러지 말아 [irɔdʒimara イロジマラ] こうしないで．이러다（こうする）の第Ⅰ語基＋－지（…すること）＋말아（…しないで）
- [ ] 주셨으면 좋겠어요 [dʒuʃʌʔsumjʌn tʃoːkʰeʔsʌjo 주셔쓰면 조케써요 ジュショッスミョンチョーケッソヨ] くださったらうれしいです

第7回 水原（スウォン）の星

● 語学堂の前 （어학당 앞）

　チュノ, 語学堂の前でマキとソグを待っている. 授業が終わってマキとソグ, 出て来る. チュノを見てソグの表情が強張る.
（준호, 어학당 앞에서 마키와 석우를 기다린다. 수업이 끝나고 마키와 석우, 나온다. 준호를 보자 석우, 얼굴 표정이 굳어진다.）

チュノ： **어젠 정말 죄송합니다 .**
　　　　昨日はほんとうに 申し訳ありませんでした.

　　　　저 사과하는 뜻에서 제가 좋은 곳을
　　　　あの, おわびの　　意味で　　私が　　いい　ところを

　　　　안내하고 싶은데 어뗘세요 ?
　　　　ご案内したいんですが　　いかがですか.

マキ： **음 , 전 괜찮아요 . 석우 오빠는요 ?**
　　　ええ, 私は 構いませんよ.　ソグ　先輩は?

ソグ： **… .**

マキ： **근데 어디요 ?**
　　　ところでどこですか.

チュノ： **화성이요 . 아세요 ?**
　　　　華城です.　　　ご存じですか.

第 7 回　수원의 별

- □ 수원 [suwɔn スウォン]〈水原〉**水原**. 경기도〈京畿道〉にある都市名
- □ 어젠 [ɔdʒen オジェン] **昨日は**. 어제（昨日）+ - 는（…は）の短縮形
- □ 사과하는 [sagwahanɯn サグァハヌン]〈謝過 -〉**謝る**. 辞書形사과하다（謝る）の**第Ⅰ語基**（＝辞書形から - 다をとった形 ⇨ p.46-59）に語尾 - 는がついた形，つまりⅠ - 는. Ⅰ - 는は動詞の**連体形**で，「사과하는 뜻」（謝る意味）のように，後ろの体言にかかる. この - 는は動詞の連体形語尾で，「…は」の意味の助詞 - 는 / - 은とは別のもの
- □ 뜻에서 [ˀtɯsesɔ トゥッセソ] **意味で**. 뜻 [ˀtɯtˈ トゥッ]（意味）+ - 에서（…で. …から）. - 에서は場所などについて「…で. …から」の意を表す
- □ 제가 [tʃeːga チェーガ] **私が**. 謙譲形. 저（私）+ - 가（…が）はこの形になる. 나（わたし. ぼく）+ - 가（…が）は내가 [neːga ネーガ]
- □ 좋은 [tʃoːɯn チョーウン] **良い**. 辞書形좋다（良い）の**第Ⅱ語基**（＝辞書形から - 다をとって，子音で終わるものには - 으 - をつけた形 ⇨ p.46-59）に - ㄴがついた形. すなわちⅡ - ㄴ. Ⅱ - ㄴは形容詞の**連体形**
- □ 곳 [kotˈ コッ] 依存名詞 ところ
- □ 안내하고 싶은데 [aːnnɛ(h)agoʃipʰɯnde アーンネハゴシプンデ]〈案内 -〉**案内したいが**. 안내하고は辞書形안내하다（案内する）のⅠ - 고. 「Ⅰ - 고 싶다」で「…したい」の意を表す. なお, 싶은데は싶다のⅡ - ㄴ데
- □ 어떠세요 [ɔˀtɔsejo オットセヨ] **いかがですか**. 辞書形は어떻다（どうだ）だが，それぞれ3つの語基は，Ⅰ）어떻 -，Ⅱ）어떠 -，Ⅲ）어때 - という形になる，ㅎ（**ヒウッ）変格活用**と呼ばれる活用をする. ここではⅡ - 세요の形になっている
- □ 전 [tʃɔn チョン] **私は**. 저（私）+ - 는（…は）の短縮形
- □ 괜찮아요 [k(w)ɛntʃʰanajo クェンチャナヨ] **かまいません**. 괜찮다（かまわない）は**子音語幹**の形容詞. Ⅰ）괜찮 -，Ⅱ）괜찮으 -，Ⅲ）괜찮아 -. ここではⅢ - 요で, 해요体
- □ 오빠는요 [oˀpanɯnnjo オッパヌンニョ] **先輩は?** 오빠（先輩）+ - 는（…は）+ - 요（丁寧化のマーカー）
- □ 근데 [kɯnde クンデ] ところで. それで
- □ 어디요 [ɔdijo オディヨ] **どこなんですか**. 어디（どこ）+ - 요（丁寧化）の形で**聞き返している**. 指定詞を使った어디예요（どこですか）とは別の形
- □ 화성이요 [hwasɔŋijo ファソンイヨ]〈華城 -〉**華城です**. 화성 + - 이요（丁寧化）
- □ 아세요 [aːsejo アーセヨ] **ご存知ですか**. 辞書形は알다（知る. わかる）

第7回　水原（スウォン）の星

マキ：**네, 제 가이드 북에 사진이 있어요.**
　　　ええ，　私の　ガイド　　　ブックに　写真が　　　ありますよ．

　　　한번 가 보고 싶었는데.
　　　一度　　行って　みたかったんだけど．

　マキ，ソグのほうを見る．(마키, 석우 쪽을 쳐다본다 .)

ソグ：**전 내일은 좀 시간이 없습니다.**
　　　私は　明日は　　　ちょっと時間が　　ありません．

　　　약속이 있어요.
　　　約束が　　あります．

チュノ：**아, 그러세요? 그래도 약속이 바뀌시면**
　　　　あ，　そうですか．　　でも　　　約束が　　　変わったら

　　　연락 주시겠습니까?
　　　ご連絡くださいますか．

　　　내일 아침 열한 시에 학교 앞에서 기다리겠습니다.
　　　明日の　朝，　　11　　時に　学校の　前で　　　待っています．

マキ：…

　去ってゆくチュノ．(사라지는 준호 .)

●**キャンパス（캠퍼스）**
　キャンパスを歩くマキとソグ．(캠퍼스를 걷는 마키와 석우 .)

ソグ：**내일 나하고 영화 보러 가자.**
　　　明日　　ぼくと　　　映画　見に　　行こう．

　　　'시나브로'. 이정민 나오는 거야.
　　　『シナブロ』．　　　イ・ジョンミン出るやつだよ．

□ 제 [tʃe チェ] 私の.「私」は저,「私が」は제가
□ 가이드 북 [kaidɯbuk カイドゥブㇰ] ガイドブック
□ 사진 [sadʒin サジン]〈寫眞〉写真
□ 있어요 [iʔsɔjo イッソヨ] 存在詞 あります. います. 辞書形있다(ある. いる)のⅢ-요で, 해요体. 있다の語基を確認しよう：Ⅰ) 있-, Ⅱ) 있으-, Ⅲ) 있어-
□ 한번 [hanbɔn ハンボン]〈－番〉 数詞＋依存名詞 一度. 一回. 副詞 一度. ちょっと. 回数を表すときは「한 번」と分かち書き,「ちょっと(…してみる)」の意なら「한번」とつけて書く
□ 가 보고 싶었는데 [kabogoʃipʰɔnnɯnde カボゴシポンヌンデ] 行ってみたかったんだけど. 가は가다(行く)のⅢ
□ 내일 [nεil ネイル]〈來日〉明日. ★래일
□ 시간 [ʃigan シガン]〈時間〉時間
□ 없습니다 [ɔːpʔsɯmnida オープスムニダ] 存在詞 ありません. いません. 없다(ない. いない)は, Ⅰ)없-, Ⅱ)없으-, Ⅲ)없어-. と活用
□ 약속 [jakʔsok ヤクソㇰ]〈約束〉約束
□ 그러세요 [kɯrɔsejo クロセヨ] そうでいらっしゃいますか. 辞書形は그렇다(そうだ)
□ 그래도 [kɯrεdo クレド] 接続詞 それでも. でも
□ 바뀌시면 [paʔkwiʃimjɔn パックィシミョン] お変わりになったら. 辞書形は바뀌다(変わる)
□ 연락 주시겠습니까 [jɔllakʔtʃusigeʔsɯmniʔka ヨルラクチュシゲッスムニッカ]〈聯絡-〉連絡くださいますか. 연락(連絡)は [열락] と発音. ★련락
□ 아침 [atʃhim アチㇺ] 朝
□ 열한 시 [jɔr(h)anʃi ヨランシ]〈－時〉11時.「…時」は「固有語数詞＋시」で表す
⇨固有語数詞はp.135
□ 앞에서 [apʰesɔ アペソ] 前で. 앞(前) + -에서(…で)
□ 기다리겠습니다 [kidarigeʔsɯmnida キダリゲッスムニダ] 待っています. 辞書形は기다리다(待つ)
□ 나하고 [na(h)ago ナハゴ] ぼくと. わたしと. -하고は「…と」. 主に話しことばで用いる
□ 영화 [jɔŋ(h)wa ヨンファ]〈映畫〉映画
□ 보러 [porɔ ポロ] 見に. 辞書形は보다(見る). そのⅡ-러(…しに)
□ 가자 [kadʒa カジャ] 行こう. 辞書形は가다(行く). Ⅰ-자は해体の勧誘形
□ 시나브로 [ʃinabɯro シナブロ] シナブロ. 架空の映画名.「知らぬ間に少しずつ」の意
□ 이정민 [iːdʒɔŋmin イジョンミン] イー・ジョンミン. 架空の俳優名
□ 나오는 [naonɯn ナオヌン] 出る. Ⅰ-는の連体形
□ 거야 [gɔja ゴヤ] ものだよ. 거(もの) + -야(指定詞-이다の해体)

第7回　水原（スウォン）の星

マキ： **오빠.**
　　　先輩（ソグさん）．

ソグ： **내일 아침 열한 시에 서울극장 앞에서**
　　　明日の朝，　　11　時に　　ソウル劇場の　前で

기다리고 있을게. 꼭 와.
待ってるから．　　　　必ず来て．

先に帰ってしまうソグ．その後ろ姿を見つめるマキ．
(먼저 가 버리는 석우 . 그 뒷모습을 바라보는 마키 .)

●学校 (학교)

　翌日，朝11時．学校の正門の前のチュノ．
(다음날 아침 11 시 . 학교 교문 앞에서 기다리는 준호 .)
　学校の手前でマキ，重苦しい表情でソグに携帯メールを送る．
(학교 바로 앞에서 마키 , 무거운 표정으로 석우에게 문자를 보낸다 .)
　学校の正門の前，遠くからマキの姿．チュノ，にっこり微笑む．
(학교 정문 앞 , 멀리 보이는 마키의 모습 . 준호 , 미소를 짓는다 .)

チュノ： **석우 씨는요？**
　　　　ソグさんは？

マキ： **급한 일이 있어서 못 온대요.**
　　　急な　用事が　あって　　来られないそうです．

チュノ： **석우 씨 괜찮습니까？ 많이 화났죠？**
　　　　ソグさん，　大丈夫ですか．　ずいぶん怒っているでしょう？

マキ： **괜찮아요.**
　　　大丈夫ですよ．

오빠가 요즘에 시간이 좀 없어요.
先輩　　　最近　　　時間がちょっとないんですよ

第 7 回　수원의 별

- [ ] 서울극장 [sɔulʔkɯkʔtʃaŋ ソウルククチャン]〈- 劇場〉**ソウル劇場**
- [ ] 기다리고 있을게 [kidarigo iʔsɯlʔke キダリゴイッスルケ] **待ってるから.** 기다리고는 기다리다（待つ）のⅠ-고.「Ⅰ-고 있다」で「…している」の意を表す. 있을게는 있다（いる. ある）の第Ⅱ語基に-ㄹ게がついた形. Ⅱ-ㄹ게は[ㄹ께]と発音し,「…するから」という約束を表す**約束法**
- [ ] 꼭 [ʔkok コク] 副詞 **きっと. 必ず. しっかり**
- [ ] 와 [wa ゥァ] **来い.** 辞書形오다（来る）の第Ⅲ語基. 오다は Ⅰ）오-, Ⅱ）오-, Ⅲ）와- となる. 用言の第Ⅲ語基だけで**해体**という文体が作れる. 해体は親しい友人や目下に用いる. **반말〈半-〉**[パーンマル] ともいう⇨ p.62
- [ ] 씨는요 [ʔʃinɯnnjo シヌンニョ]〈씨-〉**…さんは?** 씨+-는+-요（丁寧化のマーカー）
- [ ] 급한 [kɯpʰan クパン]〈急-〉**急な.** 급하다（急だ）のⅡ-ㄴ連体形
- [ ] 일 [iːl イール] **仕事. こと**
- [ ] 있어서 [iʔsɔsɔ イッソソ] **あって.** 있다のⅢ-서. Ⅲ-서は**原因**を表す
- [ ] 못 온대요 [moːdondɛjo モードンデヨ] **来られないそうです.** 못 [moːt]は用言の前について不可能を表す. 온대요の辞書形は오다（来る）. Ⅱ-ㄴ대요は「…するそうです」
- [ ] 괜찮습니까 [kwɛntʃʰanʔsɯmniʔka クェンチャンスムニッカ] **大丈夫ですか.** 괜찮다（大丈夫だ. かまわない）はⅠ）괜찮-, Ⅱ）괜찮으-, Ⅲ）괜찮아- と活用. Ⅰ-습니까は합니다体を作る形
- [ ] 많이 [maːni マーニ] 副詞 **たくさん. ずいぶん**
- [ ] 화났죠 [hwaːnatʔtʃo ファーナッチョ]〈火-〉**怒っているでしょう?** 辞書形화나다
- [ ] 괜찮아요 [k(w)ɛntʃʰanajo クェンチャナヨ] **大丈夫です.** 괜찮다のⅢ-요. 해요体
- [ ] 요즘에 [jodʒɯme ヨジュメ] **近頃. この頃**
- [ ] 없어요 [ɔːpʔsojo ɔpʔsojo 업써요] **ありません.** 없다 [업따]（ない いない）はⅠ）없-, Ⅱ）없으-, Ⅲ）없어- と活用

第7回　水原（スウォン）の星

マキ：　같이 못 가서 죄송하다구 .
　　　　一緒に　行けなくて　申し訳ないって .

●映画館の前（영화관 앞）

　　　　'석우 오빠 , 미안해요 . 기다리지 마세요 .'
　　　　　ソグ　　　先輩,　　ごめんなさい.　　待たないでください.

寂しそうな顔のソグ. メールを見た後もずっと立っている.
（쓸쓸한 표정의 석우 . 문자를 확인한 뒤에도 그 자리에 계속 서 있다 .）

●水原城（수원성）

水原城の前のマキとソグ.（수원성 앞의 마키와 석우 .）

マキ：　이게 화성이에요 ?
　　　　これが　華城ですか.

チュノ：　네 , 세계 문화 유산 중의 하나예요 .
　　　　　ええ,　世界　　文化　　遺産の　うちの　　1つですよ.

マキ：　그래요 ? 와 , 정말 멋있어요 .
　　　　そうですか.　　わあ,　　ほんとに　すてきですね.

見物する 2 人.（성을 둘러보는 두 사람 .）

●湖のほとり（호숫가）

夕方. 湖の前. マキとチュノ. 湖を眺めている.
（저녁 무렵 , 호수 앞 . 마키와 준호 , 호수를 바라본다 .）

マキ：　와 .
　　　　わあ.

チュノ：　마음에 드세요 ?
　　　　　気に入りましたか.

第 7 回　수원의 별

- [ ] 같이 [katʃʰi カチ] **一緒に**.「終声ㅌ＋이」は [tʰi ティ] ではなくて, [tʃʰi チ] と発音. これを**口蓋音化**(こうがいおんか)というー▷ p.303
- [ ] 못 가서 [moː⁽ʔ⁾kasɔ モーッカソ] **行けなくて**. 못 [moːᵗ モーッ] は用言の前について**不可能**を表す. 가서の辞書形は가다（行く）. 가다のように**語幹が母音ㅏで終わる用言**は，ⅠⅡⅢ) 가 - で, 第Ⅰ語基から第Ⅲ語基まで見かけ上は同じ形になる. Ⅲ- 서 （…して）は**原因**を表す
- [ ] 죄송하다구 [tʃwesoŋ(h)adagu チェーソンハダグ]〈罪悚 -〉**申し訳ないって**. 標準語では죄송하다고だが，ソウルではしばしばこう発音. 죄송하다の합니다体は 죄송합니다（申し訳ございません）. Ⅰ- 다고あるいはⅠ- 다구は「…だそうだ」という引用, 伝聞を表す
- [ ] 미안해요 [mian(h)ɛjo ミアネヨ]〈未安 -〉**ごめんなさい**. 辞書形미안하다（すまない）のⅢ- 요で, 해요体. 합니다体なら, 미안합니다となる. 하다がついてできるこうした用言を하다用言という
- [ ] 기다리지 마세요 [kidaridʒi masejo キダリジマセヨ] **待たないでください**. 기다리지は기다리다(待つ)のⅠ- 지.「Ⅰ- 지 마세요」は「…しないでください」の意
- [ ] 이게 [ige イゲ] **これが**. 이것（これ）＋ - 이（…が）の短縮形
- [ ] 세계 [seːge セーゲ]〈世界〉**世界**
- [ ] 문화 [mun(h)wa ムヌァ]〈文化〉**文化**
- [ ] 유산 [jusan ユサン]〈遺産〉**遺産**
- [ ] 중 [tʃuŋ チュン]〈中〉 依存名詞 （…の）**うち**
- [ ] 하나 [hana ハナ] 固有語数詞 **1つ**. 固有語数詞の1から10までを見よう：

하나	둘	셋	넷	다섯	여섯	일곱	여덟	아홉	열
ハナ	トゥール	セーッ	ネーッ	タソッ	ヨソッ	イルゴブ	ヨドル	アホプ	ヨール
1つ	2つ	3つ	4つ	5つ	6つ	7つ	8つ	9つ	10

- [ ] 그래요 [kɯrɛjo クレヨ] **そうですか**. もとは辞書形그렇다（そうだ）という形容詞のⅢ- 요で, 해요体. 間投詞のようにも用いる
- [ ] 와 [wa ゥァ] 間投詞 **わあ**
- [ ] 정말 [tʃɔːŋmal チョーンマル]〈正 -〉 副詞 **ほんとに**. 名詞 **ほんとう**
- [ ] 멋있어요 [mɔʃiʔsɔjo モシッソヨ] 存在詞 **すてきです**. 辞書形멋있다 [머신따]（すてきだ. かっこいい）. 語基活用は있다（ある. いる）と同じで, Ⅰ) 멋있 -, Ⅱ) 멋있으 -, Ⅲ) 멋있어 -. ここではⅢ- 요で, 해요体
- [ ] 마음에 드세요 [maɯme tɯsejo マウメ トゥセヨ] **お気に召しましたか**. 마음は「気持ち. 心」. 드세요の辞書形은들다（入る）

第7回　水原（スウォン）の星

マキ： **네, 너무 좋아요.**
　　　　ええ，　すごく　　いいです．

　2人，しばらく湖を眺めている．マキ，ちょっと寒そうな仕草．
　（두 사람, 잠시 동안 호수를 바라본다. 마키, 약간 추운 듯한 몸짓.）

チュノ： **추워요？**
　　　　寒いですか．

マキ： **….**

　チュノ，自分のリュックサックの
中からカーディガンを取り出す．
　（준호, 자신의 배낭 속에서
카디건을 꺼낸다.）

チュノ： **밤에 추워질까 봐.**
　　　　夜，　冷えるんじゃないかと思って．

マキ： **….**

　ちょっと心を打たれるマキ．突然，マキ，ゆっくりと単語を声に出す．
　（감동 받은 마키. 갑자기 소리 내어 천천히 단어를 왼다.）

マキ： **하늘.**
　　　　空．

　ゆっくりと目を閉じながら．(살며시 눈을 감으며.)

第7回　水原の星

- 너무 [nɔmu ノム] 副詞 とても．すごく．あまりにも
- 좋아요 [tʃoːajo チョーアヨ] 良いです．好きです．辞書形は좋다 [tʃoː tʰa チョータ]（良い．好きだ）．「ㅎ＋平音」は**激音化**する．⇨激音化は p.307

> ここで좋다を使って，もう一度，**語基の作り方**を確認しよう．
>
> | | |
> |---|---|
> | 第Ⅰ語基 | は辞書形から−다をとるだけだから，Ⅰ）좋− |
> | 第Ⅱ語基 | は辞書形から−다をとったもの，つまり語幹が子音で終わっていたら，母音−으−をつけるので，Ⅱ）좋으−．語幹が母音で終わっていたら，何もつけない |
> | 第Ⅲ語基 | は語幹の最後の母音に注目して，それがㅗかㅏのどちらかなら母音아をつけるので，Ⅲ）좋아−となる．ㅗ，ㅏ以外なら母音어をつける |
>
> **あらゆる語尾はこれら3つの語基のどれかにつくかが決まっている**．해요体を作りたければ，語尾−요は第Ⅲ語基につくと決まっているので，좋아に−요をつけて，좋아요ができあがり．ここはⅢ−요という해요体の形になっている．それぞれの語尾がどの語基につくかは，語尾の最初の音でおおむねわかる．⇨ p.46-59

- 추워요 [tʃʰuwɔjo チュウォヨ] 寒いですか．形容詞춥다 [tʃʰupʔta チュプタ]（寒い）の해요体．後ろを下げて発音すると「寒いです」．なお，このように語幹がㅂで終わっている形容詞の大部分は，**ㅂ[ピウプ]変格活用**という型の活用をする．ちなみにⅠ）춥−，Ⅱ）추우−，Ⅲ）추워−となる．**変格活用**といっても，不規則な活用ではなく，語基という観点から見ると，規則的なパターンなので安心．変格活用は⇨ p.64, 65
- 밤에 [pame パメ] 夜に．밤（夜）＋−에（…に）
- 추워질까 봐 [tʃʰuwɔdʒilʔkabwa チュウォジルカバァ] 寒くなるんじゃないかと思って．추워질は辞書形추워지다 [tʃʰuwɔdʒida チュウォジダ]（寒くなる）．「Ⅱ−ㄹ까 봐」は「…するんじゃないかと思って」の意
- 하늘 [hanɯl ハヌル] 空．天

第7回　水原（スウォン）の星

マキ：　**바람.**
　　　　風.

風が髪でマキのほほを撫でる．チュノ，やや驚いた表情でマキを見る．
　（바람에 날려 마키의 얼굴에 머리카락이 스친다. 준호, 다소 놀란 듯이 마키 쪽을 본다.）

マキ：　**별.**
　　　　星.

マキ，以前チュノからもらった栞をかばんの中から取り出し，チュノに見せる．ぼろぼろになっている．（마키, 예전에 준호에게서 받은 책갈피를 가방 속에서 꺼내어 준호에게 보여 준다. 너덜너덜해져 있다.）
　チュノ，満面に微笑があふれ出る．（준호, 얼굴 가득히 미소 짓는다.）

チュノ：　**그대.**
　　　　　君.

音楽．（음악.）
　マキとチュノ，見つめ合う．満面に微笑がいっぱい．
　（마키와 준호, 서로를 바라본다. 만면에 넘치는 미소.）

- [ ] 바람 [param パラム] 風
- [ ] 별 [pjɔːl ピョール] 星
- [ ] 그대 [kɯdɛ クデ] 君. やや詩語的. 日常の会話では用いない

第 8 回　おばあさん

●水原からの帰りのバスの中 (수원에서 집으로가는 버스 안)

チュノ, 眠っている. マキ, ソグにメールを送る.
(준호, 자고 있다. 마키, 석우에게 문자를 보낸다.)

'오빠 미안해요. 한 시간쯤 후에 잠깐만 만나요.
　先輩　　ごめんなさい.　　1　時間くらい　あとで　ちょっと　会いましょう.

오빠네 집 앞 카페에서 기다리고 있을게요.'
　先輩の　　うちの前の　　カフェで　　待っていますから.

メールを送った後, 携帯をカーディガンのポケットに入れる.
(메일을 보낸 뒤, 휴대폰을 카디건 주머니에 집어 넣는다.)

●学校 (학교)

ソグ, メールを確認する. 苦しげな表情. (석우, 메일을 확인한다. 괴로운 표정.)

●バスの中 (버스 안)

いつの間にか, マキ, チュノの肩に寄りかかって眠ってしまう.
(어느 샌가, 마키, 준호의 어깨에 기대 잠들어 버린다.)

●バスから降りて (버스에서 내려서)

マキ, チュノにカーディガンを返しながら. (마키 준호의 카디건을 돌려주며.)

マキ:　이거. 오늘 참 즐거웠어요.
　　　　これ.　　今日は ほんとに楽しかったですよ.

チュノ:　다행이네요. 그런 말을 들으니까
　　　　　よかった.　　　　　そう言われると,

　　　　기분이 참 좋은데요.
　　　　　とてもうれしいです.

제 8 회　할머니

- ☐ 문자 [munʔtʃa ムンチャ] ⟨文字⟩ **文字. 携帯のメール.** パソコンのメールは 메일 [meil メイル] といい,「メールを送る」は「메일을 보내다」というが, 携帯の「メールを送る」は「문자를 보내다」ともいう
- ☐ 미안해요 [mian(h)ɛjo ミアネヨ] ⟨未安－⟩ **ごめんなさい.** 辞書形미안하다 (すまない) のⅢ－요で, 해요体. 改まった場面では합니다体を使い, 미안합니다 [mian(h)amnida ミアナムニダ] という
- ☐ 한 [han ハン] 固有語数詞 **1つの.** 하나 (1つ) の連体形 ⇨ p.135
- ☐ 시간쯤 [ʃiganʔtʃɯm シガンチュム] **時間くらい.** 시간 (時間) ＋－쯤 (…くらい)
- ☐ 잠깐만 [tʃamʔkanman チャムカンマン] [tʃaŋʔkamman チャンカムマン] **ちょっとだけ**
- ☐ 만나요 [mannajo マンナヨ] **会いましょう.** 만나다 (会う) は語幹が母音ト [a] で終わるので, 第Ⅰ語基から第Ⅲ語基まで同じ形になる. ⅠⅡⅢ) 만나－. ここはⅢ－요. 해요体はイントネーションによって平叙や疑問, 命令, 勧誘などの意になる
- ☐ 오빠네 [oʔpane オッパネ] **先輩のうち. お兄さんち.** －네は人名などについて,「…のところ」「…たち」の意を表す
- ☐ 카페 [kʰpʰe カペ] **カフェ. 喫茶店**
- ☐ 기다리고 있을게요 [kidarigo iʔsɯlʔkejo キダリゴイッスルケヨ] **待っていますから.** 기다리고は辞書形기다리다 (待つ) のⅠ－고.「Ⅰ－고 있다」で「…している」. 있을게는있다のⅡ－ㄹ게. Ⅱ－ㄹ게요は「…しますから」の意の**約束法**
- ☐ 즐거웠어요 [tʃɯlgɔwɔʔsɔjo チュルゴウォッソヨ] **楽しかったです.** 辞書形は즐겁다 (楽しい)
- ☐ 다행이네요 [ta(h)ɛŋinejo タヘンイネヨ] ⟨多幸－⟩ **幸いです. それはよかったです.** 다행 (幸い) ＋－이다 (…である) の第Ⅰ語基 ＋－네요 (…ですねえ: 感嘆)
- ☐ 그런 [kɯrɔn クロン] **そんな**
- ☐ 말을 [maːrɯl マールル] **ことばを.** 말 (ことば) ＋－을 (…を)
- ☐ 들으니까 [tɯrɯniʔka トゥルニッカ] **聞くと.** 辞書形は듣다 (聞く)
- ☐ 기분 [kibun キブン] ⟨気分⟩ **気持ち.**「気分が悪い」の「気分」のような「体の具合」の意はない
- ☐ 참 [tʃʰam チャム] 副詞 **ほんとに**
- ☐ 좋은데요 [tʃoːɯndejo チョーウンデヨ] **良いですね.** 辞書形좋다 (良い). Ⅰ) 좋－, Ⅱ) 좋으－, Ⅲ) 좋아－. ここではⅡ－ㄴ데요の**婉曲法** (えんきょくほう) で, 感嘆を柔らかく表す. 終声の位置のㅎは母音の前では常に発音しない

第8回　おばあさん

チュノ：**어디 가서 저녁이라도 먹고 갈까요？**
　　　　どこかに行って，夕食でも　　　食べていきましょうか．

マキ：**아니 , 전 다른 데 좀 가 봐야 해요 .**
　　　いえ，　私は別の ところに ちょっと 行かなければいけないんです．

チュノ：**어디 가는데요 ？**
　　　　どこに　行くんですか．

マキ：**… .**

チュノ，やや不安な顔になるが，抑えて．
(준호 , 조금 불안한 표정이지만 참으며 .)

チュノ：**그럼 먼저 갈게요 . 내일 봐요 .**
　　　　じゃ，　先に　　帰りますから．　　明日会いましょう．

マキ：**네 , 안녕히 가세요 .**
　　　ええ，さようなら．

● **大学の図書館 (대학 도서관)**

　勉強をしているソグ．時間が経つとどんどん不安げな表情になる．いきなり本をカバンに入れ，急いで図書館を出る．(공부하고 있는 석우 . 시간이 지날수록 점점 불안해진다 . 갑자기 책을 가방에 집어 넣고 서둘러 도서관을 나온다 .)

第8回　할머니

- [ ] 어디 [ɔdi オディ] どこ．どこか．**疑問詞**のほとんどはこのように「どこ」というような**疑問**の意味と，「どこか」という**不定**の意味がある
- [ ] 가서 [kasɔ カソ] 行って．辞書形가다（行く）のⅢ－서．Ⅲ－서は後続の動作に対する**動作の先行**を表す．ここでは後ろの「食べて行く」動作に先行する「行って」という動作を表す
- [ ] 저녁이라도 [tʃɔnjɔgirado チョニョギラド] 夕食でも．－이라도[irado]は「…でも」．子音で終わる単語につく．母音で終わる単語には－라도 [rado]
- [ ] 먹고 [mɔkʔko モッコ] 食べて．辞書形먹다（食べる）のⅠ－고
- [ ] 갈까요 [kalʔkajo カルカヨ] 行きましょうか．辞書形가다（行く）のⅡ－ㄹ까요．Ⅱ－ㄹ까요は「…しましょうか」の意の**相談法**
- [ ] 다른 [tarɯn タルン] 別の．辞書形다르다（異なる）のⅡ－ㄴ連体形
- [ ] 데 [te テ] 依存名詞　ところ
- [ ] 가 봐야 해요 [kabwaja(h)ɛjo カブァヤヘヨ] 行ってみなければなりません．가は辞書形가다（行く）のⅢ．「Ⅲ 보다」は「…してみる」．「Ⅲ 야 하다」は「…しなければならない」
- [ ] 가는데요 [kanɯndejo カヌンデヨ] 行くんですか．辞書形가다（行く）の婉曲法Ⅰ－는데요．婉曲法はここでのように，主として疑問詞を伴って，柔らかい疑問の意味にも用いる
- [ ] 그럼 [kɯrɔm クロム] 接続詞　では．じゃあ
- [ ] 먼지 [mɔndʒɔ モンジョ] 先に
- [ ] 갈게요 [kalʔkejo カルケヨ] 行きますから．辞書形가다（行く）のⅡ－ㄹ게요．Ⅱ－ㄹ게요は「…しますから」の意の**約束法**．発音は [ㄹ께요]
- [ ] 봐요 [pwa:jo プァーヨ] 会いましょう．見ましょう．辞書形보다（見る）のⅢ－요．해요体を作るⅢ－요は，イントネーションで平叙，疑問，勧誘，命令などの意になる

143

第8回　おばあさん

●道で (길에서)

　ソグ，走って駅へ向かう途中，路地から出てくるおばあさんにぶつかる．チマ・チョゴリ姿のおばあさん，倒れる．(석우, 전철 역을 향해 달려가는 도중, 골목에서 나온 할머니와 부딪힌다. 한복 차림의 할머니, 넘어진다.)

ソグ： **아 , 할머니 , 죄송합니다 . 괜찮으세요 ?**
　　　あ，　　おばあさん，　申し訳ありません．　　大丈夫ですか．

おばあさん： **아 , 괜찮아요 . 괜찮아 .**
　　　　　　あ．　大丈夫です．　だいじょぶ．

　ソグ，おばあさんが起きるのを手助けする．チマ・チョゴリのおばあさんの姿から，自分のおばあさんのことを思い出す．おばあさんの荷物を手にとって，(석우, 할머니가 일어나는 것을 도와 드린다. 한복 입은 할머니의 모습에서 자신의 할머니를 떠올린다. 할머니의 짐을 들어 드리며,)

ソグ： **아휴 , 할머니 , 짐이 너무 무거운데요 .**
　　　ああ，　おばあさん．　荷物が　ほんとに　重いですね．

어디 가세요 ?
どこに 行かれるんですか．

おばあさん： **응 , 나 , 우리 손녀한테 가요 .**
　　　　　　うん，　私ね，　うちの　孫娘のところに 行くんですよ．

공부한다고 혼자 자취하고 있으니까
勉強するとかって，　一人で　自炊してるから

먹을 것 좀 싸다 주려고 .
食べるもの ちょっと 持って行って あげようかなって．

第 8 회　할머니

- [ ] 길에서 [kiresɔ キレソ] **道で**. 길 (道) ＋ －에서 (…で)
- [ ] 할머니 [halmɔni ハルモニ] **おばあさん**.「おじいさん」は [harabɔdʒi ハラボジ]
- [ ] 괜찮으세요 [k(w)ɛntʃhanɯsejo クェンチャヌセヨ] **大丈夫でいらっしゃいますか**. 辞書形괜찮다 (大丈夫だ) のⅡ－세요
- [ ] 괜찮아요 [k(w)ɛntʃhanajo クェンチャナヨ] **大丈夫です**. 辞書形괜찮다のⅢ－요で, 해요体. 좋아요 [조아요チョーアヨ] や, この괜찮아요 [괜차나요クェンチャナヨ] のように, **終声の位置に書かれるㅎは母音の前では常に発音しない**
- [ ] 괜찮아 [k(w)ɛntʃhana クェンチャナ] **大丈夫**. 辞書形괜찮다のⅢで, 해体. 해体は目下に対するぞんざいな文体. ここでのように, 複数の文体が混ぜて用いられることもしばしば見られる
- [ ] 짐 [tʃim チㇺ] **荷物**
- [ ] 무거운데요 [mugɔundejo ムゴウンデヨ] **重いですね**. 辞書形무겁다(重い)はㅂ (ピウプ) **変格**という変格活用をする. Ⅰ) 무겁－, Ⅱ) 무거우－, Ⅲ) 무거워－
- [ ] 가세요 [kasejo カセヨ] **行かれますか**. 辞書形가다 (行く) のⅡ－세요
- [ ] 나 [na ナ] **わたし. ぼく**. 謙譲形は저
- [ ] 우리 [uri ウリ] **わたしたち. ぼくたち**. 謙譲形は저희 [저이].「우리 손녀」で「うちの孫娘」
- [ ] 손녀한테 [sonnjɔ(h)antʰe ソンニョハンテ]〈孫女 －〉**孫娘のところに**. 손녀 (孫娘) ＋ －한테 (…に, …のところに)
- [ ] 가요 [kajo カヨ] **行きます**. 辞書形가다 (行く) のⅢ－요
- [ ] 공부힌디고 [koŋbu(h)andago コンブハンダゴ] **勉強すると言って**. 공부〈工夫〉[koŋbu コンブ] は「勉強」
- [ ] 혼자 [hondʒa ホンジャ] **一人で**
- [ ] 자취하고 있으니까 [tʃatʃhwi(h)ago iʔsɯniʔka チャチュィハゴイッスニッカ]〈自炊 －〉**自炊しているから**
- [ ] 먹을 것 [mɔgɯlʔkɔʔ モグルコッ] **食べるもの**. 먹을은 먹다(食べる) のⅡ－ㄹ連体形. 것は「もの」で,「食べるべきもの」の意
- [ ] 싸다 주려고 [ʔsada dʒurjɔgo サダジュリョゴ] **持って行ってあげようかなと**. なお, この싸다の싸－は第Ⅲ語基. Ⅲ－다は「…して持って行って」の意

145

第8回　おばあさん

ソグ, 時計を見て迷うが, (석우 , 시계를 보고 망설이다가 ,)

ソグ: **할머니 이리 주세요 . 제가 들어다 드릴게요 .**
おばあさん, 貸してください.　　私が持って行ってさしあげますから.

おばあさん: **아니 , 됐어 .**
いや,　　大丈夫だよ.

ソグ: **아니에요 . 제가 들어다 드릴게요 .**
いいえ.　　私に　持たせてください.

집이 어느 쪽인데요 ?
家は　どっちのほうですか.

おばあさん: **아유 고마워요 . 저쪽이에요 .**
あれ, ありがとう.　あっちですよ.

●ある下宿屋の前 (어느 하숙집 앞)

おばあさん: **다 왔어요. 저기야. 이거 고마워서 어쩌지?**
もう着きましたよ. あそこ.　これ, 何てお礼言ったらいいのか…

ソグ: **아이 , 아니에요 . 할머니 . 저 , 이거요 .**
いいえ.　　　おばあさん, さ, これ.

ソグ, 荷物を渡して . (석우 , 짐을 건네 주며 .)

ソグ: **안녕히 계세요 .**
さようなら.

去ってゆくソグ. おばあさんのほうを振り返ってみる. おばあさんの後ろの髪型を見て, 再度自分のおばあさんが目に浮かぶ. (떠나가는 석우 . 할머니 쪽을 돌아본다 . 할머니의 뒷모습을 보며 , 또 한 번 자신의 할머니를 떠올린다 .)

제 8 회　할머니

- [ ] 이리 [iri イリ] こちらに. 그리는「そちらに」, 저리는「あちらに」
- [ ] 주세요 [tʃusejo チュセヨ] ください. 주다（くれる. やる）のⅡ－세요
- [ ] 제가 [tʃega チェガ] 私が. 저（私）＋－가（…が）は제가という形となる
- [ ] 들어다 드릴게요 [turɔda duurilʔkejo トゥロダドゥリルケヨ] 持って行ってさしあげますから.
- [ ] 아니 [ani アニ] 間投詞　いや. これに丁寧化の－요／－이요がつくと아니요となる. その短縮形が아뇨
- [ ] 됐어 [t(w)e:ʔsɔ トェーッソ] 大丈夫だ. いいよ. 間に合ってる. OKだ. 되다 [t(w)e:da トェーダ]（なる）. Ⅰ Ⅱ) 되－, Ⅲ) 되어－／돼－／★되여－
- [ ] 집 [tʃiᵖ チプ] 家
- [ ] 어느 [ɔnɯ オヌ] どの.「어느 쪽」で「どっち」
- [ ] 쪽인데요 [ʔtʃogindejo チョギンデヨ] ほうですか. 쪽（…のほう）＋指定詞－이다の第Ⅱ語基＋婉曲の－ㄴ데요. 婉曲法は, 指定詞や形容詞にはⅡ－ㄴ데요, 動詞や存在詞にはⅠ－는데요を用いる
- [ ] 아유 [aju アユ] 間投詞　ああ
- [ ] 고마워요 [ko:mawɔjo コーマウォヨ] ありがとうございます. 辞書形は고맙다（ありがたい）で　ㅂ（ピウプ）変格という活用をする. Ⅰ) 고맙-, Ⅱ) 고마우-, Ⅲ) 고마워－★고마와－
- [ ] 저쪽 [tʃɔʔtʃokˮ チョッチョク] あっち.「こっち」は이쪽,「そっち」は그쪽
- [ ] 하숙집 [ha:sukʔtʃiᵖ ハースクチプ]〈下宿 －〉下宿屋
- [ ] 다 왔이요 [ta:waʔsɔjo ターワッソヨ] さあもう着きましたよ.「ほとんど全部来ましたよ」の意
- [ ] 저기야 [tʃɔgija チョギヤ] あそこだよ. －야は指定詞－이다の해体. 母音で終わる単語につく. 子音で終わる単語には－이야
- [ ] 이거 [igɔ イゴ] これ. 話しことば形
- [ ] 고마워서 어쩌지 [ko:mawɔsɔ ɔʔtʃɔʔtʃi コーマウォソオッチョジ] ありがたくてどうしよう. いったい何とお礼を言ったら良いやら　★고마와서
- [ ] 저 [tʃɔ チョ] 間投詞　あの
- [ ] 이거요 [igɔjo イゴヨ] これ. 이거（これ）＋－요（丁寧化）

第8回　おばあさん

　ふと時計を見ると時間が過ぎている．急いでマキに電話する．何回かけても，マキが電話に出ない．　メールを送る．
(문득 시계를 보니 시간이 지나 있다．서둘러 마키에게 전화를 건다．몇 번 걸어도 마키는 받지 않는다．문자를 보낸다．)

'마키야, 미안해.
　マキ，　　　ごめん．

늦었지만 갈 테니까 꼭 기다려.'
遅れたけど，　行くから，　　必ず待ってて．

走るソグ．(달려 가는 석우．)

第 8 回　할머니

- [ ] 마키야 [makʰija マキヤ] **マキ.** -야は母音で終わる単語について,呼びかけを表す。子音で終わる単語には-아. いずれも親しい友人や目下に用いる ⇨ p.219
- [ ] 미안해 [mian(h)ɛ ミアネ]〈未安-〉**ごめん.** 미안하다のⅢで, 해体. 합니다体なら미안합니다 [mian(h)amnida ミアナムニダ]（すみません）となる
- [ ] 늦었지만 [nɯdʑɔʔtʃiman ヌジョッチマン] **遅くなったけど.** 辞書形は늦다 [nɯtʔta ヌッタ] 動詞 遅れる. 形容詞 遅い
- [ ] 갈 테니까 [kaltʰeniʔka カルテニッカ] **行くから. 行くつもりだから.** 가다のⅡ-ㄹ連体形. 갈（行く）+터（つもり）+-이다（…である）のⅡ+-니까（…から）
- [ ] 꼭 [ʔkokˀ コク] 副詞 **必ず. きっと. しっかり**
- [ ] 기다려 [kidarjɔ キダリョ] **待ってて. 待って.** 辞書形기다리다（待つ）のⅢで해体

第 9 回　行かないで

●ハンバーガー店 (햄버거 가게)

　マキ，時計を見て電話をかけようとする．自分の携帯がないことに気づく．かばんやポケットを探す．ため息をつき，席を立つ．
(마키 , 시계를 보고 전화를 걸려고 하다가 핸드폰이 없는 것을 안다 . 가방 , 주머니를 찾는다 . 한숨 쉬며 자리에서 일어난다 .)

　ソグは走って店にやって来るが，マキの姿はない．(석우가 가게로 뛰어 들어오지만 마키는 보이지 않는다 .)

●マキの下宿の前 (마키 하숙집 앞)

　マキ，家に着く．家の前でチュノが待っている．驚くが，とても元気のなさそうな声で…(마키 , 집에 도착한다 . 집 앞에서 준호가 기다리고 있다 . 마키는 놀라지만 매우 힘없는 목소리로….)

マキ: **웬일이세요 ?**
　　　どうなさったんですか．

제 9 회　가지 말아요

- [ ] 햄버거 [hɛmbɔgɔ ヘムボゴ] **ハンバーガー**
- [ ] 가게 [ka:ge カーゲ] （品物を売る）**店**
- [ ] 핸드폰 [hɛnduphon ヘンドゥポン] **携帯電話**．휴대폰〈携帯 −〉とも．外来語の [f] の音は激音の [pʰ] で写す．なお日本語では「ファ」行で写している
- [ ] 하숙집 [ha:sukʔtʃip ハースクチプ]〈下宿 −〉（普通はまかないつきの）**下宿屋**
- [ ] 웬일 [we:nnil ウェーンニル] **どうしたこと**．「웬일이세요？」は「いったいどうしたことですか」「どうなさったんですか」の意．− 이세요は指定詞 − 이다のⅡ + 尊敬の接尾辞 − 시 − のⅢである − 세 + 해요体を作る − 요．非尊敬形なら「웬일이에요」となる

* 웬일の発音は [we:nil ウェーニル 웨닐] ではなくて [we:n**n**il ウェーン**ニ**ル 웬닐]．終声のあとにㄴが挿入されているもので，これを　ㄴ [n] の挿入　という．終声を持つ単語の後ろに，母音 [i] やヤ行音 [j] ではじまる別の単語が結合し，合成語となるときや，後ろの単語と1つにつけて発音されたりする場合に起こる： ⇨ p.308

ㄴ [n] の挿入

일본요리	[일본뇨리]〈日本料理〉	日本料理
무슨 일	[무슨닐]	どんなこと

さらに挿入されたㄴは直前の終声が口音なら
口音の鼻音化も引き起こす：

꽃잎	[꼳닙] → [꼰닙]	花びら

第9回　行かないで

チュノ: 마키 씨 지금 핸드폰 없죠?
　　　　マキさん,　今,　携帯　ないでしょう?

マキ: 그걸 어떻게….
　　　それを　どうして…

　チュノ，マキに近づいてきて，ポケットからマキの携帯を取り出し，マキの目の前に出す．携帯のストラップがかわいく揺れる．微笑むマキ．
(준호 , 마키에게 다가와 주머니에서 마키의 핸드폰을 꺼내 마키 눈 앞에서 흔들어 보인다 . 핸드폰 줄이 살랑살랑 흔들린다 . 미소 짓는 마키 .)

チュノ: 카디건 주머니 안에 들어 있었어요 .
　　　　　カーディガンのポケットの中に　入ってましたよ.

　マキ，受け取って．(마키 , 핸드폰을 받으며 .)

マキ: 고마워요 . 걱정하고 있었어요 .
　　　ありがとう.　心配してたんです.

チュノ: 바람이라도 맞으셨나 봐요 .
　　　　振られでもしたみたいですね.

　　　왜 그렇게 얼굴에 기운이 하나도 없어요 ?
　　　どうしてそんなに顔に　元気が　ひとつも　ないんですか.

　　　저녁은 먹었어요 ?
　　　夕食は　食べました?

第 9 回　가지 말아요

- [ ] 씨 [ˀʃi シ] 〈氏〉…さん．…氏．フルネームか名につける．名につけるのは親しい間柄で用いる．韓国人の姓だけにつけるのは非常に失礼
- [ ] 지금 [tʃigɯm チグム] 〈只今〉今
- [ ] 없죠 [ɔːpˀtʃo オープチョ] ないでしょう？ 없다（ない）のⅠ＋죠．**確認法**
- [ ] 그걸 [kɯgɔl クゴル] それを．그것（それ）＋－을（…を）の短縮形
- [ ] 어떻게 [ɔˀtɔkʰe オットケ] どうやって
- [ ] 카디건 [kʰadigɔn カディゴン] カーディガン
- [ ] 주머니 [tʃumɔni チュモニ] ポケット
- [ ] 안 [an アン] 中
- [ ] 들어 있었어요 [tɯrɔiˀsˀɔˀsojo トゥロイッソッソヨ] 入っていました．들어は들다（入る）のⅢ．「**動詞のⅢ＋있다**」で「…している」という，動作の結果の継続を示す
- [ ] 고마워요 [koːmawɔjo コーマウォヨ] ありがとう．고맙다（ありがたい）のⅢ－요．ㅂ（ピウプ）**変格活用**という活用をする形容詞 ⇨ p.65
- [ ] 걱정하고 있었어요 [kɔkˀtʃɔŋ(h)ago iˀsɔˀsojo コクチョンハゴイッソッソヨ] 心配していました．걱정하고は걱정하다（心配する）のⅠ－고．「Ⅰ－고 있다」で「…している」という継続進行を表す．있었어요は있다のⅢ＋－ㅆ－のⅢである－ㅆ어－＋해요体を作る語尾－요
- [ ] 바람이라도 맞으셨나 봐요 [paramirado madʒɯʃɔnnabwaːjo パラミラドマジュションナブァーヨ] 振られでもしたみたいですね．「바람 맞다」は「振られる」．－이라도／－라도は「…でも」
- [ ] 왜 [wɛː ウェー] 副詞 なぜ．どうして
- [ ] 얼굴 [ɔlgul オルグル] 顔
- [ ] 기운 [kiun キウン] 元気．「기운이 없다」で「元気がない」
- [ ] 하나도 [hanado ハナド] 1つも．全然．하나（1つ）＋－도（…も）
- [ ] 없어요 [ɔːpˀsojo オープソヨ] ないのですか．없다（ない）のⅢ－요
- [ ] 저녁은 [tʃɔnjɔgɯn チョニョグン] 夕食は．저녁（夕食．夕方）＋－은（…は）
- [ ] 먹었어요 [mɔgɔˀsojo モゴッソヨ] 食べましたか．먹다（食べる）のⅢ＋過去接尾辞－ㅆ－のⅢである－어－＋해요体を作る語尾－요

第9回　行かないで

マキ：　….

チュノ：　**가죠. 우리 맛있는 거 먹어요.**
　　　　　行きましょう. ぼくたち, おいしいもの　　食べましょうよ.

マキ：　**우리？**
　　　　ぼくたち？

チュノ：　**뭐 좋아하세요？**
　　　　　何が　好きですか？

マキ：　….

チュノ：　**한식은 싫어하죠？**
　　　　　韓国の料理は　嫌いでしょ？

マキ：　**아니에요.**
　　　　いいえ.

　マキ，元気なく笑い，チュノについていく．この光景を電信柱の後ろで見ているソグ．(마키, 힘없이 웃으며 준호를 따라간다. 이 광경을 전봇대 뒤에서 지켜 보고 있는 석우.)

● **大学路 (대학로)**
　輝くネオン，店の看板．高級そうなレストランが並んでいる．
　(빛나는 네온사인. 고급스러운 레스토랑이 즐비하다.)

第9回　가지 말아요

- [ ] 가죠 [kadʒo カジョ] **行きましょう．行くでしょう？** 가다（行く）のⅠ-죠．**確認法**．確認法はこのように勧誘にも用いることができる
- [ ] 우리 [uri ウリ] **ぼくたち．私たち**．謙譲形は저희 [tʃɔi チョイ]（わたくしたち）
- [ ] 맛있는 [maʃinnɯn マシンヌン] 存在詞 **おいしい**．発音，**口音の鼻音化**に注意．맛있다（おいしい）のⅠ-는という形の連体形．**連体形は体言を修飾する形．動詞，存在詞の現在規定連体形はⅠ-는（…する．…な）
- [ ] 거 [gɔ ゴ] 依存名詞 **もの**．書きことば形は것．「맛있는 거」で「おいしいもの」
- [ ] 먹어요 [mɔgɔjo モゴヨ] **食べましょう．食べます**．먹다（食べる）のⅢ-요で해요体．Ⅲ-요はイントネーションで平叙，疑問，勧誘，命令とさまざまに用いられる
- [ ] 뭐 [mwɔː ムォー] **何**．書きことば形は무엇 [muɔt ムオッ]
- [ ] 좋아하세요 [tʃoːa(h)asejo チョーアハセヨ] 他動詞 **お好きですか**．좋아하다（好む．好きだ）のⅡ+尊敬の-시-のⅢである-세-+해요体を作る-요．尊敬形の해요体．「…が 好きだ」「…を 好む」は「-를/-을 좋아하다」．基本的に-를/-을（…を）をとる動詞を**他動詞**という．「何が 好きですか」を助詞をつけて言うと，「뭘 좋아하세요？」あるいは「무엇을 좋아하세요？」．これを「뭐가 좋아하세요？」というと뭐가（何が）が主語になってしまい，誤り
- [ ] 한식 [haːnʃiᵏ ハーンシク]〈韓食〉**韓国料理．朝鮮料理**
- [ ] 싫어하죠 [ʃirɔ(h)adʒo シロハジョ] 他動詞 **嫌いでしょう？** 싫어하다（嫌う．嫌だ）のⅠ-죠．確認法．「…を 嫌う」「…が 嫌だ」は「-를/-을 싫어하다」となるので，「韓国料理が嫌いだ」は「한식을 싫어하다」となる．「한식이 싫어하다」は誤り
- [ ] 대학로 [tɛː(h)aŋno 대항노 テーハンノ]〈大學路〉**大学路**．ソウルの地名．終声 [ᵖ][ᵗ][ᵏ] の直後の初声ㄹ [r] は，[n] に変化する．これを**流音の鼻音化**という．さらに鼻音化したその [n] は口音の終声 [ᵖ][ᵗ][ᵏ] を**鼻音化**する．대학로 [tɛː(h)aᵏno 대학노] → [tɛː(h)aŋno 대항노]．⇨ p.306

第9回　行かないで

マキ： 준호 씨, 이런 데도 와요? 보기하고는 다른데요.
　　　チュノさん、　こんなところも　来るんですか。見かけと違うんですね。

사실은 여자 친구랑 자주 오죠?
　　　実は　　　　彼女と　　　　　　しょっちゅう 来るんでしょ?

チュノ： 여자 친구요? 지금은 없어요.
　　　　彼女ですか。　　　今は　　　いませんよ。

マキ： 지금은 없어요? 그럼 예전엔 있었어요?
　　　今は　　　いません? じゃ、前は　　　いたんですか。

チュノ： 하하, 아, 뭐 예전엔 있었죠. 최지우 같은.
　　　　はは、　いや、なに、前は　　いましたよ。チェ・ジウみたいな。

マキ： 진짜요?
　　　ほんとですか。

● イタリア料理店 (이탈리안 레스토랑)

チュノ： 뭐 드시겠어요?
　　　　何　召し上がりますか。

マキ： 글쎄요.
　　　そうですね。

　チュノとマキ、メニューを見ている。チュノ、慎重に質問する。
　(준호와 마키, 메뉴판을 본다. 준호, 심각하게 물어본다.)

第 9 回　가지 말아요

- [ ] 이런 [irɔn イロン] **こんな**. 「そんな」は그런,「あんな」は저런
- [ ] 데도 [dedo デド] **ところも**. 依存名詞の데 (ところ) + －도 (…も)
- [ ] 와요 [wajo ワヨ] **来ますか**. 오다（来る）のⅢ－요. 오다はⅠⅡ) 오-, Ⅲ) 와－
- [ ] 보기하고 [pogihago ポギハゴ] **見かけと**. 보기 (見かけ) + －하고 (…と)
- [ ] 다른데요 [tarɯndejo タルンデヨ] **違いますね**. 形容詞다르다 (違う. 異なる) のⅡ－ㄴ데요. 婉曲法
- [ ] 사실은 [sa:ɕirɯn サーシルン]〈事實 －〉**実は**. 事実は. 사실 (事実) + －은 (…は)
- [ ] 여자 친구 [jɔdʑatɕʰingu ヨジャチング]〈女子 親舊〉**ガールフレンド. 彼女**.「ボーイフレンド」「彼氏」は「남자 친구」[namdʑatɕʰingu ナムジャチング]〈男子 親舊〉. 여자 ★녀자
- [ ] －랑 /－이랑 [raŋ ラン][iraŋ イラン] **…と**. －하고 (…と) よりさらにくだけた話しことばで多く用いる. 母音で終わる単語には－랑, 子音で終わる単語には－이랑
- [ ] 자주 [tɕadʑu チャジュ] 副詞 **しょっちゅう**
- [ ] 오죠 [odʑo オジョ] **来るでしょう?** 오다 (来る) のⅠ－죠. 確認法
- [ ] 그럼 [kɯrɔm クロム] 接続詞 **じゃ. では**
- [ ] 예전엔 [je:dʑɔnen イェージョネン] **昔は. ずっと前は**. 예전 (ずっと前)+－에 (…に) +－는 (…は) の短縮形
- [ ] 있었어요 [iˀsɔˀsɔjo イッソッソヨ] **いましたか**. 있다 (いる) のⅢ있어－+ 過去接尾辞 －ㅆ－の第Ⅲ語基－ㅆ어－+ 해요体を作る－요. 過去形の해요体
- [ ] 하하 [ha(h)a ハハ] 間投詞 **はは**
- [ ] 뭐 [mwɔ: ムォー] **何**. もともとは代名詞だが, ここでは間投詞的に用いている
- [ ] 있었죠 [iˀsɔˀtɕo イッソッチョ] **いましたね. いましたよ**. 있다のⅢ + 過去接尾辞－ㅆ－のⅠ+－죠. 過去形の確認法
- [ ] 최지우 [tɕʰedʑiu チェジウ] **チェ・ジウ**. 女優の名
- [ ] 같은 [gatʰɯn ガトゥン] **…のような**
- [ ] 진짜요 [tɕinˀtɕajo チンチャヨ]〈眞 －〉**ほんとうですか**. －요 /－이요は丁寧化
- [ ] 드시겠어요 [tɯɕigeˀsɔjo トゥシゲッソヨ] **召し上がりますか**. 드시다 (召し上がる) のⅠ+将然判断の接尾辞－겠－のⅢ－겠어－+ 해요体を作る－요
- [ ] 글쎄요 [kɯlˀsejo クルセヨ] 間投詞 **そうですね. ええっと**. 글쎄 + 丁寧化の－요 /－이요

第9回　行かないで

チュノ: 저 근데… 석우 씨하고는… 어떤 사이세요?
　　　　あの ところで… ソグ　さんとは…　どんな 間柄ですか.

マキ: 석우 오빠요?　여기 와서 알게 됐어요.
　　　ソグ　先輩ですか.　こっちに来て　知り合ったんです.

チュノ: 네. 자주 만나죠?
　　　　そう. よく　会ってるんでしょ?

マキ: 음, 네, 학교에서 자주 같이 공부하죠.
　　　うん, ええ, 学校で　よく　一緒に　勉強してます.

근데 왜요?
でも　どうしてですか.

チュノ: 아니, 뭐, 그냥요.
　　　　いや, ただ, なんとなく.

マキ: 석우 오빠하고는 다른 친구들보다도
　　　ソグ　先輩とは　ほかの　友達よりも

얘기가 잘 통해요.
話が　合うんですよ

그래서 얘기도 많이 하죠.
それで　話も　よくするんですよ.

チュノ, 内心安心するも, 若干やきもちの様子. 再びチュノ, メニューを見る.
(준호, 내심 안심하면서도 약간 질투심을 느낀다. 준호, 다시 메뉴판을 본다.)

第9回　가지 말아요

- [ ] 저 [tɕɔ チョ] 間投詞 あのう．その
- [ ] 근데 [kɯnde クンデ] 接続詞 ところで．で
- [ ] 어떤 [ɔʔtʌn オットン] 冠形詞 どんな
- [ ] 사이세요 [saisejo サイセヨ] **間柄でいらっしゃいますか**．사이（間柄）＋指定詞－이다のⅡ＋尊敬の接尾辞－시－のⅢ＋해요体を作る語尾－요．指定詞の－이－が母音で終わる単語の後で脱落している
- [ ] 여기 [jɔgi ヨギ] ここ．「そこ」は거기，「あそこ」は저기
- [ ] 와서 [wasɔ ワソ] **来て**．오다（来る）のⅢ－서．Ⅲ－서（…して）は後続の動作に対する動作の先行を表す
- [ ] 알게 됐어요 [a:lge twɛʔsɔjo アールゲトェーッソヨ] **知ることになりました**．알게は알다（知る）のⅠ－게．됐어요は되다（なる）のⅢ＋過去接尾辞－ㅆ－のⅢ＋해요体を作る語尾－요
- [ ] 만나죠 [mannadʑo マンナジョ] **会うでしょう？** 만나다（会う）のⅠ－죠．確認法
- [ ] 학교에서 [hakʔkjoesɔ ハッキョエソ]〈學校 －〉**学校で**．학교（学校）＋－에서（…で）．－에서はことが行われる場所を表す「…で」
- [ ] 같이 [katɕʰi 가치 カチ] **一緒に**．発音は［가티カティ］ではない．口蓋音化（こうがいおんか）
- [ ] 공부하죠 [koŋbu(h)dʑo コンブハジョ]〈工夫 －〉**勉強しますね**．공부하다（勉強する）のⅠ－죠．確認法
- [ ] 왜요 [wɛ:jo ウェーヨ] **なぜですか**．왜（なぜ）＋丁寧化の－요/－이요
- [ ] 아니 [ani アニ] 間投詞 いや
- [ ] 그냥요 [kɯnjaŋnjo 그냥뇨 クニャンニョ] **なんとなくですよ**．그냥（なんとなく）＋丁寧化の－요．그냥이요 [kɯnjaŋijo クニャンイヨ] ともいう
- [ ] 다른 [tarɯn タルン] ほかの．다르다（異なる）のⅡ－ㄴ連体形
- [ ] 친구들보다도 [tɕʰingudɯlbodado チングドゥルボダド]〈親舊 －〉**友人たちよりも**．친구（友人）＋－들（…たち）＋－보다（…より）＋－도（…も）
- [ ] 얘기 [jɛ:gi イェーギ] **話**．書きことば形は이야기 [ijagi イヤギ]
- [ ] 잘 [tɕal チャル] 副詞 よく
- [ ] 통해요 [tʰoŋ(h)ɛjo トンヘヨ]〈通 －〉**通じます**．통하다（通じる）のⅢ－요
- [ ] 그래서 [kɯrɛsɔ クレソ] 接続詞 それで
- [ ] 많이 [ma:ni マニ マーニ] たくさん
- [ ] 하죠 [hadʑo ハジョ] **しますよ．するんです**．하다（する）のⅠ－죠．確認法

第9回　行かないで

マキ，携帯の着信を確認する．ソグからのメールに気づく．表情が突然変わる．(마키, 핸드폰의 착신을 확인한다. 석우가 보낸 문자를 본다. 갑자기 표정이 바뀐다.)

チュノ: 왜 그래요 ?
　　　どうしたんですか．

マキ，立ち上がる．(마키, 일어선다.)

マキ: 가야겠어요 .
　　　行かなくちゃ．

いきなり，チュノ，マキの手を握る．短い沈黙．チュノ，強烈にマキの目を見つめる．(갑자기 준호, 마키의 손목을 잡는다. 짧은 침묵. 준호, 강열하게 마키의 눈을 바라본다.)

チュノ: 가지 마세요 . 가지 말아요 .
　　　行かないでください．　行かないで．

そのまま座り込むマキ，泣きそうな顔．
(그대로 주저앉는 마키. 울 것 같은 표정.)

第 9 回　가지 말아요

- [ ] **왜** [wɛː ウェー] 副詞　なぜ. どうして
- [ ] **그래요** [kɯrɛjo クレヨ] そうなのですか. そうですか.「왜 그래요?」で「どうしてそうなのですか」つまり「どうしてなのですか」「どうしたんですか」の意. 話しことばでよく用いられる
- [ ] **가야겠어요** [kajageʔsɔjo カヤゲッソヨ] 行かなければ. 가다 (行く) のⅢ-야겠어요. Ⅲ-야겠어요は「…しなければ (なりません)」の意. 해요体. 합니다体ならⅢ-야겠습니다となる
- [ ] **가지 마세요** [kadʑimasejo カジマセヨ] お行きにならないでください. 가지は가다 (行く) のⅠ-지.「Ⅰ-지 마세요」は「…なさらないでください」という**尊敬の丁寧な禁止**を表す
- [ ] **가지 말아요** [kadʑimarajo カジマラヨ] 行かないでください. 行かないでね. 가지は가다 (行く) のⅠ-지.「Ⅰ-지 말아요」は「…しないで」という**丁寧な禁止**を表す. 上の「Ⅰ-지 마세요」は尊敬形だが, この「Ⅰ-지 말아요」は尊敬形ではないので目上には使えない

第10回 仁寺洞（インサドン）悲歌

●語学堂の教室（어학당 교실）

次の日，語学堂のある教室．授業が終わり，マキ，ソグに近づいてくる．(다음 날, 어학당의 어느 교실. 수업이 끝나자 마키, 석우에게 다가온다.)

マキ： **오빠 , 화났어요 ?**
　　　先輩,　　怒ってますか.

ソグ： **응 , 아니야 . 너 정말 거기 가고 싶어했는데**
　　　あ,　　いや.　　おまえ, 本当にあそこに行きたがってたのに

　　　오빠가 오히려 미안하다 .
　　　おれの　　ほうこそ　　すまなかったな.

マキ： **아니에요 . 오빠 , 제가 정말 미안해요 .**
　　　そんなことないですよ.　先輩,　私が本当に悪かったの.

ソグ，いたずらっぽく．(석우, 장난스럽게.)

ソグ： **아이 , 아닙니다 .**
　　　いや,　　とんでもないですよ.

　　　참 , 마키 씨 오늘 오후에
　　　そうだ,　マキさん,　　今日の　　午後

　　　시간 있으십니까 ?
　　　お時間,　おありですか.

マキ： **네 , 왜요 ?**
　　　ええ,　どうしてですか.

제10회　인사동 비창

- [ ] 화났어요 [hwaːnaʔsʌjo ファーナッソヨ] 怒っていますか. 怒りましたか. 화나다（怒る）の Ⅲ ＋過去接尾辞 － ㅆ － の第Ⅲ語基 － ㅆ어 － ＋ 해요体の語尾 － 요
- [ ] 아니야 [anija アニヤ] いいや. 違うよ. 指定詞아니다の해体はこの形になる
- [ ] 너 [nʌ ノ] おまえ. 君. 目下や同年代の親しい友人に用いる.「おまえが」は네가が標準語だが, 話しことばでは니가ということが多い.「おまえの」は標準語では네, 話しことばでは니という
- [ ] 거기 [kʌgi コギ] そこ.（見えていない場所で互いに了解している）あそこ. このように「例のあそこ」の意では저기ではなく거기という
- [ ] 가고 싶어했는데 [kagoɕipʰɔ(h)ɛnnɯnde カゴシポヘンヌンデ] 行きたがっていたのに. 가고は가다（行く）のⅠ－고.「Ⅰ－고 싶어하다」は「…したがる」. 싶어했는데は싶어하다のⅢ＋過去接尾辞 － ㅆ － のⅠ ＋ － 는데（…のに）
- [ ] 오히려 [o(h)irjɔ オヒリョ] 〖副詞〗かえって. むしろ
- [ ] 미안하다 [mian(h)ada ミアナダ]〈未安 －〉〖形容詞〗すまない. 미안하다の한다体. このように形容詞や指定詞は辞書形と한다体が同形になる. Ⅰ － 다という形である. 한다体は文章で用いる基本的な文体だが, ここでのように会話における한다体は, 感嘆や, 独り言などに多く用いられる ⇨ p.62
- [ ] 미안해요 [mian(h)ɛjo ミアネヨ]〈未安 －〉〖形容詞〗すみません. ごめんなさい. 미안하다のⅢ － 요で, 해요体
- [ ] 아닙니다 [animnida アニムニダ] いいえ. 違います. とんでもありません. 指定詞아니다のⅡ － ㅂ니다で, 합니다体. ソグは目下のマキに対して基本的には해体で話すが, ここではいたずらっぽくわざと丁寧な합니다体を用いている
- [ ] 오늘 [onɯl オヌル] 今日
- [ ] 오후에 [oː(h)ue オーフエ]〈午後〉午後に. 오후（午後）＋ － 에（…に）
- [ ] 시간 [ɕigan シガン]〈時間〉時間
- [ ] 있으십니까 [iʔsɯɕimniʔka イッスシムニッカ] おありですか. 있다（ある）のⅡ ＋ 尊敬の接尾辞 － 시 － のⅡ ＋ 합니다体の疑問形語尾 － ㅂ니까
- [ ] 왜요 [wɛːjo ウェーヨ] どうしてですか. なぜですか. 疑問の副詞왜（なぜ）＋ － 요 / － 이요

第10回　仁寺洞（インサドン）悲歌

ソグ: **응, 뭐 좀 살 게 있는데, 같이 갈래?**
うん，ちょっと　買うものがあるんだけど，一緒に行く?

マキ: **아, 좋아요.**
あ，　　いいですよ．

나도 오빠하고 먹고 싶은 게 있어요.
私も　　先輩と　　食べたいものが　　あるんですよ．

●市場 (시장)

トッポッキの屋台の前に立つ．(떡볶이 마차 앞에 선 마키와 석우.)

マキ: **우리 저거 한번 먹어 볼까요?**
一緒に　あれ　　ちょっと 食べてみましょうか．

ソグ: **너, 먹고 싶다는 게 저거야?**
おまえ，食べたいっての，　　　あれか．

저거 굉장히 매운데 괜찮아?
あれ，　すごく　　辛いけど，　だいじょぶ?

マキ: **아이, 매운 이 떡볶이에도 한국이 있는 건데.**
いや，　辛い　　この トッポッキにも　　韓国が　　あるのだから．

다 경험해 봐야죠. 오빠, 싫으세요?
何でも経験してみなくちゃ．　　先輩，　お嫌ですか．

ソグ: **아니.**
いや．

제 10 회　인사동 비창

- [ ] 살 [sal サル] 買うべき. 사다（買う）のⅡ-ㄹ連体形. Ⅱ-ㄹ連体形は「（これから）…する」「…すべき」の意を表す.「살 거」[salʔkɔ 살꺼 サルコ]（買うべきもの）のように, Ⅱ-ㄹ連体形の後ろに来る平音は濃音で発音する
- [ ] 게 [ʔke ケ] ものが. 것（もの）+ -이（…が）の短縮形
- [ ] 있는데 [innɯnde インヌンデ] あるけど. 있다（ある）のⅠ-는데（…けど）
- [ ] 갈래 [kallɛ カルレ] 行く？ 가다（行く）のⅡ-ㄹ래で, 目下などに意志を尋ねる形
- [ ] 좋아요 [tʃoːajo チョーアヨ] 良いです. 좋다（良い）のⅢ-요
- [ ] 나도 [nado ナド] わたしも. ぼくも. 나（わたし）+ -도（…も）
- [ ] 먹고 싶은 [mɔkʔkoʃipʰɯn モッコシプン] 食べたい. 먹고は먹다（食べる）のⅠ-고.「Ⅰ-고 싶다」で「…したい」. 싶은은 싶다のⅡ-ㄴ連体形
- [ ] 있어요 [iʔsɔjo イッソヨ] あります. います. 있다（ある）のⅢ-요
- [ ] 시장 [ʃiːdʒaŋ シージャん]〈市場〉市場
- [ ] 저거 [tʃɔgɔ チョゴ] あれ. 書きことば形は저것 [tʃɔgɔᵗ チョゴッ]
- [ ] 먹어 볼까요 [mɔgɔbolʔkajo モゴボルカヨ] 食べてみましょうか. 먹어는 먹다（食べる）のⅢ.「Ⅲ 보다」は「…してみる」. 볼까요は 보다（見る）のⅡ-ㄹ까요（…しましょうか：相談法）
- [ ] 먹고 싶다는 [mɔkʔkoʃipʔtanɯn モッコシプタヌン] 食べたいという. 引用の連体形.「먹고 싶다는 것」で「食べたいというもの」
- [ ] 저거야 [tʃɔgɔja チョゴヤ] あれか. 저거（あれ）+ -이다の해体
- [ ] 굉장히 [kweŋdʒaŋ(h)i クェンジャんヒ]〈宏壯-〉**副詞** すごく
- [ ] 매운데 [mɛunde メウンデ] 辛いけど. 맵다（辛い）のⅡ-ㄴ데. ㅂ変格活用 ⇨ p.65
- [ ] 괜찮아 [kwɛntʃʰana クェンチャナ] だいじょぶ. 괜찮다のⅢで해体
- [ ] 매운 [mɛun メウン] 辛い. 맵다（辛い）のⅡ-ㄴ連体形. ㅂ変格活用
- [ ] 떡볶이 [ʔtɔkʔpoʔki トクポッキ] トッポッキ. トッポギ
- [ ] 한국 [haːnguᵏ ハーングク] [haːnguᵏ ハーングク]〈韓國〉韓国
- [ ] 있는 건데 [innɯngɔnde インヌンゴンデ] あるのだが. 있다（ある）のⅠ-는 + 것 + -이다のⅡ-ㄴ데
- [ ] 경험해 봐야죠 [kjɔŋ(h)ɔm(h)ɛbwajadʒo キョンホメブァヤジョ]〈經驗-〉 経験してみなくちゃなりませんよ. 경험해는 경험하다のⅢ
- [ ] 싫으세요 [ʃirɯsejo シルセヨ] お嫌ですか. 싫다の尊敬形해요体

第10回　仁寺洞（インサドン）悲歌

ソグ: **여기요 , 떡볶이 일인분만 주세요 .**
　　　すみません，　トッポッキ　一人前　　　ください．

おばさん: **일본 분이세요 ?**
　　　　　日本の方ですか．

マキ: **네 .**
　　　はい．

おばさん: **뭐 , 학생이세요 ?**
　　　　　あら，　学生ですか．

ソグ: **네 , 유학생입니다 .**
　　　ええ，留学生です．

おばさん: **그럼 , 많이 줘야겠네 . 여기요 .**
　　　　　じゃ，　たくさんあげなくちゃ．　　はい．

真っ赤なトッポッキが皿いっぱいに盛られている．
（새빨간 떡볶이가 접시 가득 담겨 있다 .）

マキ, ソグ: **으아 , 고맙습니다 . 하하하하 .**
　　　　　　うわ，　　ありがとうございます．　はははは．

マキ: **와 , 맵다 .**
　　　わ，　辛い．

ソグ: **하하 .**
　　　はは．

第10回　인사동 비창

☐ 일인분만 [irinbunman イリンブンマン]〈一人分 -〉**一人前だけ**. 일인분（一人前）＋ － 만（…だけ）

☐ 주세요 [tʃusejo チュセヨ] **ください**. 주다（くれる）のⅡ＋尊敬の－시－のⅢの－세－＋해요体を作る語尾－요. 尊敬の命令形

☐ 일본 분이세요 [ilbonˀpunisejo イルボンプニセヨ]〈日本 -〉**日本の方でいらっしゃいますか**.

　일본 분（日本の方）　＋　指定詞の－이다のⅡ　＋
　尊敬の－시－の第Ⅲ語基－세－　＋　해요体を作る語尾－요．

指定詞の尊敬形の해요体.「Ⅱ＋尊敬の－시－の第Ⅲ語基－세－＋해요体を作る－요」は「Ⅱ-세요」のように考えてもよい. 上の주세요も同様

☐ 뭐 [mwɔ ムォー] 間投詞 **何. いや**. 元来は代名詞だが，ここでは間投詞として用いている

☐ 유학생 [ju(h)akˀsεŋ ユハクセン]〈留學生〉**留学生**. ★류학생.「留」のように**日本漢字音でラ行で始まる漢字は**，共和国ではすべてㄹで始まる

☐ 줘야겠네 [tʃwɔjagenne チュウォヤゲンネ] **やらなくちゃね**. 주다（やる）のⅢ－야겠－（…しなくては）のⅠ＋－네（…だね：**感嘆**）

☐ 여기요 [jɔgijo ヨギヨ] **さあ（どうぞ）**. ものを手渡すときに用いる. 여기（ここ）＋丁寧化のマーカー－요／－이요. 文字通りには「ここです」の意

☐ 고맙습니다 [koːmapˀsumnida コーマプスムニダ] **ありがとうございます**. 고맙다（ありがたい）のⅠ－습니다. 합니다体. 고맙다はⅠ）고맙－, Ⅱ）고마우－, Ⅲ）고마워－ ★고마와－ と活用. このように，**第Ⅱ語基でㅂが우に変わり**，**第Ⅲ語基でㅂが워に変わる活用をㅂ（ピウプ）変格活用**という

☐ 맵다 [mεpˀta メプタ] **辛い**. 맵다はⅠ）맵－, Ⅱ）매우－, Ⅲ）매워－ と活用. このように**語幹がㅂで終わる形容詞の大部分はㅂ変格活用**. ここではⅠ－다で**한다体**. 한다体は文章の基本的な文体であるが，ここでのように会話における한다体はしばしば感嘆を表す. 形容詞, 指定詞, 存在詞はⅠ－다で, すなわち辞書形と同じ形で한다体となる

第10回　仁寺洞（インサドン）悲歌

マキ: **그래도 맛있다 . 하하하 .**
　　　だけど　　おいしい．　　　ははは．

●韓国伝統装飾品の売り場 (한국 전통 장식품 매장)

　マキ，いろいろなものをもの珍しく見ている．(마키 , 여러 장식품을 신기한 듯이 보고 있다 .) ソグ，かんざしがおいてあるところでかんざしを見つめている．(석우 , 비녀가 놓여 있는 곳에서 비녀를 바라보고 있다 .)

マキ: **우와 예쁘다 . 오빠 이거 사려구요 ?**
　　　うわー，きれい．　　先輩，　これ　　買うんですか．

ソグ: **응 .**
　　　うん．

マキ: **왜요 ?**
　　　なんでですか．

マキの質問には答えず，何か寂しそうな表情で．
(석우 , 마키의 질문에는 대답하지 않고 웬지 쓸쓸한 표정으로 .)

ソグ: **여긴 정말 예쁜 게 많구나 .**
　　　ここはほんとに可愛いのがたくさんあるな．

　　　마키야 , 이건 니가 해도 예쁘겠다 .
　　　　　マキ，　　これ　おまえがしても　可愛いだろね．

マキ: **와 , 정말 예쁘다 .**
　　　わあ，ほんとに可愛い．

제 10 회　인사동 비창

- [ ] 그래도 [kɯrɛdo クレド] **それでも**
- [ ] 맛있다 [maʃiʔta マシッタ] 存在詞 **おいしい**. ここでは I－다で한다体. 感嘆を表す
- [ ] 예쁘다 [jeːʔpɯda イェーップダ] 普通は [jeːʔpuda イェーップダ] と発音. 形容詞 **可愛い. きれいだ**. これも I－다で한다体. 感嘆を表す
- [ ] 사려구요 [sarjɔgujo サリョグヨ] **買おうとなさるのですか**. 사다（買う）のⅡ＋－려구（…しようと：意図）＋丁寧化のマーカー－요／－이요. 標準語は사려고요
- [ ] 여긴 [jɔgin ヨギン] **ここは**. 여기（ここ）＋－는（…は）の短縮形
- [ ] 예쁜 [jeːʔpɯn イェーップン] 普通は [jeːʔpun イェーップン] **可愛い. きれいな**. 예쁘다のⅡ－ㄴ連体形.「예쁜 것」で「可愛いもの」
- [ ] 게 [ge ゲ] **ものが**. 것（もの）＋－이（…が）
- [ ] 많구나 [maːnkuna マーンクナ] **多いなあ**. 많다のⅠ＋－구나（…だなあ：感嘆法）.「ㅎ＋ㄱ」は [ㅋ] と激音化する. このように終声の位置に書かれるㅎは直後の平音を**激音化**する. 많다 [만타] や좋다 [조타] も同例
- [ ] 니가 [niga ニガ] **おまえが. 君が**. 標準語では네가だが，普通니가という
- [ ] 해도 [hɛːdo ヘード] **しても**. 하다（する）のⅢである해－＋－도. Ⅲ－도は「…しても」という逆接を表す
- [ ] 예쁘겠다 [jeːʔpɯgeʔta イェーップゲッタ] 普通は [jeːʔpugeʔta イェーップゲッタ] **可愛いだろうな**. 예쁘다（可愛い）のⅠ＋将然判断の接尾辞－겠－（…に違いない）のⅠ＋形容詞などの한다体を作る－다（話しことばにおける感嘆）

第10回 仁寺洞（インサドン）悲歌

ソグ: **이거 주세요. 얼마예요?**
これ　　ください.　　　いくらですか.

店員: **이게 팔천 원이고 이건 삼만 오천 원입니다.**
これが　八千ウォンで,　　これは　三万五千ウォンです.

두 개에 사만 삼천 원입니다.
2つで　　四万　三千ウォンです.

ソグ: **여기요.**
はい.

店員: **감사합니다.**
ありがとうございます.

●道で (길에서)

帰り道を歩く2人. (돌아가는 길.)

マキ: **오빠, 이거 정말 고마워요.**
先輩,　これ　　ほんとにありがとう.

ソグ: **그래, 예쁘게 해.**
うん.　　きれいにつけて.

マキ: **근데 또 하나는 누구 줄 건데요?**
でも,　もう1つは　　誰に　　あげるんですか.

ソグ: **우리 할머니.**
うちの　おばあさん.

제 10 회　인사동 비창

- [ ] 얼마에요 [ɔːlmaejo オールマエヨ] **いくらですか**. 얼마（いくら）＋ 指定詞 − 이다의 Ⅲ である − 이에 − ＋ 해요체를 作る語尾 − 요
- [ ] 팔천 원이고 [pʰaltʃʰɔnwɔnigo パルチョヌォニゴ]〈八千 −〉**八千ウォンで**. 팔천원（八千ウォン）＋ 指定詞 − 이다のⅠ ＋ − 고（…して）
- [ ] 만 [maːn マーン]〈万〉**一万**. 日本語では「一万」というところを，韓国語では 普通 만とだけいう
- [ ] 오천 원 [oːtʃʰɔnwɔn オーチョヌォン]〈五千 −〉**五千ウォン**
- [ ] 두 개에 [tuːgɛe トゥーゲエ]〈− 個 −〉**2 個で**. 개（…個）＋ − 에.「○個で○円」というときの「…で」は − 에という. − 로/− 으로は不可
- [ ] 감사합니다 [kaːmsa(h)amnida カームサハムニダ]〈感謝 −〉**ありがとうございます. 感謝します**. 감사하다（感謝する）のⅠ − ㅂ니다
- [ ] 고마워요 [koːmawɔjo コーマウォヨ] **ありがとう**. ★고마와요. 目上への正式の礼は고마워요より고맙습니다や감사합니다がよい
- [ ] 그래 [kɯrɛ クレ] 間投詞 **うん**
- [ ] 예쁘게 [jeːˀpɯge イェーップゲ] 普通は [jeːˀpuge イェーップゲ] **きれいに**. 예쁘다のⅠ ＋ − 게. Ⅰ − 게は**用言の副詞形**を作る.「…く」「…するように」の意
- [ ] 해 [hɛː ヘー] **しろ**. 하다（する）のⅢで，目下に対する命令
- [ ] 근데 [kɯnde クンデ] 接続詞 **ところで. で**
- [ ] 또 [ˀto ト] 副詞 **また**
- [ ] 누구 [nugu ヌグ] **誰**. 疑問詞
- [ ] 줄 건데요 [tʃulˀkɔndejo チュルコンデヨ] **あげるんですか**. 주다（あげる）のⅡ − ㄹ 連体形＋것（もの，の）＋ 指定詞 − 이다のⅡ − ㄴ데요で婉曲法. 거는 [꺼] と濃音で発音. ⇨ Ⅱ − ㄹの直後の濃音化 p.304
- [ ] 우리 할머니 [uri halmɔni ウリハルモニ] **うちのおばあさん**. 家族などについては「내 할머니」のようにはいわず，普通こう言う．話し手が 1 人でも「내 어머니」（ぼくのおかあさん）ではなく「우리 어머니」が普通

第10回　仁寺洞（インサドン）悲歌

マキ： **할머니요 ? 오빠 할머니도 계세요 ?**
おばあさん？　　　　先輩，　　おばあさんもいらっしゃるんですか．

ソグ： 응 , 일본에서는 좀처럼 파는 곳이 없어서 항상
うん，日本では　　　なかなか　　売ってるところが なくて　　いつも

쇠로 된 비녀만 하고 계셨거든 .
鉄で できた　かんざしだけ してたからね．

マキ： **할머님이 일본에서도 이걸 하세요 ?**
おばあさまが　　　日本でも　　　　　これをなさるんですか．

ソグ： 응 , 예쁘게 비녀를 꽂고 한복을 입고 계셨지 .
うん，きれいに　　かんざしを 挿して　チマ・チョゴリを着ていたな．

근데 난 길에서 할머니를 마주치면 모르는 척
だけど おれは 道で　　おばあさんに　会ったら　　　知らないふり

하기도 했어 . 친구들한테 알려지는 게 싫어서 .
したりもしてたんだ．友達なんかに　　知られるのが　　　嫌で．

マキ： 그럼 이거 사다 드리면 굉장히 기뻐하시겠다 .
じゃ，これ　買って行ってさしあげたらとっても　喜ばれるな．

ソグ： 삼년 전에 돌아가셨어 .
3年　　前に　亡くなったんだ．

제 10 회　인사동 비창

- □ 계세요 [keːsejo ケーセヨ] **いらっしゃいますか**. 辞書形は계시다（いらっしゃる）
- □ 좀처럼 [tʃoːmtʃʰɔrɔm チョームチョロム] **なかなか（…しない）**. 否定が後続する
- □ 파는 [pʰanɯn パヌン] **売る**. 팔다（売る）の連体形. ㄹ活用
- □ 곳 [kotʲ コッ] **ところ**
- □ 없어서 [ɔːpʔsɔsɔ オープソソ] **なくて**. 없다（ない）のⅢ－서. 形容詞のⅢ－서は原因を表すものがほとんどである
- □ 항상 [haŋsaŋ ハンサン] 〈恒常〉　副詞　**常に. いつも**
- □ 쇠로 [swero スェロ] **鉄で**. 쇠（鉄）＋ －로/－으로（…で：材料．方法）
- □ 비녀만 [pinjɔman ピニョマン] **かんざしだけ**. 비녀（かんざし）＋ －만（…だけ）
- □ 하고 계셨거든 [hago keːʃʔkɔdɯn ハゴケーショッコドゥン] **なさっていたからね**. 「Ⅰ－고 계시다」は「Ⅰ－고 있다」の尊敬形で「…しておられる」
- □ 할머님 [halmɔnim ハルモニム] **おばあさま**. 할머니の尊敬形
- □ 일본에서도 [ilbonesʌdo イルボネソド] 〈日本ー〉**日本でも**. 일본（日本）＋ －에서（…で：場所）＋ －도（…も）
- □ 하세요 [hasejo ハセヨ] **なさいますか**. 하다の尊敬形の해요体
- □ 꽂고 [ko(ʲ)ʔko コッコ] **挿して**. 꽂다（挿す）のⅠ－고（…して）
- □ 한복 [haːnbokᵏ ハーンボク] 〈韓服〉**韓国／朝鮮の民族服**
- □ 입고 [ipʔko イプコ] **着て**. 입다（着る）のⅠ－고
- □ 난 [nan ナン] **おれは．ぼくは．わたしは**. 나（わたし）＋ －는（…は）の短縮形
- □ 길에서 [kiresɔ キレソ] **道で**. 길（道）＋ －에서（…で：場所）
- □ 마주치면 [madʒutʃʰimjɔn マジュチミョン] **ぶつかれば**. 마주치다のⅡ－면
- □ 모르는 척하기도 했어 [morɯnɯn tʃʰɔkʰagido hɛːʔsɔ モルヌンチョッカギドヘーッソ] **知らないふりもした**. 「Ⅰ－는 척하다」は「…するふりをする」，「Ⅰ－기도 하다」は「…したりもする」. 했어는하다のⅢ－ㅆ어. 해体
- □ 알려지는 게 [alljɔdʒinɯnge アルリョジヌンゲ] **知られるのが**. 알려지다（知られる）のⅠ－는連体形 + 것（の：依存名詞）+ －이（…が）
- □ 싫어서 [ʃirɔsɔ ンロソ] **嫌で**. 싫다（嫌だ）のⅢ－서（…で．原因）
- □ 사다 드리면 [sadadɯrimjɔn サダドゥリミョン] **買って行ってさしあげれば**. 「Ⅲ－다 드리다」は「…して持って行ってさしあげる」
- □ 기뻐하시겠다 [kiʔpʌ(h)aʃigeʲta キッポハシゲッタ] **お喜びになるな**
- □ 삼년 [samnjɔn サムニョン] 〈三年〉**三年**
- □ 전에 [tʃɔne チョネ] 〈前ー〉**前に**
- □ 돌아가셨어 [toragaʃɔʔsɔ トラガショッソ] **お亡くなりになった**. 尊敬形の動詞돌아가시다（お亡くなりになる）の第Ⅲ語基＋過去接尾辞 －ㅆ－の第Ⅲ語基 －ㅆ어－. 해体

第11回 小説

●市場からの帰り，地下鉄の駅 (시장에서 돌아가는 지하철 역)

マキ： **오빠 , 내일은 뭐 하세요 ?**
　　　先輩，　　明日は　　　何なさいますか．

ソグ： **글쎄 , 왜 ?**
　　　そうだな，どうして？

マキ： **레포트 자료를 찾아야 하는데 ,**
　　　レポートの　資料を　　探さなくちゃいけないんだけど，

그게 어학당 자료실에 없었어요 .
　　　それが　　語学堂の　　資料室に　　　　なかったんですよ．

그래서 대학 도서관에 가고 싶은데 .
　　　それで　　大学の　図書館に　　行きたいんだけど．

ソグ： **거기 우리도 들어갈 수 있나 ?**
　　　あそこ，おれたちも　入れるかな．

マキ： **준호 오빠한테 전화해서 한번 물어 볼까요 ?**
　　　チュノ　先輩に　　　電話して，　　ちょっと聞いてみましょうか．

　　ソグ，やや顔しかめるが，(석우 , 약간 얼굴을 찌푸리지만 ,)

マキ： **여보세요 ? 아 , 준호 오빠 , 저 마킨데요 .**
　　　もしもし．　　あ，　チュノ　先輩，　　私，マキですけど．

第11回　소설

- 시장에서 [ʃiːdʑaɲesɔ シージャンエソ]〈市場 －〉**市場から**．－에서は場所などを表す体言につく．「…から」と「…で」の意がある
- 돌아가는 [toraganɯn トラガヌン] **帰って行く．帰る．**돌아가다（帰って行く）のⅠ－는 **連体形**
- 지하철 역 [tʃi(h)atʃʰɔ‖jɔᵏ チハチョ ルリ ョク]〈地下鐵 驛〉**地下鉄の駅．**発音，ㄴ[n]の挿入が起こり，そのㄴ[n]が前の철の終声ㄹとぶつかって，**流音化**を起こし，[ㄹㄹ]となる　⇨ p.306, 308
- 글쎄 [kɯlʔse クルセ] **間投詞** そうだな．うーん
- 레포트 [repʰotʰɯ レポトゥ] **レポート**
- 자료 [tʃarjo チャリョ]〈資料〉**資料**
- 찾아야 하는데 [tʃʰadʑaja(h)anɯnde チャジャヤハヌンデ] **探さなければならないんだが．**찾다（探す）の「Ⅲ－야 하다」（…しなければならない）がさらにⅠ－는데（…するのに）の形になったもの
- 어학당 [ɔː(h)aᵏʔtaŋ オーハクタん]〈語學堂〉**語学堂．語学センター**
- 자료실 [tʃarjoʃil チャリョシル]〈資料室〉**資料室**
- 없었어요 [ɔːpʔsɔʔsojo オープソッソヨ] **ありませんでした．**存在詞없다（ない）のⅢ－ㅆ어－（過去）＋－요（해요体の語尾）．過去を表すには**過去接尾辞**Ⅲ－ㅆ－を用いる．過去接尾辞Ⅲ－ㅆ－自身も用言の本体と同じように3つの語基を持つ．第Ⅰ語基は－ㅆ－，子音語幹なので第Ⅱ語基には－으－をつけ－ㅆ으－，第Ⅲ語基は最後の母音がㅏもしくはㅗなら아をつけ，それ以外はすべて어をつけるから，어をつけて－ㅆ어－となる
- 도서관 [tosɔgwan トソグァン]〈圖書館〉**図書館**
- 가고 싶은데 [kagoʃipʰɯnde カゴシプンデ] **行きたいんだけど．**가다（行く）の「Ⅰ－고 싶다」（…したい）がさらに婉曲法Ⅱ－ㄴ데となった形
- 들어갈 수 있나 [tɯrɔgalʔsuinna トゥロガルスインナ] **入ることができるかな．**들어가다（入る）の「Ⅱ－ㄹ 수 있다」（…しうる）がⅠ－나（…かな）となったもの
- 전화해서 [tʃɔːn(h)wa(h)ɛsɔ チョーヌァヘソ]〈電話 －〉**電話して．**전화하다（電話する）のⅢ－서（…して）．動作の先行，手段を表す
- 물어 볼까요 [murɔbolʔkajo ムロボルカヨ] **訊いてみましょうか．**묻다（訊く）はⅠ）묻－，Ⅱ）물으－，Ⅲ）물어－と活用．ㄷ変格．Ⅱ－ㄹ까요は相談法
- 여보세요 [jɔbosejo ヨボセヨ] [jɔbusejo ヨブセヨ] **もしもし**
- 마킨데요 [makʰindejo マキンデヨ] **マキですが．**마키＋－이다の婉曲法Ⅱ－ㄴ데요

第11回 小説

マキ: **한국 문화에 대한 레포트가 있거든요.**
韓国　文化に　　ついての レポートが　　あるんですけど.

대학 도서관에 유학생도 들어갈 수 있어요?
大学　図書館に　　留学생も　　　入れますか.

일찍이요? 몇 시쯤이요?
早くにですか.　　何時ごろですか.

チュノ: **방학 때는 열 한 시 쯤에도**
休みの　ときは　11時　　くらいでも

자리가 있었어요.
席が　　　あったんです.

그런데 지금은 그 시간에는 자리가 없거든요.
だけど　今は　　その 時間には　　席が ないもんですからね.

マキ: **예, 알겠습니다. 그럼 안녕히 계세요.**
ええ. わかりました.　　じゃ, どうも.

電話を切って.(전화를 끊고.)

マキ: **들어갈 수는 있는데**
入れはするけど.

아침 여덟 시쯤 와야 자리가 있대요.
朝　　8時くらいに　　来ないと席がないんですって.

ソグ: **정말? 설마.**
ほんと?　まさか.

第 11 回　小説

- ☐ 문화 [mun(h)wa ムヌァ]〈文化〉文化.「한국 문화」は [haːŋguŋmun(h)wa ハーングンムヌァ] と発音. この [국] → [궁] は**口音の鼻音化** ⇨ p.305, 307
- ☐ − 에 대한 [e tɛ(ː)(h)an エテーハン]〈− 對 −〉…についての
- ☐ 있거든요 [iʔkɔdɯnnjo イッコドゥンニョ] あるんですけどね. 있다（ある）のⅠ − 거든요 **根拠法**. 根拠法はこのように新しい話題を切り出すときにも用いる
- ☐ 들어갈 수 있어요 [tɯrɔgalʔsuiʔsɔjo トゥロガルスイッソヨ] 入れますか. 들어가다（入る）の「Ⅱ − ㄹ 수 있다」（…しうる）のⅢ − 요で, **해요体**
- ☐ 일찍이요 [ilʔtʃigijo イルチギヨ] 早くにですか. 일찍（早く）+ 丁寧化の − 요 / − 이요
- ☐ 몇 시쯤이요 [mjɔʔʃiʔtʃumijo ミョッシチュミヨ] 何時くらいですか. 몇 시（何時）+ − 쯤（…くらい）+ 丁寧化の − 요 / − 이요
- ☐ 방학 [paŋ(h)aᵏ パンハク]〈放學〉（学校の夏休みなどの長い）休み
- ☐ 열 한 시 [jɔr(h)anʃi ヨランシ]〈− 時〉11 時.「…時」を表すには**固有語数詞**を用いる. 하나（1つ）→ 한（1つの）のように連体形がある数詞は連体形を用いる. 固有語数詞は ⇨ p.135
- ☐ 자리 [tʃari チャリ] 席
- ☐ 있었어요 [iʔsɔʔsɔjo イッソッソヨ] ありました. 있다（ある）のⅢ − ㅆ어 − + − 요
- ☐ 없거든요 [ɔːpʔkɔdunnjo オープコドゥンニョ] ないもんですからね. 없다（ない）のⅠ − 거든요（…なものですから）**根拠法**
- ☐ 예 [je イェ] 間投詞 はい. 네より改まった返事
- ☐ 알겠습니다 [aːlgeʔsumnida アールゲッスムニダ] わかりました. 알다（わかる）のⅠ − 겠 − + **합니다体**の語尾 − 습니다
- ☐ 들어갈 수는 있는데 [tɯrɔgalʔsunɯn innɯnde トゥロガルスヌンインヌンデ] 入ることはできるけど. 들어가다（入る）の「Ⅱ − ㄹ 수 있다」のⅠ − 는데形
- ☐ 여덟 시쯤 [jɔdɔlʔʃiʔtʃum ヨドルシッチュム]〈− 時 −〉8 時ころ
- ☐ 와야 [waja ワヤ] 来てこそ. 오다（来る）のⅢ − 야（…してこそ）
- ☐ 있대요 [iʔtɛjo イッテヨ] あるそうです. 引用形
- ☐ 설마 [sɔlma ソルマ] 副詞 まさか

第11回 小説

●大学図書館 (대학 도서관)

次の日の朝．マキとソグ，図書館の閲覧室に入るが，すでに空いている席はない．皆，猛烈に勉強している．(다음 날 아침．마키와 석우는 도서관 열람실로 가지만 빈 자리는 없다．모두들 열심히 공부하고 있다．)

ソグ： **우와．**
　　　 わあ．

2人があっけにとられている時，遠くから手を振るチュノ．ソグとマキ，チュノのほうへ行く．(두 사람이 놀라서 어이없어하고 있을 때，멀리서 손을 흔드는 준호．석우와 마키，준호에게 간다．)
　チュノ，小声で．(준호，작은 목소리로．)

チュノ： **늦게 오면 자리 없다고 했잖아요．**
　　　　 遅く来たら，　席が　　ないって　言ったじゃないですか．

マキ： **제가 늦게 일어났어요．**
　　　 私が　　寝坊しちゃったんですよ．

　　　늦게까지 숙제를 했거든요．
　　　 遅くまで　　　宿題を　　　やってたもんですから．

　　　준호 씨는 도대체 몇 시에 왔어요？
　　　 チュノさんは　　いったい　何時に　　来たんですか．

チュノ： **전 일찍 왔죠．**
　　　　 私は　早く来ましたよ．

제 11 회　소설

- ☐ 우와 [uwa ウワ] 間投詞 わあ
- ☐ 늦게 [nɯ(ʰ)ˀke ヌッケ] 遅く
- ☐ 오면 [omjɔn オミョン] 来れば. 来たら. 오다（来る）のⅡ－면（…すれば）
- ☐ 없다고 했잖아요 [ɔːpˀtago (h)ɛ(ː)ˀtʃanajo オープタゴヘッチャナヨ] ないって言ったじゃないですか.「한다体の終止形＋－고 하다」は「…するという」の意の引用形. 했잖아요は「したじゃないですか」「言ったじゃないですか」
- ☐ 제가 [tʃega チェガ] 私が. 저（私）＋－가（…が）
- ☐ 일어났어요 [irɔnaˀsojo イロナッソヨ] 起きました. 일어나다（起きる）のⅢ＋－ㅆ어－（過去）＋－요（해요体の語尾）
- ☐ 늦게까지 [nɯ(ʰ)ˀkeˀkadʒi ヌッケッカジ] 遅くまで. 늦게（遅く）＋－까지（…まで）
- ☐ 숙제 [sukʰˀtʃe スクチェ]〈宿題〉宿題
- ☐ 했거든요 [hɛːˀkɔdɯnnjo ヘーッコドゥンニョ] したものですから. 하다のⅢ＋過去接尾辞－ㅆ－のⅠ＋－거든요. Ⅰ－거든요は根拠法
- ☐ 도대체 [todɛtʃʰe トデチェ]〈都大體〉副詞 いったい
- ☐ 왔어요 [waˀsojo ワッソヨ] 来ましたか. 오다のⅢ＋過去接尾辞－ㅆ－のⅢ－ㅆ어－＋해요体の語尾－요
- ☐ 왔죠 [waˀtʃo ワッチョ] 来ましたよ. 오다（来る）のⅢ＋過去接尾辞－ㅆ－のⅠ＋－죠. 確認法

第11回 小説

チュノ: **제가 이럴 줄 알고**
わたしが こうなると思って,

두 사람 자리까지 맡아 놓았어요.
2人の　　　席まで　　　取っておきました

　チュノ, 隣の席においてあった本やカバンをどけてやる. (준호, 옆 자리에 놓아 두었던 책과 가방을 치운다.)
　ソグとマキ, 韓国の大学の図書館の新鮮な雰囲気に浸って, 勉強し始める. (석우와 마키, 한국의 대학 도서관의 신선한 분위기를 만끽하며 공부를 시작한다.)
　人々が勉強する平穏な姿. (사람들이 공부하는 평온한 모습.)
　この時, チウン, チュノの机のところにやって来る. (이 때 지은, 준호 책상쪽으로 온다.)

チウン: **선배.**
先輩.

チュノ: **어, 지은아.**
お, チウン.

チウン: **선배, 언제 왔어요?**
先輩,　　 いつ　 来たんですか.

나 계속 저기 있었는데.
私, ずっと あそこに いたんだけど.

　ソグ, 顔を上げて, チウンにあいさつ.
　(석우, 고개 들어 지은이에게 인사.)

チウン: **어, 석우 씨.**
あら, ソグさん.

□ 이럴 줄 알고 [irɔlʔtʃul aːlgo イロルチュルアールゴ] こうなると思って．こんなことだろうと思って．「Ⅱ-ㄹ 줄 알다」は「…するだろうと思う」．알고は알다のⅠ-고

□ 두 [tuː トゥー] **2つの**．固有語数詞 둘（2つ）の連体形．「두 사람」で「2人」

□ 자리까지 [tʃariʔkadʒi チャリッカジ] **席まで**．자리（席）+ -까지（…まで）

□ 맡아 놓았어요 [matʰa noaʔsojo マタノアッソヨ] **取っておきました**．맡아は맡다（引き受ける）のⅢ．「Ⅲ 놓다」は「…しておく」．놓았어요（おきました）は놓다のⅢ + 過去接尾辞-ㅆ-のⅢ + 해요体を作る語尾-요

□ 언제 [ɔːndʒe オーンジェ] **いつ**

□ 왔어요 [waʔsojo ワッソヨ] **来ました**．오다（来る）のⅢ + -過去接尾辞-ㅆ-のⅢである-ㅆ어- + 해요体を作る-요

□ 계속 [keːsokᵏ ケーソク]〈繼續〉 副詞 **ずっと**．名詞 **継続**

□ 있었는데 [iʔsɔnnɯnde イッソンヌンデ] **いたんだけど**．있다（いる）のⅢ + 過去接尾辞-ㅆ-のⅠ + -는데（…するけど）

第11回　小説

　マキ，顔を上げて，笑顔でチウンにあいさつ．チウン，すねた表情で．(마키, 고개 들어 미소를 지으며 지은에게 인사. 지은, 삐진 듯한 표정으로.)

チウン: 어머 , 마키 씨까지 . 나 갈게요 .
　　　　あら，　　　マキさんまで．　　　　私，行きますから．

　チュノ，チウンの後ろ姿を可愛いというように見る．(준호, 지은이의 뒷모습을 귀엽다는 듯 쳐다본다.)

　マキが本を探しに本棚のほうに行く．チュノ，ついていく．マキは夢中で本を探す．チュノ，マキが探している本をマキの目の前に差し出す．マキ，驚いて後ろを振り向く．チュノの顔がマキの顔のすぐ前まで来ている．(준호, 책을 마키 눈 앞에 내민다. 마키, 놀라며 뒤로 돌아본다. 준호의 얼굴이 바로 마키 눈 앞에 있다.)

　どきどきしているマキ．チュノ，微笑んで本を渡し，去っていく．チュノの後ろ姿を見つめながら固まってしまうマキ．本を見ると，自分が探していた文化に関する本．胸に抱き，微笑む．(두근거리는 마키. 준호, 웃으며 책을 건네고 간다. 준호의 뒷모습을 보며 굳어 버리는 마키. 책을 보니 마키가 찾고 있던 문화에 관한 책. 책을 끌어 안고 웃는다.)

- □ 어머 [ɔmɔ オモ] 間投詞 あら．女性が用いる
- □ 마키 씨까지 [makʰiʔʃiʔkadʒi マキッシッカジ] マキさんまで
- □ 갈게요 [kalʔkejo カルケヨ] **行きますから**. 가다（行く）のⅡ－ㄹ게요（…しますから：**約束法**）

第11回　小説

　本をいっぱい抱いて，席に戻るマキ．勉強しているソグ．
(책을 잔뜩 안고 자리에 돌아온 마키. 공부하고 있는 석우.)

ソグ: **준호 씨는?**
　　　チュノさんは?

マキ: **아, 수업 갔어요.**
　　　あ，　授業に　行きました．

ソグ: **자료는 다 찾았어?**
　　　資料は　みんな見つかった?

マキ: **네, 다 찾았어요.**
　　　ええ，　みんな見つかりました．

　ソグ，本棚のほうを見渡しながら．(석우, 책장 쪽을 보면서.)

ソグ: **역사에 대한 책은 어디 있지?**
　　　歴史に　ついての 本は　どこかな?

マキ: **어, 그거 저쪽에 있었어요.**
　　　あ　それなら あっちに　ありましたよ．

　ソグが席を立った机の上に，原稿が散乱している．マキ，整理してやろうと，何枚か手にする．見ると，プリントした上に，手書きで書き直している部分もある．小説のようである．思わず読んでしまう．数枚読んだところで，マキの目からはぽろぽろ涙が落ちてくる．
(석우가 앉아 있던 책상 위에 원고가 흩어져 있다. 마키, 정리하려 몇 장 손에 든다. 보니 프린트한 위에 손으로 직접 고친 부분도 있다. 소설 같다. 자기도 모르게 읽는 마키. 몇 장을 읽었을 때쯤 마키 눈에서 눈물이 뚝뚝 떨어진다.)

제 11 회 소설

- [ ] 수업 [suʌᵖ スオプ]〈授業〉**授業**
- [ ] 갔어요 [kaʔsɔjo カッソヨ] **行きました**. 가다（行く）のⅢ + 過去接尾辞 - ㅆ - のⅢである - ㅆ어 - + 해요体を作る語尾 - 요
- [ ] 자료는 [tʃarjonɯn チャリョヌン]〈資料 -〉**資料は**. 자료（資料）+ - 는（…は）
- [ ] 다 [ta: ター] **みな**, **全部**
- [ ] 찾았어 [tʃʰadʒaʔsɔ チャジャッソ] **見つけた？, 探した？** 찾다（探す）のⅢ + 過去接尾辞 - ㅆ - のⅢである - ㅆ어 - （…した？）
- [ ] 찾았어요 [tʃʰadʒaʔsɔjo チャジャッソヨ] **見つけました**. **探しました**. 찾다（探す）のⅢ + 過去接尾辞 - ㅆ - のⅢである + - ㅆ어 - （…した）
- [ ] 역사 [jɔkʔsa ヨクサ]〈歴史 -〉**歴史**. ★력사
- [ ] - 에 대한 [e tɛ:(h)an エテーハン]〈- 對 -〉**…についての**. この대한は대하다の連体形. 普通, 終止形では用いないので, **欠如用言**としたり, あるいは**後置詞**という品詞を立てることもある
- [ ] 책은 [tʃʰɛgɯn チェグン]〈冊 -〉**本は**. 책（本）+ - 은（…は）
- [ ] 어디 [ɔdi オディ] **どこ**
- [ ] 있지 [iʔtʃi イッチ] **あるかな**. 있다（ある）のⅠ - 지？（…するかな）

185

第12回 雨に打たれて

● 大学 (대학)

次の日の朝．チュノがマキのところにバイクでやって来る．(다음 날 아침．준호가 오토바이를 타고 마키를 만나러 온다．)

チュノ： **타세요．**
　　　　乗ってください．

バイクに乗りこむマキ．(오토바이에 타는 마키．)
走るオートバイ．(달리는 오토바이．)

マキ： 그런데요 , 어디 가시는 거예요 ?
　　　ところで，　　　どこへ行くんですか．

チュノ： 바람 속으로요． **꽉 잡으세요．**
　　　　風の中へですよ．　　　しっかりつかまってください．

マキ，笑う．チュノを抱いたマキの腕に力が入る．チュノ，スピードを上げる．(마키 웃는다．준호를 안은 마키의 팔에 힘이 들어간다．준호, 속도를 올린다．)
ある大きい建物の前に着く．バイクから降りながら．(어느 큰 건물 앞에 도착한다．오토바이에서 내리면서．)

チュノ： 할머니의 시대에 대한 역사의 기록이
　　　　おばあさんの　時代に　　ついての歴史の　　記録が

　　　여기에 있을 거예요．
　　　ここに　　あると思いますよ．

第12回 비에 젖어

- □ 타세요 [tʰasejo タセヨ] **お乗りください**. 타다（乗る）のⅡ－세요で, **해요体の尊敬の命令形**. 합니다体なら타십시오となる. Ⅱ－세요は, さらに分解すると, 尊敬の－시－のⅢ ＋ 해요体の語尾－요. なお, 母音語幹の動詞타다は母音ㅏで終わるので, ⅠⅡⅢともすべて타－. 가다（行く）, 사다（買う）, 만나다（会う）など, **語幹が母音ㅏやㅓで終わる用言は第Ⅰ語基から第Ⅲ語基まで同じ形になる** ⇨ p.55
- □ 그런데요 [kɯrɔndejo クロンデヨ] **ところでですね**. 그런데（ところで）＋丁寧化の－요/－이요. 丁寧化の－요/－이요については ⇨ p.115
- □ 어디 [ɔdi オディ] **どこ**
- □ 가시는 거예요 [kaʃinɯngɔejo カシヌンゴエヨ] **お行きになるのですか**. 가시는は, 가다（行く）のⅡ ＋ 尊敬の－시－のⅠ ＋ 連体形語尾－는.「Ⅰ－는 것이다」は「…するのです」で, ここはその해요体
- □ 속으로요 [soːgɯrojo ソーグロヨ] **中へですよ**. 속（中）＋－으로（…へ）＋丁寧化のマーカー－요/－이요.「바람 속」[param²sok]の속のように位置を表す名詞は, 普通, 前の体言につけて発音する. 속は体言の後ろでは普通 [쏙] と濃音で発音
- □ 꽉 [ʔkwaᵏ クァク] 副詞 **しっかり. ぎゅっと**
- □ 잡으세요 [tʃabɯsejo チャブセヨ] **おつかまりください. つかんでください**. 잡다（つかむ）のⅡ－세요で, 해요体の尊敬の命令形
- □ －에 대한 [e tɛː(h)an エテーハン]〈－對－〉**…についての**
- □ 역사 [jɔk²sa ヨㇰサ]〈歷史〉**歷史**. ▲럭시
- □ 기록 [kiroᵏ キロㇰ]〈記錄〉**記錄**
- □ 있을 거예요 [i²sɯlʔkɔejo イッスルコエヨ] **あるでしょう. あると思います**. 있을は있다（ある）のⅡ－ㄹ連体形. Ⅱ－ㄹ連体形 ＋ 依存名詞것（の）＋ 指定詞 ＋ －이다, つまり「Ⅱ－ㄹ 것이다」で「…するでしょう」という**推量**の形. ここではその해요体

第12回　雨に打たれて

　マキ，やや緊張気味の表情．建物の中に入って行く．(마키, 약간 긴장된 표정. 건물 안으로 들어간다.)
　マキ，チュノ，資料を見終わった後，図書館の玄関に立っている．空は曇っている．雨が降りそうだ．(마키와 준호, 자료를 본 후 도서관 현관 앞에 서 있다. 하늘에는 구름이 껴 있고 비가 올 것 같다.)
　マキの表情は強張っている．(마키의 표정은 딱딱하게 굳어 있다.)

チュノ： **비가 올 것 같은데요.**
　　　　雨が　　降りそうですよ．

마키 씨는 여기서 택시로 가세요.
マキさんは　　　ここから　　タクシーで　　帰ってください．

マキ： **준호 씨는요？**
　　　チュノさんは？

チュノ： **전 이걸로 돌아가야죠. (웃음)**
　　　　私は これで (＝バイクで) 帰らなくちゃ．　(笑い)

マキ： **저두요.**
　　　私も．

チュノ： **안 돼요. 감기 걸려요.**
　　　　だめですよ．　風邪引きますよ．

マキ： **부탁이에요. 같이 가고 싶어요.**
　　　お願いです．　　一緒に 行きたいんです．

　マキの泣きそうな目を見て，チュノ，仕方なく，マキを乗せて，走り出す．(마키의 울 것 같은 눈을 보고 준호 어쩔 수 없이 마키를 태우고 달리기 시작한다.)
　チュノの腰を抱いたマキの両腕に力が入る．(준호의 허리에 감은 마키의 손에 힘이 들어간다.)

第12回　雨に濡れて

☐ 비 [piピ] 雨
☐ 올 것 같은데요 [olʔkɔ(ʔ)²katʰɯndejoオルコッカトゥンデヨ] **降りそうですが**.「비가 오다」で「**雨が降る**」. 올はⅡ-ㄹ連体形.「Ⅱ-ㄹ 것 같다」で「…しそうだ」. ここはそのⅡ-ㄴ데요で婉曲法
☐ 여기서 [jɔgisɔヨギソ] ここから. ここで. 여기(ここ) + -서(…から). -서は-에서と同じ意味だが, 主に여기(ここ), 거기(そこ), 저기(あそこ), 어디(どこ)につけて用いる
☐ 택시로 [tʰɛkʔʃiroテクシロ] **タクシーで**. 택시(タクシー) + -로(…で:手段. 方法). -로は母音やㄹで終わる単語に, -으로は子音で終わる単語につく
☐ 가세요 [kasejoカセヨ] **お行きください**. **行って下さい**. 가다(行く)のⅡ-세요で, 해요体の尊敬の命令形
☐ 준호 씨는요 [tʃun(h)oʔʃinunnjo 주노씨는뇨 チュノッシヌンニョ] **チュノさんは?** 丁寧化のマーカー. -요/-이요をつけている. -요が子音で終わる助詞や語尾類につくときはㄴ[n]の挿入を起こし, [뇨]と発音 ⇨ p.308
☐ 이걸로 [igɔlloイゴルロ] **これで**. 이것(これ) + -으로(…で:手段. 方法)の短縮形. 同様に, 그걸로(それで), 저걸로(あれで), 「어느 걸로」(どれで)
☐ 웃음 [usɯmウスㇺ] **笑い**. 웃다[u:ʔtaウーッタ] (笑う)のⅡ-ㅁ. Ⅱ-ㅁは用言から**名詞形**を作る
☐ 저두요 [tʃɔdujoチョドゥヨ] **私もです**. 저(私) ++-두(…も) +. 丁寧化の-요/-이요 -두は標準語形-도のソウル方言形. このようにソウル方言では, 助詞や語尾類のㅗをしばしば [ㅜ] で発音する
☐ 안 돼요 [and(w)ɛjoアンドェヨ] **だめです**. 되다(なる)はⅠⅡ)되-, Ⅲ)돼-/되어-★되여-と活用
☐ 감기 [ka:mgiカームギ]〈感氣〉**風邪**.「감기에 걸리다」は「**風邪を引く**」
☐ 걸려요 [kɔlljɔjoコルリョヨ] (病に)**かかります** 걸리다(かかる)のⅢ-요の해요体. 걸리다(かかる)のように**語幹が母音ㅣで終わる用言**は, **第Ⅲ語基ㅣ+어がㅕとなり**, Ⅰ Ⅱ)걸리-, Ⅲ)걸려-のように活用する
☐ 부탁이에요 [pu:tʰagiejoプータギエヨ]〈付託-〉**お願いです**. 부탁(願い)+指定詞-이다のⅢ-요
☐ 같이 [katʃʰiカチ] 副詞 **一緒に**. [가치]と発音するのは**口蓋音化** ⇨ p.303
☐ 가고 싶어요 [kago ʃipʰɔjoカゴシポヨ] **行きたいです**. 가다(行く)の「Ⅰ-고 싶어요」.「Ⅰ-고 싶다」は「…したい」という**願望**を表す.「食べたいです」は「먹고 싶어요」,「知りたいです」なら「알고 싶어요」. 합니다体ならⅠ-습니다を用いて「가고 싶습니다」[kago ʃipʔsɯmnidaカゴシㇷ゚スㇺニダ] となる

第12回　雨に打たれて

●語学堂の前 (어학당 앞)

　ソグ,授業が終わって出てくると,建物の前にチュノが待っている.なぜかスーツの姿のチュノ.(석우, 수업이 끝나고 나오니 건물 앞에 준호가 기다리고 있다. 왠지 정장차림을 하고 있는 준호.)

チュノ: **안녕하세요 ?**
　　　こんにちは.

ソグ: **네 , 안녕하세요 ?**
　　　こんにちは.

チュノ: **저 , 마키 씨는요 ?**
　　　あの, マキさんは?

ソグ: **마키 , 오늘 학교에 안 왔는데요 .**
　　　マキ, 今日, 学校に 来ませんでしたけど.

チュノ: **뭐라구요 ? 결석이란 말이에요 ?**
　　　何ですって?　欠席ってことですか.

　ソグ,チュノを見つめる.(석우, 준호를 바라본다.)

第 12 回　雨に濡れて

- □ 어학당 [ɔː(h)akʔtaŋ オーハクタン]〈語學堂〉**語学堂**. (大学の) **語学センター**
- □ 앞 [apアプ] **前**.「後ろ」は 뒤 [twiː トゥィー]
- □ 네 [ne ネ] **はい**.「안녕하세요?」に対しては,「네, 안녕하세요?」のように 네を つけることもあるし，つけないで単に「안녕하세요?」とあいさつすることもある
- □ 저 [tʃɔ チョ] 間投詞 **あの. 前置き表現**
- □ 마키 씨는요 [makʰiʔʃinɯnnjo 마키 씨는뇨 マキッシヌンニョ] **マキさんは**. 마키씨 (マキさん) ＋ －는 (…は) ＋ 丁寧化のマーカー 요／－이요. －요 が子音で終わ る助詞や語尾類につくときは ㄴ [n] の挿入を起こし，[뇨] と発音
- □ 오늘 [onɯl オヌル] **今日**.「明日」は 내일 ★래일,「あさって」は 모레
- □ 안 왔는데요 [anwannɯndejo 아놘는데요 アヌァンヌンデヨ] **来ませんでしたが**. 안 は用言の前について**否定**を表す. 오다 (来る) の Ⅲ ＋ 過去接尾辞 － ㅆ － の Ⅰ ＋ 婉曲法の 語尾 －는데요 (…しますが)
- □ 뭐라구요 [mwɔːragujo ムォーラグヨ] **何ですって**. 뭐 (何) ＋ －라구 (…と: 引用) ＋ 丁寧化の －요／－이요. －라구 は標準語形 －라고 のソウル方言形. このようにソウ ル方言では，助詞や語尾類の ㅗ を [ㅜ] で発音することがある. ⇨ p.188, 189 の 저두요 (私もです) 参照
- □ 결석이란 말이에요 [kjɔlʔsɔgiran maːriejo キョルソギラン マーリエヨ]〈缺席 -〉**欠席 だということですか**.「－이란 말이에요」で「…ということですか」. －이란 は子音で終 わる単語につく. 母音で終わる単語には －란 を用いる

第12回 雨に打たれて

ソグ: **어제 혹시 같이 있지 않으셨어요?**
昨日、もしかして一緒にいたんじゃないんですか.

チュノ、ため息をついた後.(준호, 한숨을 쉬며.)

チュノ: **중앙도서관에 갔었어요.**
中央図書館に行ってたんです.

오는 길에 비를 많이 맞아서 걱정이 되긴 했는데.
帰り道に雨にびっしょり濡れちゃって心配だったんですけど.

가 봐야겠어요.
行ってみなくちゃ.

走り出すチュノの後をついて走るソグ.
(뛰어가는 준호의 뒤를 따라 달리는 석우.)
マキの部屋に行ってみると、チウンが来ている.マキは熱を出して寝ている.
(마키 방에 가 보니 지은이 와 있다. 마키는 열을 내며 잠들어 있다.)

チウン: **어, 준호 오빠, 석우 씨. 들어오세요.**
あ、チュノ先輩、ソグさん.入ってください.

ソグ: **지은 씨가 여길 어떻게…**
チウンさんがどうしてここに.

チウン: **아침에 스터디 못 하겠다고 전화가 왔는데**
朝、勉強会ができないって電話が来たんだけど

목소리가 너무 안 좋지 뭐예요.
声があまりにもひどいんですよ.

제 12 회　비에 젖어

- [ ] 어제 [ɔdʒe オジェ] 昨日.「おととい」はユ제あるいはユ저께
- [ ] 있지 않으셨어요 [iˀtʃianɯʃɔˀsojo イッチアヌショッソヨ] いたんじゃないんですか. いはしませんでしたか. 있다の「Ⅰ- 지 않으셨어요」（…したのではありませんか）. 않으셨어요は，않다（…しない：否定）のⅡ ＋ 尊敬の接尾辞 － 시 － のⅢ ＋ 過去の接尾辞 － ㅆ － のⅢ ＋ 해요体を作る語尾 － 요
- [ ] 중앙도서관 [tʃuŋaŋdosɔgwan チュンアンドソグァン]〈中央圖書館〉**中央図書館**
- [ ] 갔었어요 [kaˀsɔˀsojo カッソッソヨ] 行っていました. 가다（行く）のⅢ ＋ 大過去の － ㅆ었 － のⅢ ＋ 해요体を作る語尾 － 요. Ⅲ - ㅆ었 - は「…していた（今はしていない）」
- [ ] 오는 [onɯn オヌン] 来る. 오다（来る）のⅠ - 는 連体形
- [ ] 길에 [kire キレ] 道に. 길（道） ＋ - 에（…に）
- [ ] 비를 [pirɯl ピルル] 雨を. 비（雨） ＋ - 를（…を）
- [ ] 맞아서 [madʒasɔ マジャソ] 合って. あたって. 受けて. 맞다（合う）は子音語幹の動詞で，規則的にⅠ）맞 -，Ⅱ）맞으 -，Ⅲ）맞아 - と活用
- [ ] 걱정이 되긴 했는데 [kɔkˀtʃɔŋi t(w)egin hɛːnnɯnde コクチョンイ　トェギン　ヘーンヌンデ] 心配になりはしたが.「걱정이 되다」は「心配になる」.「Ⅰ - 긴 하다」は「…しはする」. その過去形のⅠ - 는데 婉曲法
- [ ] 가 봐야겠어요 [kabwajageˀsojo カブァヤゲッソヨ] 行ってみなくてはなりません. 가は가다（行く）のⅢ.「Ⅲ 보다」は「…してみる」. Ⅲ - 야겠어요は「…しなくては」
- [ ] 들어오세요 [tɯrɔosejo トゥロオセヨ] お入りください. 들어오다（入る）のⅡ - 세요で, 해요体の**尊敬の命令形**. 합니다体なら들어오십시오となる
- [ ] 여길 [jɔgil ヨギル] ここを. 여기（ここ） ＋ - 를（…を）
- [ ] 어떻게 [ɔˀtɔkʰe オットケ] どうして（理由）. どのように（方法）
- [ ] 아침에 [atʃʰime アチメ] 朝に. 아침（朝） ＋ - 에（…に）. ここでは - 에は必須
- [ ] 스터디 [sɯtʰɔdi ストディ] **勉強会. 学習会**. 英語 study からの外来語
- [ ] 못 하겠다고 [moːtʰageˀtago モーッタゲッタゴ] できないと. 못 하겠다고は「한다形 ＋ 고」の引用の形
- [ ] 전화 [tʃɔːn(h)wa チョーヌァ]〈電話〉**電話**
- [ ] 왔는데 [wannɯnde ワンヌンデ] 来たけれど. 오다のⅢ ＋ 過去 - ㅆ - のⅠ ＋ - 는데
- [ ] 목소리 [mokˀsori モクソリ] 声. 목は「首」, 소리は「音」
- [ ] 안 좋지 뭐예요 [andʒotʃʰi mwɔːejo アンジョチムォーエヨ] 良くないんですよ. 좋지はⅠ - 지.「Ⅰ - 지 뭐예요」で「（何と驚いたことに）…するじゃないですか」の意

第12回　雨に打たれて

チウン： **그래서 와 봤더니 열이 펄펄 나고 있잖아요.**
それで　来てみたら，熱が　ものすごく　出てるじゃないですか．

ソグ： **약은요?**
薬は？

チウン： **조금 전에 지어다 먹었어요.**
ちょっと 前に　作って来て 飲みました．

아까보다는 열도 조금 내렸구요.
さっきよりは　熱も　少し　下がりましたし．

　チュノは驚いて何も言えない．部屋を出て行くチュノ．ついていくソグ．大きい声でソグ，チュノに向かって叫ぶ．(준호는 놀라 아무 말도 못한다. 방을 나가는 준호. 따라가는 석우. 석우, 준호에게 큰 소리로 따진다.)

ソグ： **마키 저렇게 된 거 다 준호 씨 탓이에요.**
マキが あんなふうに なったのは，みんなチュノさんの せいです．

제가 전에 말했죠.　준호 씨가 우리에게
私が　前に　言いましたよね．　チュノさんが　ぼくらに

가르쳐 주려고 하지 않아도 된다구요.
教えてくれようと　しなくても　いいんだって．

チュノ： **…죄송합니다.**
…申し訳ありません．

　肩を落として，出て行くチュノ．その後ろ姿をにらむソグ，マキの部屋に戻る．(어깨를 축 늘어뜨린 채 나가는 준호. 그 뒷모습을 노려보는 석우. 마키의 방으로 돌아간다.)

제 12 회　비에 젖어

- 와 봤더니 [wabwaˀtʌni ワブァットニ] 来てみたら. 와는 오다（来る）のⅢ.「Ⅲ 보다」は「…してみる」. Ⅲ-ㅆ더니は「（話し手が）…したら（…だった）」の意
- 열이 [jʌri ヨリ]〈熱 －〉熱が. 열（熱）+ －이（…が）
- 펄펄 [pʰʌlpʰʌl ポルポル] どんどん. 熱がどんどん出ている様子を表す擬態語
- 나고 있잖아요 [nago iˀtʃanajo ナゴイッチャナヨ] 出ているじゃないですか. 나고는 나다（出る）のⅠ-고. 나다는 語幹がㅏで終わるのでⅡもⅢ）나-と活用.「Ⅰ-고 있다」は「…している」「…しつつある」という継続進行を表す. Ⅰ-잖아요は「…するじゃないですか」
- 약은요 [jagɯnnjo ヤグンニョ]〈藥 －〉薬は. 약（薬）+ －은（…は）+ 丁寧化のマーカー －요/－이요. こうした場合に丁寧化の －요/－이요がないとぞんざいな言い方になる
- 전에 [tʃʌne チョネ]〈前 －〉前に. 전（前）+ －에（…に）
- 지어다 [tʃiʌda チオダ]（薬局で）作って来て. 짓다（作る）のⅢ-다（…して持って来て）. 짓다 [tʃiˀtta チータ] は, Ⅰ）짓-[tʃiˀ チッ], Ⅱ）지으-[tʃiɯ チウ], Ⅲ）지어-[tʃiʌ チオ]のごとく, 第Ⅱ語基, 第Ⅲ語基で語幹のㅅが脱落する. こうした活用をㅅ[シオッ]変格活用という. この型は잇다（つなぐ）, 낫다（治る）など, わずかしかない
- 먹었어요 [mʌgʌˀsojo モゴッソヨ] 食べました.（薬を）飲みました. 먹다（食べる）のⅢ + 過去接尾辞 -ㅆ-のⅢ + 해요体の -요 「薬を飲む」は「약을 먹다」という
- 아까보다는 [aˀkabodanɯn アッカボダヌン] さっきよりは. 아까（さっき）+ －보다（…より）+ －는（…は）
- 내렸구요 [nɛrjʌ(ˀ)ˀkujo ネリョックヨ] 下がりましたし. 내리다（下がる）のⅢ + 過去接尾辞 -ㅆ-のⅠ + -구（…して, -고のソウル方言形）+ 丁寧化のマーカー －요/－이요
- 된 거 [t(w)engʌ トェンゴ] なったの. 되다（なる）のⅡ-ㄴ過去連体形 + 依存名詞거
- 탓이에요 [tʰaʃiejo タシエヨ] せいです. 탓（せい）+ 指定詞 -이다のⅢ-요
- 말했죠 [maːr(h)εˀtʃo マーレッチョ] 言ったでしょう. 말하다（言う）のⅢ + 過去接尾辞 -ㅆ-のⅠ + 確認法の語尾 -죠
- 우리에게 [uriege ウリエゲ] ぼくたちに. 私たちに. この -에게は書きことば形
- 가르쳐 주려고 [karɯtʃʰʌdʒurjʌgo カルチョジュリョゴ] 教えてくれようと. 가르쳐는 가르치다のⅢ. Ⅰ）가르치-, Ⅲ）가르쳐-.「Ⅲ 주다」は「…してくれる」.「Ⅱ-려고」は「…しようと（意図）」
- 하지 않아도 [hadʒianado ハジアナド] しなくても.「Ⅰ-지 않다」は「…しない」. Ⅲ-도は「…しても」.「Ⅲ-도 되다」で「…してもよい」
- 된다구요 [t(w)endagujo トェンダグヨ] いいのですと（言った）. 되다（よい. なる）の한다体Ⅱ-ㄴ다 + 引用の -구(-고) + 丁寧化のマーカー －요/－이요

第13回 和解

●マキの部屋 (마키의 방)

次の日，授業が終わって，マキの家を訪ねるソグ．
(다음 날 , 수업이 끝나고 마키를 찾아간 석우 .)

マキ： **어 , 오빠 .**
あ，　　先輩．

ソグ： **좀 어때 ? 괜찮아 ?**
どうだい?　　だいじょぶ?

マキ： **네 , 괜찮아요 . 많이 걱정했죠 ?**
ええ，　大丈夫です．　　とっても 心配したでしょう?

ソグ： **다 박 준호 씨 때문이야 .**
みんな パク・チュノさんが 悪いんだ．

マキ： **준호 씨 때문이 아니에요 .**
チュノさんの せいじゃありませんよ．

오빠 , 나 , 도서관에서 오빠가 쓴 소설을 봤어요 .
先輩，　私，　図書館で　　先輩が　書いた 小説を　見たんです．

난 그런 역사를 모르고 있었거든요 .
私は あんな 歴史を　　知らなかったものですから．

그래서 내가 준호 씨한테 부탁했어요 .
それで　　私が　チュノさんに　　頼んだんです．

第13回　화해

- ☐ 방 [paŋ パン] 〈房〉**部屋**
- ☐ 어때 [ˀɔ?tɛ オッテ] **どうだ**. 어떻다（どうだ）は Ⅰ) 어떻 -, Ⅱ) 어떠 -, Ⅲ) 어때 - と活用. 第Ⅱ語基，第Ⅲ語基でㅎが脱落し，第Ⅲ語基で母音がㅐとなる，こうした型の活用を**ㅎ[ヒウッ]変格活用**という. 이렇다（こうだ），그렇다（そうだ），저렇다（ああだ）もㅎ変格. ここでは第Ⅲ語基だけで終止する해체となっている. **해체**は親しい目下のものなどに用いる. なお，「どうだい」というような場合，「좀 어때?」のようにしばしば副詞좀（ちょっと）をつけるが，日本語では訳出せずともよい.
- ☐ 괜찮아 [kwɛntʃʰana クェンチャナ] **大丈夫**. 괜찮다（大丈夫だ）は子音語幹の用言で，Ⅰ) 괜찮 -, Ⅱ) 괜찮으 -, Ⅲ) 괜찮아 - と規則どおりに活用. ここではⅢの해체. しばしば [w] を落として [kentʃʰana ケンチャナ] とも発音.
- ☐ 괜찮아요 [kwɛntʃʰanajo クェンチャナヨ] **大丈夫です**. Ⅲ - 요で해요체. 基本的に，ソグはマキに対して해체で話し，マキはソグに해요체で話している
- ☐ 많이 [ma:ni マーニ] **たくさん**. **終声の位置に書かれる**ㅎは母音の前では，弱化するのではなく，そもそも発音しない. ㅎは많다 [만타] など，平音を**激音化**するマーカーとして書かれている ⇨ p.308
- ☐ 걱정했죠 [kɔk?tʃɔŋ(h)ɛ?tʃo コクチョンヘッチョ] **心配したでしょう**.
　걱정하다（心配する）のⅢ ＋ 過去接尾辞 - ㅆ - のⅠ ＋ 確認法の語尾 - 죠
- ☐ 다 [ta: ター] 副詞 **みんな. 全部**
- ☐ 때문이야 [?tɛmunija テムニヤ] **（…の）せいだ**.
　依存名詞때문（せい） ＋ 指定詞 - 이다の해체である - 이야
- ☐ 쓴 [?sun スン] **書いた**. 쓰다（書く）のⅡ - ㄴ過去連体形. 쓰다は，Ⅰ Ⅱ) 쓰 -, Ⅲ) 써 - と活用. **第Ⅲ語基で母音ㅡが脱落する**この型を**으活用**という. 不規則な活用ではなく，語幹の母音がㅡで終わる用言は規則的にこうなる ⇨ 으活用は p.65
- ☐ 소설을 [so:sɔɾɯl ソーソルル] 〈小説 -〉**小説を**. 소설（小説）＋ - 을（…を）
- ☐ 봤어요 [pwa:?sɔjo プァーッソヨ] **見ました**. 보다（見る）のⅢ ＋ 過去接尾辞 - ㅆ - のⅢ ＋ 해요체の - 요
- ☐ 그런 [kɯrɔn クロン] 冠形詞 **そんな**. 그렇다（そうだ）のⅡ - ㄴ連体形と見てもよい
- ☐ 모르고 있었거든요 [morɯgo i?sʌ(?)kɔdɯnnjo モルゴイッソッコドゥンニョ] **知らずにいたものですから**. 모르다（知らない）の「Ⅰ - 고 있다」＋ 過去接尾辞 - ㅆ - ＋ 根拠法の - 거든요
- ☐ 내가 [nɛga ネガ] **私が. ぼくが**. 나（私）＋ - 가（…が）は내가という形になる
- ☐ 부탁했어요 [pu:tʰakʰɛ?sɔjo プータッケッソヨ] 〈付託 -〉**頼みました**.
　부탁하다（頼む）のⅢ ＋ 過去接尾辞 - ㅆ - のⅢ ＋ 해요체を作る - 요

第13回　和解

マキ： 오빠가 쓴 소설의 시대에 대해서 알고 싶다고.
　　　先輩が　書いた 小説の　　時代について　　　知りたいって.

　　　그랬더니 중앙도서관으로 데려다 줬어요.
　　　そしたら,　　　中央図書館に　　　連れてってくれたんですよ.

　　　나 거기서 아주 많은 공부를 했어요.
　　　私, あそこで　とってもたくさんの 勉強をしました.

回想 ── 中央図書館. 音楽, 台詞と重なる.
(회상 – 중앙도서관. 음악, 대사와 겹친다.)

マキ：혼자서는 할 수 없는 공부.
　　　 1人では　　　 できない　　　　勉強.

　　　오빠네 할머니가 왜 일본에서
　　　先輩のうちの おばあさんが どうして 日本で

　　　비녀를 꽂고 사셨는지,
　　　かんざしを　さして　暮らしてらっしゃったのか,

　　　왜 오빠는 그런 사실을 숨기고 싶었는지,
　　　何で 先輩は　　そうした 事実を　　隠したかったのか,

　　　그리고 나는 왜 일본에서는 이런 사실을
　　　そして　　私は どうして 日本では　　こうした 事実を

　　　모르고 있었는지, 많이 생각하게 됐어요.
　　　知らなかったのか,　　　 ずいぶん 考えさせられました.

　　　준호 씨한테 화내지 마세요.
　　　チュノさんのこと,　　　怒らないでください.

제 13 회　화해

- [ ] 시대 [ʃidɛ シデ] 〈時代〉時代
- [ ] - 에 대해서 [e tɛ:(h)ɛsɔ エテーヘソ] 「- 對 -」…について
- [ ] 알고 싶다고 [a:lgo ʃipʰ˺tago アールゴシプタゴ] 知りたいと. 알고는 알다（知る）の I - 고.「I - 고 싶다」는 願望「…したい」. ここは「한다体 + - 고」の引用形
- [ ] 그랬더니 [kurɛt˺təni クレットニ] 接続詞　そうしたら
- [ ] 데려다 줬어요 [terjɔdadʑwɔʔsɔjo テリョダジュォッソヨ] 連れて行ってくれました. 데려다는 데리다（連れる）の III.「III - 다 주다」は「…して行ってくれる」「…して持って行ってくれる」. 줬어요는 주다（くれる）の III + 過去接尾辞 - ㅆ - の III + 해요体を作る語尾 - 요
- [ ] 거기서 [kɔgisɔ コギソ] そこで. あそこで. 거기（そこ）+ - 서（…で：場所）
- [ ] 많은 [ma:nɯn マーヌン] たくさんの. 多くの. 많다（多い）の II - ㄴ 連体形
- [ ] 공부를 [koŋburɯl コンブルル] 〈工夫 -〉勉強を. 공부（勉強）+ - 를（…を）
- [ ] 했어요 [hɛʔ˺sɔjo ヘーッソヨ] しました. 하다の III + - ㅆ - の III + - 요
- [ ] 혼자서는 [hondʑasɔnɯn ホンジャソヌン] 1人では. 혼자（1人）+ - 서（…で）+ - 는（…は）
- [ ] 할 수 없는 [halʔ˺suɔ:mnɯn 할쑤엄는 ハルスオームヌン] することができない. 하다の「II - ㄹ 수 없다」（…することができない）の I - 는 連体形
- [ ] 오빠네 [oʔ˺panɛ オッパネ] 先輩のところの. 兄さんのうちの
- [ ] 왜 [wɛ: ウェー] 副詞　なぜ. どうして
- [ ] 꽂고 [ko(ʰ)ko] さして. 꽂다（さす）の I - 고
- [ ] 사셨는지 [saʃɔnnɯndʑi サションヌンジ] お暮らしになったのか. 살다（暮らす. 生きる）の II + 尊敬の接尾辞 - 시 - の III + 過去の接尾辞 - ㅆ - の I + - 는지（…するのか）
- [ ] 사실을 [sa:ʃirɯl サーシルル] 事実を. 사실（事実）+ - 을（…を）
- [ ] 숨기고 싶었는지 [sumgigo ʃipʰɔnnɯndʑi スムギゴシポンヌンジ] 隠したかったのか. 숨기다（隠す）の I - 고. 싶었는지는 싶다の III + 過去の - ㅆ - の I + - 는지
- [ ] 그리고 [kurigo クリゴ] 接続詞　そして
- [ ] 이런 [irɔn イロン] 冠形詞　こんな
- [ ] 모르고 있었는지 [morugo iʔ˺sɔnnɯndʑi モルゴイッソンヌンジ] 知らずにいたのか. 모르다（知らない）の「I - 고 있다」. 있다の III + 過去の - ㅆ - の I + - 는지
- [ ] 생각하게 됐어요 [sɛŋgakʰage t(w)ɛ:ʔ˺sɔjo センガッカゲトェーッソヨ] 考えるようになりました. 생각하게는 생각하다（考える）の I - 게.「I - 게 되다」で「…するようになる」
- [ ] 화내지 마세요 [hwa:nɛdʑi masejo ファーネジマセヨ] 〈火 -〉怒らないでください. 화내다（怒る）の「I - 지 마세요」（…しないでください）. 합니다体は「I - 지 마십시오」

第13回　和解

マキ：한국 배우에 반해서 한국에 온 나에게
　　　韓国の 俳優が　好きで、韓国に 来た 私に、

　　　준호 씬 너무 많은 걸 가르쳐 주고 있어요．
　　　チュノさんは ほんとにたくさんのことを 教えてくれてるんです．

ソグ：…

マキ：근데 준호 씨 어제 면접 시험은 잘 봤는지 모르겠네．
　　　ところでチュノさん、昨日の 面接試験は　うまくいったのかしら．

　　　괜히 나 때문에 시간만 뺏기구．
　　　無駄に 私の せいで　時間ばかり取られちゃって．

ソグ：면접 시험？
　　　面接　試験？

ソグ、驚き、何か考えこむ表情．
（석우, 놀라며 뭔가 생각에 잠기는 표정．）

● 大学図書館　（대학 도서관）

翌日、大学の図書館へチュノを尋ねて来たソグ．チュノ、いつもの席に座って勉強している．（다음 날．대학 도서관으로 준호를 찾아온 석우．준호, 언제나 앉는 자리에서 공부를 하고 있다．）

チュノ：마키 씨는요？　아직 안 좋아요？
　　　　マキさんは？　まだ 良くないんですか．

ソグ：아뇨, 많이 좋아졌어요．
　　　いいえ、ずいぶん 良くなりましたよ．

제 13 회　화해

- [ ] 배우 [pɛu ペウ]〈俳優〉俳優.「女優」は 여배우〈女俳優〉
- [ ] 반해서 [paːn(h)ɛsɔ パーネソ] 惚れ込んで. 好きになって. 반하다（惚れる）のⅢ － 서（…して：原因）
- [ ] 온 [oːn オーン] 来た. 오다（来る）のⅡ－ㄴ過去連体形
- [ ] 씬 [ˀʃin シン] …さんは. 씨〈氏〉＋ － 는（…は）の短縮形
- [ ] 걸 [gɔl ゴル] ことを. ものを. 依存名詞것（もの）＋ － 을（…を）の短縮形
- [ ] 가르쳐 주고 있어요 [karɯtʃʰɔdʒugo iˀsojo カルチョジュゴイッソヨ] 教えてくれています. 가르쳐는 가르치다（教える）のⅢ.「Ⅲ 주다」は「…してくれる」.「Ⅰ－고 있다」は継続進行「…している」
- [ ] 면접 시험 [mjɔːndʒɔpˀʃi(h)ɔm ミョーンジョプシホム]〈面接試驗〉面接試験
- [ ] 잘 봤는지 [tʃal pwaːnnɯndʒi チャルプァーンヌンジ] うまく受けたか.「시험을 잘 보다」は「試験をうまく受ける」即ち「試験がうまく行く」.

보다（見る）のⅢ ＋ 過去の接尾辞 － ㅆ－のⅠ ＋ － 는지（…するかどうか）

- [ ] 모르겠네 [morɯgenne モルゲンネ] わからないなあ.

모르다（わからない）のⅠ ＋ 将然判断の接尾辞 － 겠－のⅠ ＋ 感嘆法の語尾 － 네

- [ ] 괜히 [kwɛːni クェーニ] 無駄に. しなくてもよいものを. 徒に
- [ ] 시간만 [ʃiganman シガンマン]〈時間 －〉時間ばかり. 시간（時間）＋ － 만（…だけ）
- [ ] 뺏기구 [ˀpɛː(ˀ)ˀkigu ペーッキグ] 奪われて. 뺏기다（奪われる）のⅠ－구. －구は －고のソウル方言形
- [ ] 아직 [adʒikˤ アジク] 副詞 まだ
- [ ] 안 좋아요 [andʒoajo アンジョアヨ] 良くないのですか. 좋아요는 좋다 [tʃoːtʰa 조타 ナョータ] のⅢ － 요. 해요体
- [ ] 좋아졌어요 [tʃoːadʒɔˀsojo チョーアジョッソヨ] 良くなりました. 좋아지다（良くなる）のⅢ ＋ 過去接尾辞 － ㅆ － のⅢ ＋ 해요体を作る語尾 － 요. 形容詞のⅢ － 지다形は次のように「…くなる」という動詞を作る.

좋다（良い）	→	좋아지다（良くなる）
괜찮다（大丈夫だ）	→	괜찮아지다（大丈夫になる）
싫다（嫌だ）	→	싫어지다（嫌になる）

第13回　和解

チュノ: **다행이네요.**
それはよかった.

ソグ: **마키한테 애기 들었습니다.**
マキに　話,　聞きました.

어제는 정말 미안합니다. 저 오해하고 있었어요.
昨日は ほんとに すみませんでした.　私, 誤解してました.

チュノ: **아니에요. 제가 잘못했죠. 저야말로 마키 씨나**
いいえ.　私が　悪いんです.　私こそ　マキさんや

석우 씨의 입장, 생각하지 않았어요.
ソグさんの　立場,　考えてなかったんです.

ソグ: **어제는 면접 시험도 못 보셨죠?**
昨日は　面接　試験も　受けられなかったんでしょう?

チュノ: **그 회사가 아니라**
あの　会社じゃなくて,

그 일을 하고 싶은 거예요.
あの　仕事が　したいんですよ.

기회는 또 있습니다.
チャンスは　また　あります.

　信念に満ちたチュノの答えにソグ, 感動の表情. チュノ, 微笑む. (신념에 넘치는 준호의 대답에 석우, 감동의 표정. 준호, 미소를 짓는다.)

ソグ: **무슨 일을 하고 싶으신데요?**
どんな　仕事を　なさりたいんですか.

第 13 回　和解

- ☐ 다행이네요 [ta(h)ɛŋinejo タヘンイネヨ]〈多幸-〉**幸いです**. 다행（幸い）+ 指定詞 - 이다のⅠ + 感嘆法の語尾 - 네요.
- ☐ 얘기 [jɛːgi イェーギ] **話**. 이야기 [ijagi イヤギ] の話しことば形
- ☐ 들었습니다 [tɯɾɔʔsɯmnida トゥロッスムニダ] **聞きました**. 듣다（聞く）のⅢ + 過去接尾辞 - ㅆ - のⅠ + 합니다体を作る - 습니다. 듣다は，Ⅰ）듣 -, Ⅱ）들으 -, Ⅲ）들어 - と活用. 第Ⅱ語基，第Ⅲ語基で語幹の終声のㄷがㄹになるこうした型の活用をㄷ [ティグッ] 変格活用という. 他に묻다（尋ねる），걷다（歩く）などがある ⇨ p.65
- ☐ 미안합니다 [mian(h)amnida ミアナムニダ]〈未安-〉**すみません**. 미안하다（すまない）のⅡ - ㅂ니다で, 합니다体
- ☐ 오해하고 있었어요 [oː(h)ɛ(h)ago iʔsɔʔsɔjo オーヘハゴイッソッソヨ] **誤解していました**. 오해하다（誤解する）の「Ⅰ - 고 있다」形のⅢ + 過去接尾辞 - ㅆ - のⅢ + - 요
- ☐ 잘못했죠 [tʃalmotʰɛtʔtʃo チャルモテッチョ] **悪かったんです**. 잘못하다（誤る）のⅢ + 過去接尾辞 - ㅆ - のⅠ + 確認法の語尾 - 죠
- ☐ 저야말로 [tʃɔjamallo チョヤマルロ] **私こそ**.「…こそ」は，母音で終わる単語には - 야말로，子音で終わる単語には - 이야말로がつく
- ☐ 마키 씨나 [makʰiʔʃina マキッシナ] **マキさんや**.「…や」は，母音で終わる単語には - 나，子音で終わる単語には - 이나
- ☐ 입장 [ipʔtʃaŋ イプチャン]〈立場〉**立場**.「立場」は日本語では「たちば」と訓読みしているが，このように日本語の和語を漢字で表記したものを，そのまま朝鮮漢字音で読んで漢字語として使われている単語が存在する
- ☐ 생각하지 않았어요 [sɛŋakʰadʑi anaʔsɔjo センガカジアナッソヨ] **考えませんでした**. 생각하다（考える）のⅠ - 지 + 않았어요. 않다のⅢ + - ㅆ - のⅢ + - 요
- ☐ 못 보셨죠 [moːtʔpoɕɔtʔtʃo モーッポショッチョ] （試験を）**お受けになれなかったでしょう**.「시험을 보다」は「試験を受ける」. 보다のⅡ + 尊敬の - 시 - のⅢ - 셔 - + 過去の - ㅆ - のⅠ + - 죠
- ☐ - 가 아니라 [ga anira ガアニラ] **…ではなくて**.「- 가 / - 이 아니라」
- ☐ 일을 [iːɾɯl イールル] **仕事を**
- ☐ 하고 싶은 거에요 [hago ɕipʰɯngɔejo ハゴシプンゴエヨ] **したいのです**.「하고 싶다」の「Ⅱ - ㄴ 것이다」(…なのだ)
- ☐ 기회 [ki(h)we キフェ]〈機會〉**機会**. チャンス
- ☐ 또 [ʔto ト] 副詞 **また**
- ☐ 무슨 [musɯn ムスン] **何の**. どんな.「무슨 일」は ㄴ [n] の挿入で [무슨닐]
- ☐ 하고 싶으신데요 [hago ɕipʰɯɕindejo ハゴシプシンデヨ] **なさりたいのですか**.「하고 싶다」(したい) のⅡ + 尊敬の - 시 - のⅡ + 婉曲法の語尾 - ㄴ데요

第13回　和解

チュノ: **한국의 아이티 산업을 세계 최고로**
韓国の　　IT　　産業を　　世界　最高に

만드는 일이요.
する　　　　仕事ですよ.

꿈이 너무 크죠?
夢が　大きすぎるでしょう?

ソグ: **꿈은 이루기 위한 거잖아요.**
夢は　かなえるための　ものじゃないですか.

클수록 좋은 거 아니에요?
大きいほど　いいんじゃないですか.

… 준호 씨. 정말 미안합니다.
…チュノさん.　ほんとに すみません.

앞으론 잘 부탁합니다.
これから　よろしくお願いします.

チュノに握手を求めるソグ.（준호에게 악수를 청하는 석우.）

チュノ: **그건 제가 드리고 싶은 말씀인데요.**
それは　私が　申し上げたい　ことですよ.

잘 좀 부탁드립니다.
よろしくお願いします.

チュノも手を出し，握手する2人． 2人とも頼もしい微笑み．（준호도 손을 내밀어 악수하는 두 사람. 두 사람 모두 믿음직한 웃음.）

제 13 회　화해

- [ ] 아이티 [aitʰi アイティ] IT
- [ ] 산업 [sa:nɔp サーノプ]〈産業〉産業
- [ ] 세계 [se:ge セーゲ]〈世界〉世界．普通 [se: gje セーギェ] でなく，こう発音する
- [ ] 최고 [tʃʰ(w)e:go チェーゴ]〈最高〉最高
- [ ] 만드는 [manduɯnɯn マンドゥヌン] 作る．만들다（作る）のⅠⅡ－는連体形．「－로／－으로 만들다」は「（…でないものを）…にする」の意
- [ ] 일이요 [i:rijo イーリョ] 仕事です． 일（仕事）＋ 丁寧化の－요／－이요． －이요 は指定詞－이다の해요体でないことに注意．해요体なら일이에요となる
- [ ] 꿈 [ˀkum クム] 夢
- [ ] 크죠 [kʰɯdʒo クジョ] 大きいでしょう．크다（大きい）のⅠ－죠 確認法
- [ ] 이루기 [irugi イルギ] かなえること．成すこと．이루다（成す）のⅠ－기 名詞形
- [ ] －기 위한 [gi wi(h)an ギウィハン]〈－ 爲 －〉…するための．「꿈은 이루기 위한 것입니다．」（夢はかなえるためのものです）
- [ ] 거잖아요 [gɔdʒanajo ゴジャナヨ] ものじゃないですか．依存名詞거（もの）＋指定詞－이다のⅠが母音の後ろで脱落＋－잖아요（…じゃないですか）
- [ ] 클수록 [kʰɯlˀsuroᵏ クルスロク] 大きいほど．크다（大きい）のⅡ－ㄹ수록（…するほど）．「꿈은 클수록 좋아요．」（夢は大きいほどいいです）
- [ ] 좋은 거 아니에요 [tʃo:ɯngɔ aniejo チョーウンゴアニエヨ] いいのではないですか．좋은は좋다（良い）のⅡ－ㄴ連体形．「Ⅱ－ㄴ 거 아니에요」は「…なのではないですか」
- [ ] 앞으론 [apʰɯron アプロン] 今後は．앞으로는の短縮形
- [ ] 드리고 싶은 [tɯrigoʃipʰɯn トゥリゴシプン] 差し上げたい．드리고は드리다（差し上げる）のⅠ－고．「Ⅰ－고 싶다」（…したい）のⅡ－ㄴ連体形
- [ ] 말씀인데요 [ma:lˀsɯmindejo マールスミンデヨ]（言う）ことですが．ことばですが．말씀は말（ことば）の謙譲形，尊敬形．말씀＋指定詞－이다のⅡ＋婉曲法語尾－ㄴ데요
- [ ] 부탁드립니다 [pu:tʰaᵏˀtɯrimnida プータクトゥリムニダ]〈付託 －〉（目上の人に）お願いします．부탁드리다（お願いする）のⅠ－ㅂ니다

第13回 和解

チュノ: **아, 참. 석우 씨 소설,**
あ、 そうだ ソグさんの 小説、

저도 한번 보여 주세요.
私にも 一度 見せてください。

정말 대단하세요.
ほんとに すごいですよ。

할머니의 시대를 소설로 쓰시다니.
おばあさんの 時代を 小説に 書くなんて。

ソグ: **할머니의 시대가 아닙니다.**
おばあさんの 時代 じゃありません。

그 시대를 살아 온 우리 가족 이야기,
あの時代を 生きて きた うちの 家族の 話、

그건 바로 그 시대가 아니라 이 시대인 거예요.
それは まさに あの 時代ではなくて、 この 時代なのです。

チュノ: **….**

感銘を受けるチュノ。
(감명을 받는 준호.)

제 13 회　화해

- [ ] 참 [tʃʰam チャム]　間投詞　そうだ．思い出したときなどに用いる
- [ ] 소설 [soːsɔl ソーソル]〈小說〉小説
- [ ] 한번 [hanbɔn ハンボン]　副詞　〈-番〉一度．ちょっと．回数を表す「一回」の意のときは「한 번」と分かち書き
- [ ] 보여 주세요 [pojɔdʒusejo ポヨジュセヨ] 見せてください．보이다（見せる）のⅢである보여（見せて）+ 주세요（ください）．「Ⅲ 주다」は「…してくれる」「…してやる」．주세요は주다のⅡ-세요で，해요体の尊敬の命令形
- [ ] 대단하세요 [tɛːdan(h)asejo テーダナセヨ] すごいですよ．대단하다（すごい）のⅡ+尊敬の接尾辞 -시- のⅢである-세- + 해요体の -요．もちろんⅡ+-세-+요はⅡ-세요と考えてもよい
- [ ] 시대 [ʃidɛ シデ]〈時代〉時代
- [ ] 쓰시다니 [ˀsɯʃidani スシダニ] お書きになるとは．쓰다（書く）のⅡ+尊敬の接尾辞 -시- のⅠ+-다니．Ⅰ-다니は「…するとは（…だ）」の意を表す
- [ ] 아닙니다 [animnida アニムニダ] …ではありません．違います．指定詞아니다のⅠ-ㅂ니다で，합니다体．指定詞の活用 ⇨ p.56
- [ ] 그 [kɯ ク] あの．その．ここでは目に見えない「あの」，「例の」の意なので그を用いる．저は遠くにある目に見えるものに用いる「あの」なのでここでは不可
- [ ] 살아 온 [saraon サラオン] 生きて来た．살다（生きる）のⅢの살아 + 오다（来る）のⅡ+過去連体形 -ㄴ．「Ⅲ 오다」は「…して来る」
- [ ] 가족 [kadʒokˀ カジョッ]〈家族〉家族
- [ ] 이야기 [ijagi イヤギ] 話．書きことば形．話しことば形は얘기 [jɛːgi イェーギ]
- [ ] 바로 [paro パロ]　副詞　まさに．ちょうど
- [ ] 시대인 거예요 [ʃidɛingɔejo シデインゴエヨ]〈時代-〉時代なのです．시대（時代）+指定詞 -이다（…である）のⅡ+連体形語尾 -ㄴ+指定詞-이다のⅢである-이에から母音の直後で-이-が脱落,-예 + 해요体の -요．「Ⅱ-ㄴ 것이다」は形容詞や指定詞について「…なのだ」の意を表す．動詞や存在詞では「Ⅰ-는 것이다」という形になり，「…するのだ」の意．「제가 가는 것입니다．」（私が行くのです）

第14回　歌に抱かれて

●大学の図書館 (대학 도서관)

　夕方．図書館で熱心に勉強しているチュノの後ろ姿．遠くから見守っているマキ．チュノ，背伸びしながらあくびする．マキ，メールを送る．(저녁 무렵, 도서관에서 열심히 공부하고 있는 준호의 뒷 모습. 멀리서 바라보고 있는 마키. 준호, 기지개를 켜며 하품한다.)

　　　(あくびを表す絵文字)　　(하품하는 그림 문자)

너무 입 크게 벌리고 하품하시는 거 아니에요?
あんまり口を大きく あけて　　あくびなさってるんじゃないですか．

チュノ，メールを見て驚く．左右を見渡す．
(준호, 문자를 보고 깜짝 놀란다. 좌우를 살핀다.)

マキ，手を振る．チュノ，嬉しそうな顔．走って来る．
(마키, 손을 흔든다. 준호, 기쁜 표정. 달려온다.)

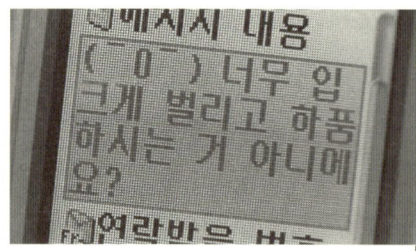

第14回 노래에 안겨

- □ 도서관 [tosɔgwan トソグァン] 〈圖書館〉図書館
- □ 입 [iᵖ イㇷ゚] 口.「目」は눈,「鼻」はヨ,「耳」は귀といった**身体名称**を整理しよう. いずれも固有語である:

目	耳	鼻	口	頭	首	顔	髪
눈	귀	코	입	머리	목	얼굴	머리

肩	腕	手	腹	背	腰	脚	足
어깨	팔	손	배	등	허리	다리	발

「髪」全体は「頭」と同じで머리だが,「髪の毛」の1本1本は머리카락という. 목は「首」「のど」. 팔は手首から肩までの「腕」, 손は手首から先の「手」. 다리は「脚が長い」というときの「脚」. 발は足首から先の「足」

- □ 크게 [kʰɯge クゲ] **大きく**. 크다（大きい）のⅠ-게. Ⅰ-게は**用言の副詞形を作**る
- □ 벌리고 [pɔːlligo ポールリゴ] **開けて**. 벌리다（開ける. 広げる）のⅠ-고. 接続形Ⅰ-고は「AしてもBもする」という, **ことがらの並列**のほかに「AしてからBする」という**動作の先行**,「Aという姿や様子でBする」という**動作の様態**も表す. ここでは「あくびする」という動作をどのように行うか,「口を大きく開けて」行う, という動作の様態をⅠ-고（して）で表している
- □ 하품하시는 거 아니에요 [hapʰum(h)aʃinɯnɡɔ aniejo ハプムハシヌンゴ アニエヨ] **あくびなさっているんじゃないですか**. 하품하시는は하품하다（あくびする）のⅡ+尊敬の-시-のⅠ+連体形語尾-는（…する).「Ⅰ-는 거 아니에요?」で「…しているのではないですか」

第14回　歌に抱かれて

●図書館の前の道 (도서관 앞의 길)

街灯の光に霧がかかって霞んでいる. 学生の姿があちこちに見える.
(가로등 불빛이 안개가 끼어 희미하다. 학생들 모습이 여기저기 보인다.)

チュノ: **오늘은 집까지 바래다 줄 수도 없는데 ,**
今日は　　家まで　　送ってあげられないんだけど,

어떡하죠 ?
どうしましょう?

マキ: **괜찮아요. 학교 근처에 사는데요, 뭐.**
大丈夫ですよ.　　学校の　近所に　　住んでるんですもの.

チュノ, マキのコートの襟を立ててあげる.
(준호, 마키의 코트 옷깃을 세워 준다.)

チュノ: **조심해서 가요 .**
気をつけて帰ってね.

チュノの顔がマキの顔のすぐ前まで来ている. マキ, かわいくうなずく. 微笑む. (준호 얼굴이 마키의 얼굴 바로 앞에 있다. 마키, 귀엽게 끄덕인다. 웃는다.)
帰るマキ. マキが少し歩いたところでチュノ, 叫ぶ. (돌아가는 마키. 마키가 조금 걷기 시작했을 때 준호, 소리 친다.)

チュノ: **내일은 집에 일찍 들어가 있어야 돼요 .**
明日は　家に　早めに　帰ってないとだめですよ.

알았죠 ?　　꼭이요 .
わかったでしょう?　きっとですよ.

제 14 회 노래에 안겨

- [ ] 앞의 [apʰe アペ] 前の. 앞（前）＋ － 의（…の）
- [ ] 길 [kil キル] 道
- [ ] 집까지 [tɕipˀkadʑi チプカジ] 家まで. 집（家）＋ － 까지（…まで）
- [ ] 바래다 줄 수도 없는데 [paɾɛdadʑulˀsudo ɔːmnɯnde パレダジュルスド オームヌンデ] 送ってあげることもできないけれど. 바래다는 바래다의接続形 I － 다（…している途中で）ではなく，接続形 Ⅲ － 다（…して送って行って．…して持って行ってやって）．第Ⅰ語基と第Ⅲ語基が同じ形になる動詞は，Ⅰ － 다（…している途中で）とⅢ － 다（…して持って行ってやって）が，見かけ上，同じ形になってしまうので注意．なお，Ⅰ － 다は自動詞他動詞を問わず，動作を表す多くの動詞につくが，Ⅲ － 다は一部の他動詞にしかつかない．「Ⅲ － 다 주다」で「…して行ってやる」「…して持って行ってやる」．「Ⅱ － ㄹ 수 없다」は「…することができない」
- [ ] 어떡하죠 [ɔˀtɔkʰadʑo オットカジョ] どうしましょう. 어떡하다（どうする）は「어떠하게 하다」（どのようにする）の短縮形．Ⅰ － 죠は確認法
- [ ] 근처에 [kɯːntɕʰoe クーンチョエ]〈近處 －〉近所に. 근처（近所）＋ － 에（…に）
- [ ] 사는데요 [saːnɯndejo サーヌンデヨ] 住んでいるんですが. 살다（住む．生きる）のⅠ － 는데요で婉曲法. 살다는ㄹ活用で，Ⅰ Ⅱ）살 －/사 －，Ⅲ）살아 ⇨ p.64
- [ ] 뭐 [mwɔː ムォー] 間投詞 もう．いや．何
- [ ] 조심해서 [tɕoːɕim(h)ɛsɔ チョーシムヘソ]〈操心 －〉気をつけて. 조심하다（気をつける）のⅢ － 서（…して：様態）
- [ ] 가요 [kajo カヨ] 行きなさいね. 가다（行く）のⅢ － 요で해요体. 가다はⅠⅡⅢとも가 －．Ⅲ － 요はイントネーションで平叙，疑問，勧誘，命令になるが，目上の人への命令には，Ⅲ － 요ではなくて，尊敬の － 시 －を用いたⅡ － 세요を使うのがよい
- [ ] 내일은 [nɛirɯn ネイルン]〈來日 －〉明日は. 내일 ＋ － 은．★래일은
- [ ] 일찍 [ilˀtɕik イルチク] 早めに
- [ ] 들어가 있어야 돼요 [tɯɾɔga iˀsɔja twɛjo トゥロガ イッソヤ トゥエヨ] 帰っていなければいけませんよ. 들어가는들어가다（帰る）のⅢ．「Ⅲ 있다」は「…している」という動作の結果の継続．「Ⅲ － 야 되다」は「…しなければならない」．돼요는되다（なる）のⅢ － 요
- [ ] 알았죠 [aɾatˀtɕo アラッチョ] わかったでしょう？ 알다（わかる）のⅢ＋過去の － ㅆ －のⅠ＋確認法の － 죠. 알다는ㄹ活用でⅠⅡ）알 －/아 －，Ⅲ）알아 － ⇨ p.64
- [ ] 꼭이요 [ˀkogijo コギヨ] きっとですよ. 꼭（きっと）＋丁寧化のマーカー － 요/－ 이요

第14回　歌に抱かれて

マキ，両腕を丸くして，円を作って見せる．チュノとマキ，手を振る．(마키 , 양팔을 들어 동그랗게 원을 그려 보인다 . 준호와 마키 , 손을 흔든다 .)

●バー (바)

次の日の夕方．他の友人たちと一緒にマキとソグ，あるバーに集まっている．チウンの姿も見える．(다음 날 저녁 . 다른 친구들과 함께 마키와 석우 , 어느 바에 모여 있다 . 지은이의 모습도 보인다 .)

チュノ，ガラス張りのバーの中で楽しく話しているマキを発見．マキ，大きく笑っている．チュノ，マキにメールを送る．(준호 , 유리로 된 바 안에 즐겁게 떠들고 있는 마키를 발견한다 . 마키 , 환하게 웃고 있다 . 준호 , 마키에게 문자를 보낸다 .)

マキ，驚いて窓の外を見る．チュノがバイクに乗ったまま，手を振っている．(마키 , 놀라며 창 밖을 본다 . 준호가 오토바이에 탄 채 손을 흔들고 있다 .)

マキ: **잠깐만 화장실 좀 갔다올게요 .**
　　　　ちょっと　　トイレに　　　　行ってきますから．

マキ，コートだけ持って席を立つ．カバンや本，携帯は置いたまま．
(마키 , 코트만 들고 자리에서 일어난다 . 가방과 책 , 핸드폰은 놔 둔 채 .)

マキが外に出て行くと，バイクに乗っているチュノの姿が見える．何か話している．(마키가 밖으로 나가자 오토바이에 탄 준호의 모습이 보인다 . 무엇인가 이야기를 하고 있다 .)

チュノ，マキの手を引っ張り，後ろに乗せる．走り出す2人のバイク．(준호 , 마키의 손을 잡아 당겨 뒤에 태운다 . 달리기 시작하는 두 사람의 오토바이 .)

漢江道路を走るバイク．(한강도로를 달리는 오토바이 .)

チュノ: **어디 가는지 알아요 ?**
　　　　どこに　　行くか　　　わかってますか．

マキ: **바람 속으로요 .**
　　　　風の　　中へでしょ．

チュノ: **하하하 , 이젠 다 아시네요 .**
　　　　ははは，　　もうすっかり　　おわかりですね．

□ 잠깐만 [tʃamʔkanman チャムカンマン] [tʃaŋʔkamman チャンカムマン] とも発音. ちょっとの間. しばらく

□ 화장실 [hwadʒaŋʃil ファジャンシル]〈化粧室〉トイレ

□ 좀 [tʃom チョム] ちょっと. ことばを和らげるのに使う. 命令文や勧誘文ではとりわけ多用される. 後ろの単語でなく, [화장실좀] のように前の単語につけて発音することが多い

□ 갔다올게요 [kaˀtaolʔkejo カッタオルケヨ] 行ってきますから. 갔다오다 (行ってくる) の約束法Ⅱ－ㄹ게요

□ 어디 [ɔːdi オディ] どこ

□ 가는지 [kanɯndʒi カヌンジ] 行くのか. 가다 (行く) のⅠ－는지. Ⅰ－는지は動詞や存在詞について「…するかどうか」の意を表す

□ 알아요 [arajo アラヨ] わかりますか. 알다 (わかる. 知る) のⅢ－요

□ 바람 [param パラム] 風

□ 속으로요 [soːɡɯrojo ソーグロヨ] 中へです. 속 (中. 奥) ＋－으로 (…へ) ＋丁寧化のマーカー －요

□ 하하하 [ha(h)a(h)a ハハハ] ははは (笑い声)

□ 이젠 [idʒen イジェン] 今や. もう. 이제 (今) ＋－는 (…は) の短縮形

□ 다 [taː ター] 副詞 みな. すっかり

□ 아시네요 [aːʃinejo アーシネヨ] おわかりですね. 알다 (わかる) のㄹが落ちた形＋尊敬の接尾辞－시－のⅠ＋感嘆法の語尾－네요. ㄹ活用については p.64

第14回　歌に抱かれて

● ライブコンサート場 (라이브 콘서트장)

ライブコンサート場. 2人, バイクから降りて.
(라이브 콘서트장. 두 사람, 오토바이에서 내려.)

チュノ: **마키 씨 한국가요 자주 들으시죠?**
マキさん,　　Kポップス,　　よく　　お聞きになるでしょう?

좋아하시죠 ?
お好きでしょう?

マキ: **네, 많이 듣죠.**
ええ,　よく　聞きます.

그런데 이런 곳은 처음이에요.
でも　　こんなところは　　初めてです.

チュノ: **라이브 공연장이에요.**
ライブ　公演場です.

여기서는 식사도 하면서
ここでは　　食事も　　しながら

가수들 노래도 생음악으로 들어요.
歌手たちの　歌も　　生で　　　聞くんですよ.

● ライブコンサート場の中 (라이브 콘서트장 안)

チュノ, 何かを書いてウェイターに渡す.
(준호, 무언가를 써서 웨이터에게 건네 준다.)

歌が1曲終わり, 歌手が客席に向かって話し始める.
(노래가 한 곡 끝나고 가수가 객석을 향해 이야기하기 시작한다.)

제 14 회　노래에 안겨

- [ ] 한국가요 [ha:ngukʔkajo ハーングクカヨ]〈韓國歌謠〉**韓国のポップス**．가요는「歌謠曲」のことではなく，いわゆる「ポップス」に近い
- [ ] 자주 [tʃadʒu チャジュ] **しょっちゅう．たびたび**
- [ ] 들으시죠 [tɯrɯʃidʒo トゥルシジョ] **お聞きになるでしょう？** 듣다（聞く）のⅡ+尊敬の接尾辞 -시- のⅠ+確認法の -죠．듣다はㄷ変格．Ⅰ) 듣-, Ⅱ) 들으-, Ⅲ) 들어-．このようにㄷ変格は，第Ⅱ語基と第Ⅲ語基で語幹のㄷがㄹに変わる ⇨ p.65
- [ ] 좋아하시죠 [tʃo:a(h)aʃidʒo チョーアハシジョ] **お好きでしょう？** 좋아하다（好きだ．好む）のⅡ+尊敬の接尾辞 -시- のⅠ+確認法の -죠
- [ ] 많이 [ma:ni マーニ] 副詞 **たくさん**
- [ ] 듣죠 [tɯtʔtʃo トゥッチョ] **聞きますよ**．듣다（聞く）のⅠ -죠
- [ ] 그런데 [kɯrɔnde クロンデ] **でも．だけど．ところで**
- [ ] 이런 [irɔn イロン] **こんな**．「そんな」は그런，「あんな」は저런，「どんな」は어떤
- [ ] 곳은 [gosɯn ゴスン] **ところは**．곳（ところ）+ -은（…は）
- [ ] 처음이에요 [tʃʰɔɯmiejo チョウミエヨ] **初めてです**．처음（はじめて）+指定詞 -이다のⅢ -요
- [ ] 라이브 공연장이에요 [raibɯ koŋjɔndʒaŋiejo ライブコンヨンジャンイエヨ]〈- 公演場 -〉**ライブ公演場です**
- [ ] 여기서는 [jɔgisɔnɯn ヨギソヌン] **ここでは**．여기（ここ）+ -서（…で）+ -는（…は）
- [ ] 식사도 [ʃikʔsado シクサド]〈食事 -〉**食事も**
- [ ] 하면서 [hamjɔnsɔ ハミョンソ] **しながら**．하다（する）のⅡ 면서．Ⅱ 면서は「…しながら」の意を表す接続形
- [ ] 가수들 [kasudɯl カスドゥル]〈歌手 -〉**歌手たち**．-들は直前の体言が複数であることを明示する．「…たち」
- [ ] 생음악으로 [sɛŋɯmaɡɯro センウマグロ]〈生音樂 -〉**生の音楽で**．생음악（生の音楽）+ -으로（…で：方法）．생음악はしばしば [쌩으막] と発音
- [ ] 들어요 [tɯrɔjo トゥロヨ] **聞きます**．듣다（聞く）のⅢ -요

第14回　歌に抱かれて

歌手: **네, 신청곡이 들어왔습니다.**
さあ，リクエストが入りました．

'바람 속에 꽃잎은 날아.'
「風の中に 花びらは舞い」

마키 씨, 어디 계세요?
マキさん，　　　どちらにいらっしゃいますか．

マキ，驚き，照れながら手を上げる．(마키, 놀라며 수줍은 듯이 손을 든다.)

歌手: **이름이 참 세련됐네요. 일본 분이세요?**
名前がとてもすてきですね．　　　日本の方でいらっしゃいますか．

이 노래 어떻게 아세요?
この　歌は　　どうして　　ご存知なんですか．

잘 안 들리는데요.
よく　聞こえませんが．

사랑은 국경도 초월하는 겁니다.
愛は　　　国境も　　越えるのです．

언제까지나 두 분의 사랑 영원하시길 빌면서,
いつまでも　　お二人の　　愛が　　永遠なることを祈りながら，

준호 씨의 신청곡 들려 드리겠습니다.
チュノさんの　　リクエスト曲を　　お聞かせいたします．

マキは歌と歌手に夢中になっている．チュノがマキの耳元に何か話す．マキ，隣を振り向いた瞬間，チュノの顔がすぐ目の前．歌が流れ，しばらく見つめあう2人．
(마키는 노래와 가수에 넋을 잃고 있다. 준호가 마키의 귀에 대고 뭔가를 속삭인다. 마키, 옆을 본 순간 준호의 얼굴이 바로 눈 앞에 있다. 노래가 흐르고 한참 둘은 서로를 바라본다.)

제 14 회　노래에 안겨

- [ ] 신청곡 [ʃintʃʰɔŋgok シンチョンゴク]〈申請曲〉**リクエスト曲**
- [ ] 들어왔습니다 [tɯrɔwaʔsɯmnida トゥロワッスムニダ] **入りました．入ってきました．**들어오다（入る）のⅢ＋過去接尾辞－ㅆ－のⅠ＋합니다体を作る－습니다
- [ ] 속에 [soge ソゲ] **中に．**奥に
- [ ] 꽃잎 [ʔkonniᵖ 꼰닙 コンニㇷ゚] **花びら．**꽃（花）＋잎（葉）の合成語．[꼰닙]とㄴの**挿入**が起こり，さらに[꼰닙]のように**口音の鼻音化**を起こしたもの ⇨ p.305, 306, 308
- [ ] 날아 [nara ナラ] **飛び．**날다（飛ぶ）のⅢ．書きことばにおける第Ⅲ語基は日本語の連用形に相当する形で「…し」の意
- [ ] 이름이 [irɯmi イルミ] **名前が．**이름＋－이（…が）
- [ ] 참 [tʃʰam チャム] 副詞　間投詞 **ほんとに**
- [ ] 세련됐네요 [se:rjɔnd(w)ɛnnejo セーリョンドェンネヨ]〈洗練－〉**洗練されてますね．しゃれてますね．**세련되다（洗練される）のⅢ＋過去接尾辞－ㅆ－のⅠ＋発見的な感嘆－네요
- [ ] 노래 [norɛ ノレ] **歌**
- [ ] 어떻게 [ɔʔtɔkʰe オットケ] **どのように**（方法）．**どうして**（理由）
- [ ] 아세요 [a:sejo アーセヨ] **ご存知ですか．**알다（知る）のⅠⅡ＋尊敬の接尾辞－시－のⅢである－세－＋해요体を作る語尾－요
- [ ] 안 들리는데요 [andɯllinɯndejo アンドゥルリヌンデヨ] **聞こえませんが．**들리는데요는들리다（聞こえる）の婉曲法Ⅰ－는데요
- [ ] 사랑은 [saraŋɯn サラヌウン] **愛は．**사랑（愛）＋－은（…は）
- [ ] 국경도 [kukᵏjɔŋdo ククキョンド]〈國境－〉**国境も．**국경（国境）＋－도（…も）
- [ ] 초월하는 [tʃʰowɔr(h)anɯn チョウォラヌン]〈超越－〉**超越する．**초월하다のⅠ－는連体形
- [ ] 겁니다 [gɔmnida ゴムニダ] **…のです．**거（の：依存名詞）＋指定詞－이다の합니다体ⅠⅡ－ㅂ니다
- [ ] 언제까지나 [ɔ:ndʒeʔkadʒina オーンジェッカジナ] **いつまでも．**언제까지도とは言わない
- [ ] 영원하시길 [jɔ:ŋwɔn(h)aʃigil ヨーンウォナシギル]〈永遠－〉**永遠ならんことを．**形容詞영원하다（永遠だ）のⅡ＋尊敬の接尾辞－시－のⅠ＋名詞化の－기＋－를（…を）の短縮形
- [ ] 빌면서 [pi:lmjɔnsɔ ピールミョンソ] **祈りながら．**빌다（祈る）のⅡ－면서．Ⅱ－면서は「…しながら」の意を表す接続形
- [ ] 들려 드리겠습니다 [tɯlljɔdɯrigeʔsɯmnida トゥルリョドゥリゲッスムニダ] **お聞かせいたします．**「들려 드리다」（お聞かせする）は「들려 주다」（聞かせてやる）の謙譲形．Ⅰ－겠－は話し手の意志を表す接尾辞

第15回 チウンの逆襲

● 大学のキャンパス (대학 캠퍼스)

キャンパスを歩いているチュノ．チウン，チュノを見かけて，走って来る．
(캠퍼스를 걷고 있는 준호．지은, 준호를 발견하고 뛰어온다．)

チウン： **준호 선배．**
　　　　チュノ　先輩．

チュノ： **어 , 지은아．**
　　　　おお．チウン．

チウン： **어제 시험 잘 봤어요 ?**
　　　　昨日，試験　うまく行きました？

チュノ： **그럼．**
　　　　もちろん．

チウン： **어제는 뭐예요 ? 바에까지 왔었죠．**
　　　　昨日は　何なんですか．バーまで　来てたでしょ．

チュノ： **어．**
　　　　うん．

チウン： **근데 왜 안 들어왔어요 ?**
　　　　なのに　どうして　入って来なかったんですか．

　　　　마키 씨하고는 어디 갔어요 ?
　　　　マキさんとは　　　どこか　行ったんですか．

チュノ： **아니 , 그냥…．**
　　　　いや，　ただ…

第15回 지은의 역습

- □ 지은아 [tɕiɯna チウナ] **チウン**．지은（チウン：人名）＋ －아（呼びかけ）．目下のものや同年輩以下の親しい友人に呼びかけるのに，－아／－야を用いる．子音で終わる名につく－아は，必ず終声の初声化を起こす：

呼びかけの マーカー	母音で終わる名に	－야 [ja ヤ]	チュノヤ 준호야	チュノ！
	子音で終わる名に	－아 [a ア]	チウナ 지은아	チウン！

- □ 어제 [ɔdʑe オジェ] 昨日
- □ 시험 [ɕi(h)ɔm シホム]〈試験〉試験
- □ 잘 [tɕal チャル] 副詞 よく．うまく．上手に
- □ 봤어요 [pwaʔsɔjo プァーッソヨ]（試験を）受けましたか．見ましたか．보다（見る）のⅢ＋過去接尾辞 －ㅆ－ のⅢである －ㅆ어 － ＋해요体を作る語尾 －요．「試験を受ける」は「시험을 보다」
- □ 그럼 [kɯrɔm クロム] 間投詞 もちろん．そうだとも． 接続詞 じゃあ．では
- □ 바에까지 [paeʔkadʑi パエッカジ] バーにまで．바（バー）＋ －에（…に）＋ －까지（…まで）
- □ 왔었죠 [waʔsɔʔtɕo ワッソッチョ] 来てたでしょ．오다（来る）のⅢである 와 ＋大過去接尾辞 －ㅆ었 －（…していた）のⅠ＋確認法の語尾 －죠（…でしょう？）
- □ 근데 [kɯnde クンデ] なのに．ところで．で
- □ 들어왔어요 [tɯrɔwaʔsɔjo トゥロワッソヨ] 入ってきましたか．들어오다（入ってくる）のⅢ들어와＋過去接尾辞 －ㅆ－ のⅢである －ㅆ어 － ＋해요体を作る －요
- □ 마키 씨하고는 [makʰiʔɕi(h)agonɯn マキッシハゴヌン] マキさんとは．－하고（…と）＋ －는（…は）
- □ 어디 [ɔdi オディ] どこか（不定）．どこ（疑問）．疑問詞の多くはこのように「どこ」のような疑問の意味と「どこか」といった不定の意味の両方で使える．「어디 갔어요？」全体のイントネーションで意味を区別する
- □ 갔어요 [kaʔsɔjo カッソヨ] 行きましたか．가다のⅢ가－＋過去接尾辞 －ㅆ－ のⅢである －ㅆ어 － ＋해요体を作る語尾 －요
- □ 그냥 [kɯnjaŋ クニャン] ただ．何となく．ただで．そのまま

第15回　チウンの逆襲

チウン，チュノの気配を伺いながら，おそるおそる尋ねる．(지은은 준호의 표정을 살피며 조심스럽게 물어본다 .)

チウン: **선배 , 혹시… 마키 씨… 좋아해요 ?**
　　　　先輩，　　ひょっとして，マキさん，　　好きなんですか．

チュノ: **아니…, 아 참 , 나 지금 수업이거든 .**
　　　　いや…，　あ，そうだ，俺さ，今，　授業なんだ．

チウン: **선배 , 내일 내 생일이에요 .**
　　　　先輩，　　明日　　私の　誕生日ですよ．

알아요 ? 모르죠 ?
わかってますか．　知らないでしょ？

チュノ: **아, 정말? 이야, 그럼 생일 잔치 해야겠네.**
　　　　お，　ほんと？　いやー，　じゃあ，　誕生パーティしないとな．

チウン，愛想よく，チュノと腕を組みながら，
(지은 , 애교스럽게 준호의 팔짱을 끼며 ,)

チウン: **선배, 나 선배한테 생일 선물 받고 싶어요.**
　　　　先輩，　私，　先輩に　　誕生日のプレゼントもらいたいんです．

チュノ: **뭘 받고 싶으세요 ?**
　　　　何が　お望みでしょうか．

제일 아끼는 후배의 생일인데
一番　大切にしている　後輩の　　誕生日だから．

당연히 사 드려야지요 .
当然　　　　プレゼントさせていただきませんと．

微笑むチウン．(미소 짓는 지은 .)

220

제 15 회 지은의 역습

- [ ] 혹시 [hokʔɕi ホクシ]〈或是〉ひょっとして．もしや．まさか
- [ ] 좋아해요 [tʃoːa(h)ɛjo チョーアヘヨ] 好きですか．좋아하다(好きだ．好む)のⅢである 좋아해 － ＋ 해요체를 만드는 어미 － 요．합니다체라면 좋아합니까？となる
- [ ] 아니 [ani アニ] 間投詞 いや
- [ ] 참 [tʃʰam チャム] 間投詞 そうだ． 副詞 ほんとに．思い出したときなどに用いる
- [ ] 수업이거든 [suɔbigɔdɯn スオビゴドゥン]〈授業 －〉授業なんだけどね．수업(授業) ＋ 指定詞 － 이다 のⅠ＋ － 거든(…なんだけど：根拠)．－ 거든은 根拠法 － 거든요의 非敬意体
- [ ] 내 [nɛ ネ] 私の．ぼくの．非謙讓形 나(私．ぼく)に対しては 내(私の．ぼくの)，謙讓形 저(私)に対しては 제(私の)となる
- [ ] 생일 [sɛŋil セニル]〈生日 －〉誕生日
- [ ] 알아요 [arajo アラヨ] わかっていますか．知っていますか．알다 (わかる．知る)のⅢ알아 － ＋ 해요체를 만드는 어미 － 요．ㄹ活用は ⇨ p.64
- [ ] 모르죠 [morɯdʒo モルジョ] 知らないでしょう？ 모르다 (知らない．わからない)のⅠ＋確認法の語尾 － 죠
- [ ] 이야 [ija イヤ] 間投詞 いやー．ほんと
- [ ] 잔치 [tʃantʃʰi チャンチ] 宴(うたげ)．パーティ
- [ ] 해야겠네 [hɛjagenne ヘヤゲンネ] しなくちゃな．하다(する) のⅢ해 ＋ － 야겠 －(…しなくては) ＋ － 네(…だなあ：感嘆)
- [ ] 선배한테 [sɔnbɛ(h)antʰe ソンベハンテ]〈先輩 －〉先輩に．선배(先輩) ＋ － 한테(…に)．－ 한테는 話しことば的な形．－ 에게는 書きことば的な形
- [ ] 선물 [sɔːnmul ソーンムル]〈膳物〉贈り物．プレゼント
- [ ] 받고 싶어요 [paʔkoɕipʰɔjo パッコシポヨ] もらいたいです．받다(もらう)のⅠ＋「－ 고 싶다」のⅢ싶어 － ＋ － 요．「Ⅰ－ 고 싶다」は「…したい」
- [ ] 받고 싶으세요 [paʔkoɕipʰɯsejo パッコシプセヨ] お受け取りになりたいですか「받고 싶다」の해요체
- [ ] 제일 [tʃeːil チェーイル]〈第一〉 副詞 名詞 一番
- [ ] 아끼는 [aʔkinɯn アッキヌン] 大事にする．아끼다(大事にする)のⅠ－ 는
- [ ] 생일인데 [sɛŋirinde セニイリンデ]〈生日 －〉誕生日だけど．생일 ＋指定詞 － 이다の Ⅱ＋接続形 － ㄴ데(…なのに)
- [ ] 당연히 [taŋjɔn(h)i タンヨニ]〈當然 －〉 副詞 当然
- [ ] 사 [sa サ] 買って．사다(買う)のⅢ．사다はⅠⅡⅢとも 사 － ⇨ p.55
- [ ] 드려야지요 [tɯrjɔjadʒijo トゥリョヤジヨ] さしあげなくてはなりません．謙讓語．드리다(さしあげる)のⅢ드려 － ＋ － 야 ＋ － 지요．－ 지요는 － 죠의 書きことば形．ここではチュノはわざとチウンに謙讓語を使い，改まった表現をしている

第15回　チウンの逆襲

●語学堂の前 (어학당 앞)

授業が終わり，皆帰るところである．ソグ，マキのところへやって来る．(수업이 끝나고 모두 돌아갈 준비를 한다 . 석우 , 마키 쪽으로 온다 .)

ソグ：**이거 .**
これ．

昨日，バーに置いたままだったマキのカバン．マキ，申し訳なさそうに受け取る．(어제 바에 두고 간 마키의 가방 . 마키 , 미안해하며 받아 든다 .)

ソグ：**어제 어떻게 된 거야 ?**
昨日は　どうなっちゃったんだ？

マキ：**…**

ソグ：**너 , 준호 씨… 좋아하니 ?**
おまえさ，チュノさん，　好きなの？

マキ：**아니 , 뭐 , 그냥 . 몰라요 .**
いえ，　　　だって，　もう．　　知りません．

왜 그런 걸 물으세요 .
何だってそんなこと　聞くんですか．

ソグ：**아니 , 준호 씨 참 괜찮은 사람이더라 .**
いや，　　チュノさん，　ほんとなかなかの人だなあって．

신념도 확실하고 책임감도 강하고 .
信念も　　確かで，　　責任感も　　　強いし．

マキ，顔を下げる．ソグ，微笑む．
(마키 , 고개를 숙인다 . 석우 , 미소 짓는다 .)

제15회 지은의 역습

- [ ] 어떻게 [ɔʔtɔkʰe オットケ] どのように．どう
- [ ] 된 거야 [t(w)engɔja トェンゴヤ] なったんだ？ 되다（なる）のⅡ－ㄴ（…した：過去連体形）＋거（…の：依存名詞）＋指定詞－이다のⅢである이야の－이－が脱落．「Ⅱ－ㄴ 거야」は「…したの？」
- [ ] 너 [nɔ ノ] おまえ．君．目下や同年輩以下の親しい友人に用いる．「おまえが」は「네가」だが，普通「니가」という
- [ ] 좋아하니 [tʃoːa(h)ani チョーアハニ] 好きなの．Ⅰ－니は疑問を表す非敬意体の語尾．明らかな目下や同年輩以下の親しい友人に用いる
- [ ] 몰라요 [mollajo モルラヨ] 知りません．모르다（知らない．わからない）のⅢ몰라＋해요体を作る語尾－요
- [ ] 그런 [kɯrɔn クロン] そんな
- [ ] 물으세요 [murɯsejo ムルセヨ] お尋ねになるのですか．묻다（尋ねる）のⅡ＋尊敬の接尾辞－시－のⅢである－세－＋해요体を作る－요．묻다はㄷ変格で，Ⅰ）묻－，Ⅱ）물으－，Ⅲ）물어－ と活用 ⇨ p.65
- [ ] 괜찮은 [kwɛntʃʰanɯn クェンチャヌン] 悪くない．なかなか良い．構わない．괜찮다（悪くない．構わない）の連体形Ⅱ－ㄴ
- [ ] 사람이더라 [saːramidɔra サーラミドラ] 人だったよ．사람（人）＋指定詞の－이다のⅠ＋－더라．－더라は「…だったよ」という，体験法の非敬意体の語尾で，聞き手の知らない話し手の体験を語るのに用いる
- [ ] 신념 [ʃiːnnjʌm シーンニョム]〈信念〉信念
- [ ] 확실하고 [hwakʔʃirago ファクシラゴ]〈確實－〉確かで．確実だし．확실하다（確かだ）のⅠ－고（…だし．…して）．Ⅰ－고はことがらの並列を表す接続形
- [ ] 책임감 [tʃʰɛgimgam チェギムガム]〈責任感〉責任感
- [ ] 강하고 [kaŋ(h)ada カンハゴ]〈强－〉強く．強いし．形容詞강하다（強い）のⅠ－고でことがらの並列を表す．ここでは接続形で文を終えている．接続形で文を終えるのを丁寧にするには강하고요のように，丁寧化のマーカー－요/－이요を用いる

第15回　チウンの逆襲

ソグ: **참 내일 지은 씨 생일이래.**
あ，そうだ，明日，チウンさんの誕生日だって．

マキ: **아, 맞다. 내일이네요. 생일 선물 뭘 하죠?**
あ，　ほんと．　明日ですね．　　　プレゼント，　何にしましょうか．

ソグ: **지은 씨 목걸이를 받고 싶대.**
チウンさん，　ネックレスが　　ほしいんだってさ．

내일 가게에서 같이 골라 달라고 하는데, 같이 갈래?
明日，店で　　　一緒に 選んでくれって言ってるんだけど，一緒に行く？

マキ: **네, 내일 같이 골라요.**
ええ，　明日　　一緒に　　選びましょう．

그럼 목걸이도 사고,
じゃ，　ネックレスも　　　買って，

저녁 때 생일 파티도 해요.
夕食に　　　お誕生　パーティーも　しましょう．

●アクセサリー店 (액세서리 가게)

　次の日．アクセサリーの店の中．店は全面ガラス張り．(다음날, 액세서리 가게 안. 가게는 전면이 유리로 되어 있다.)
　チュノとチウン，アクセサリーを一緒に見ている．　(준호와 지은이 함께 액세서리를 보고 있다.)
　チウン，ずっと時計と外を気にしながら，うわの空でチュノと話している．(지은은 계속 시계와 밖을 보며 건성으로 준호와 이야기를 나누고 있다.) そのとき，遠くからソグとマキが歩いてくるのが見える．(그 때 멀리서 석우와 마키가 걸어오는 것이 보인다.)

224

第 15 回　지은의 역습

☐ 생일이래 [sɛŋirirɛ センイリレ]〈生日 −〉**誕生日だって**. −이래는 지정사 −이다의 인용형의 비경의체. 경의체라면 −이래요となる

☐ 맞다 [matʔta マッタ]　形容詞　そうだ. ほんと.　動詞　合う. ここでは形容詞 맞다（そうだ）のⅠ−다で, 한다体. 間投詞的に用い, 感嘆を表している. 한다体は書きことばに用いる基本的な文体だが, 話しことばでは主として非敬意体の文体に混ぜて, 感嘆や宣言などの意を表すのにしばしば用いられる. 한다体は받는다（受け取る）のように子音語幹の動詞にはⅠ−는다, 간다（行く）のように母音語幹の動詞ではⅡ−ㄴ다という形で作る. 形容詞, 存在詞, 指定詞, 接尾辞Ⅲ−ㅆ−やⅠ−겠−のあとではⅠ−다, すなわち辞書形と同じ形となる. 좋다（いい）, 있다（ある）, 생일이다（誕生日だ）, 했다（した）

☐ 내일이네요 [nɛirinejo ネイリネヨ]〈來日 −〉**明日ですね**. 내일（明日）+ 指定詞の −이다のⅠ + 感嘆法の語尾 −네요

☐ 목걸이 [mokʔkɔri モッコリ] **ネックレス**. 首飾り. 목は「首」, 걸이は「掛けるもの」

☐ 받고 싶대 [patʔkoɕipʔtɛ パッコシプテ] **もらいたいんだって**. 받고는 받다（もらう）のⅠ + −고.「Ⅰ−고 싶다」は「…したい」. 싶대는Ⅰ−대（…だって）で, 形容詞の引用形

☐ 가게에서 [ka:geesɔ カーゲエソ] **店で**. 가게（店）+ −에서（…で）

☐ 골라 달라고 하는데 [kolladallago hanunde コルラダルラゴ ハヌンデ] **選んでくれって**いうんだけど. 골라는 고르다のⅢ. 르変格. 하는데는 하다（…と言う）の接続形Ⅰ−는데

☐ 갈래 [kallɛ カルレ] **行く?** Ⅱ−ㄹ래는 話しの現場における聞き手の意向を尋ねる形で, 非敬意体. 敬意体ならⅡ−ㄹ래요という形になる

☐ 골라요 [kollajo コルラヨ] **選びましょう**. 고르다（選ぶ）のⅢ골라 − + 해요体を作る語尾 −요. 고르다はⅠ）고르−, Ⅲ）골라 − と活用. 르変格 ⇨ p.65

☐ 사고 [sago サゴ] **買って**. 사다（買う）の接続形Ⅰ−고

☐ 저녁 [tɕɔnjok チョニョク] **夕食**. 夕方

☐ 때 [ʔtɛ ッテ] **時**

☐ 파티 [pʰatʰi パティ] **パーティー**

第15回　チウンの逆襲

チウン：**오빠 나 이걸로 하고 싶어요．**
　　　　先輩，　私，これに　　　　したいな．

チュノ：**어, 그래．예쁜데．**
　　　　あ，　そう．　　かわいいな．

　　　　지은이한테 잘 어울리겠다．
　　　　チウンに　　　　　よく 似合いそうだ．

　　　　저기요．이것 좀．
　　　　すみません．　これちょっと．

チウン：**오빠가 좀 해 주세요．**
　　　　先輩が　　ちょっとつけて．

　　チュノ，腕を回してチウンの首にネックレスをかけてあげる．チュノがチウンを抱いているようなポーズ．その瞬間，店に入ろうとしていたマキ，それを見てしまう．(준호, 팔을 벌려 지은이의 목에 목걸이를 걸어 준다. 준호가 지은을 안고 있는 듯한 포즈. 그 순간 가게에 들어서려던 마키가 그 장면을 목격한다.) マキの後ろを歩いてきたソグ，驚くマキの姿を見て，中を覗き見る．(마키의 뒤를 따라온 석우, 놀라는 마키를 보고 가게 안을 들여다본다.)
　チウンは何か自慢げに，わざと大きく笑ったり，幸せそうに振舞う．(지은은 뽐내려는 듯 일부러 크게 웃고 보란듯이 행복한 모습을 보인다.)
　マキ，突然，逃げるように，帰ってしまう．後を追うソグ．
(마키, 갑자기 도망치듯 돌아가 버린다. 뒤를 쫓는 석우.)

제 15 회　지은의 역습

- [ ] 이걸로 [igɔllo イゴルロ] これで．これに．이것（これ）＋－으로（…で．…に）の短縮形
- [ ] 하고 싶어요 [hagoʃipʰɔjo ハゴシポヨ] したいです．「Ⅰ－고 싶다」で「…したい」という**願望**を表す．싶어요は싶다のⅢ－요．싶다は**補助形容詞**で，これだけでは用いず，必ず前に動詞や存在詞のⅠ－고形を必要とする．ここでは前に하다のⅠ－고形である하고がついている
- [ ] 그래 [kɯrɛ クレ] そう．そうなの
- [ ] 예쁜데 [jeːʔpʼunde イェープンデ] [jeːʔpʼunde イェープンデ] かわいいな．예쁘다（かわいい）のⅡ－ㄴ데婉曲法の非敬意体．敬意体はⅡ－ㄴ데요
- [ ] 지은이 [tʃiɯni チウニ] チウン．-이は**子音で終わる名の後ろにつけて，親しさ，かわいさなどを表す**．子供や目下の者，同年輩以下の親しい友人に用いる．政治家などの名につけて，逆に軽蔑感などを表したりもする．母音で終わる名の後ろにつける，これに相当する形はない．なお，呼びかけには用いず，呼びかける際は지은아！や준호야！のように－아/－야を用いる　⇨ 呼びかけのマーカー p.219
- [ ] 어울리겠다 [ɔulligeʔta オウルリゲッタ] 似合いそうだ．어울리다（似合う）のⅠ＋将然判断の接尾辞－겠－（…そうだ）＋－다（…だ）．Ⅰ－다は한다体の語尾．感嘆を表す
- [ ] 해 주세요 [hɛdʒusejo ヘジュセヨ] してください．해は하다（する）のⅢ．「Ⅲ 주다」で「…してくれる」「…してやる」．주세요は주다のⅡ－세요で，尊敬形の命令の해요体．なお，Ⅰ－죠などのようにㅈで**始まる語尾は第Ⅰ語基につくが，주다は語尾ではなく独立した単語**なのでこれには該当しないことに注意．また前の動詞の第Ⅲ語基と주다の間は，いずれも単語なので，離して書く．つまり分かち書きをする．Ⅰ－죠のようにハイフン「－」がついているところは分かち書きをせず，つけて書く

第16回 破局

●語学堂の前 (어학당 앞)

チュノ, マキを待っている. (준호 , 마키를 기다리고 있다 .)
授業が終わり, マキとソグ, 出てくる. (수업이 끝나고 마키와 석우가 나온다 .)
ソグ, チュノを見て, 軽く会釈して先に行く. (석우 , 준호를 보고 가볍게 인사하고 먼저 간다 .)

チュノ: 마키 씨 , 왜 그래요 ? 무슨 일 있었어요 ?
マキさん, どうしたんですか. 何かあったんですか.

マキ: 일은 무슨 일이요 .
何かって, 何があるっていうんですか.

チュノ: 그런데 요즘에 왜 전화도 안 받고 그래요 ?
だって 最近, どうして 電話も 取らなかったりしてるんですか.

マキ: 저희 지은 씨하고 약속이 있어요 .
私 チウンさんと 約束が あるんです.

マキ, さっさと歩いて行ってしまう. (마키 , 쌀쌀맞게 가 버린다 .)

チュノ: 마키 씨 !
マキさん!

去っていくマキの後ろで叫ぶ. (가 버리는 마키 뒤에서 외친다 .)

第16回　파국

- [ ] 그래요 [kɯrɛjo クレヨ] 〔動詞〕そうするんですか．〔形容詞〕そうなんですか．動詞그러다（そうする．そう言う）のⅢ－요と形容詞그렇다（そうだ）のⅢ－요のいずれも그래요という同じ形になる．また第Ⅱ語基でも同形の그러－となる．그렇다は ㅎ [ヒウッ] 変格活用．⇨ p.65

			Ⅰ	Ⅱ	Ⅲ
그러다	動詞	そうする．そう言う	그러 -		그래 -
그렇다	形容詞	そうだ	그렇 -	그러 -	그래 -

「왜 그래요?」は「なぜそうするのですか」「なぜああなのですか」で，「どうしたんですか」「なぜですか」ほどの意でよく用いられる

- [ ] 무슨 [musɯn ムスン] 何の．どんな．「무슨 일」（何のこと．どんなこと）は [무슨닐] のようにㄴの挿入を起こす．「무슨 일 (이) 있었어요 ?」で「何かあったんですか」
- [ ] 일이요 [iːrijo イーリヨ] ことですか．일（こと）+丁寧化のマーカー －이요．「일은 무슨 일이요」は逐語訳すると「ことってなんのこと」だが，「変わったことって，どんなことがあるというのですか」の意．「A がどうのこうの」と言われて，「A- 는 무슨 A」は，「A って何のこと」とか「A だなんて」と，反問したり，反語的に否定したりするのに用いる
- [ ] 요즘에 [jodʑɯme ヨジュメ] 近頃． － 에（…に）は時を表す体言につけ，副詞的に用いる場合につける
- [ ] 전화 [tɕʰɔːn(h)wa チョーヌァ]〈電話〉電話
- [ ] 받고 [patʔko パッコ] 受けて．(電話を) 取って．받다（受ける）のⅠ－고．「電話を取る」「電話に出る」は「전화를 받다」という．「전화에 나오다」とはいわない
- [ ] 그래요 [kɯrɛjo クレヨ] そうするんですか．그러다のⅢ－요．「Ⅰ－고 그러다」は「…したりする」．「일요일에는 어머니한테 전화도 하고 그래요 .」「日曜日には母に電話もしたりします」
- [ ] 저희 [tɕʌi チョイ] 私たち（謙譲語）
- [ ] 약속 [jakʔsok̚ ヤクソク]〈約束〉約束

第16回　破局

●喫茶店 (카페)

マキはソグとチウンが待っている喫茶店に入る．チウンの首から輝いているネックレス．(마키는 석우와 지은이 기다리고 있는 카페에 들어간다．지은의 목에서 반짝이는 목걸이．)

マキの表情が強張っている．それに気づいたソグ，話を始めようとするが．(마키의 표정이 굳어진다．이를 눈치챈 석우가 뭔가 말을 꺼내려고 하는데．)

マキ: **저 정말 미안한데요 .**
私，ほんとに　ごめんなさい．

몸이 좀 안 좋아서 먼저 갈게요 .
体の具合が　　悪いので，　　　　お先に失礼します．

죄송해요 .
すみません．

喫茶店を後にするマキ．マキの後ろ姿を見ながら何かを考え込むチウン．ソグ，マキについて行く．(커피숍을 나가는 마키．마키의 뒷모습을 보며 무엇인가 생각에 잠기는 지은．석우, 마키를 뒤쫓아간다．)

ソグ: **마키야 .**
マキ！

マキ，振り向く．(마키，돌아 본다．)

ソグ: **준호 씨 피하지만 말고**
チュノさん，　避けてばかりいないで．

만나서 얘기해 봐 .
会って　　話してごらんよ．

マキ: **무슨 얘기요 ?**
何の　話？

제 16 회　파국

- [ ] 카페 [kʰapʰe ~ ˀkapʰe カペ] **コーヒーショップ．喫茶店**
- [ ] 미안한데요 [mian(h)andejo ミアナンデヨ]〈未安 −〉**すみませんが**．形容詞미안하다（すまない）の接続形Ⅱ−ㄴ데＋丁寧化のマーカー−요．ここは婉曲法の終止形語尾と接続形語尾に丁寧化のマーカー−요がついた形は同じⅡ−ㄴ데요となる．文がそこで終わるかどうかで判別するが，判然としない場合も多い
- [ ] 몸 [mom モム] **体．身**
- [ ] 좋아서 [tʃoːasɔ チョーアソ] **良くて**．좋다の Ⅲ−서（…ので：原因を表す接続形）．「안 좋아서」で「良くなくて」．このように形容詞や否定形の用言がⅢ−서という接続形になると，ほとんどが原因を表す
- [ ] 먼저 [mɔndʒɔ モンジョ] 副詞 **先に．**名詞 **先**
- [ ] 갈게요 [kalˀkejo 갈께요 カルケヨ] **行きますから**．가다（行く）のⅡ−ㄹ게요で約束法．−ㄹ게요は常に[ㄹ께요]と発音
- [ ] 죄송해요 [tʃweːsoŋ(h)ɛjo チェーソンヘヨ]〈罪悚 −〉**すみません**．죄송하다（申し訳ない）のⅢ−요で해요体．親しい人への謝罪には해요体でよいが，目上の人や見知らぬ人には합니다体の죄송합니다がよい
- [ ] 마키야 [makʰija マキヤ] **マキ！（呼びかけ）**．母音で終わる単語には−야，子音で終わる単語には−아を用いる⇨呼びかけのマーカー．p.219
- [ ] 피하지만 말고 [pʰiː(h)adʒiman maːlgo ピーハジマン マールゴ]〈避 −〉**避けてばかりいないで**．피하다（避ける）の「Ⅰ−지 말다」に−만（…ばかり，…だけ）がつき，Ⅰ−고の接続形となったもの
- [ ] 만나서 [mannasɔ マンナソ] **会って**．만나다（会う）の Ⅲ−서（…して：動作の先行を表す接続形）．このように動詞につくⅢ−서は，動作の先行を表すことが多い．만나다は語幹がㅏで終わっているのでⅠⅡⅢとも만나−⇨p.55
- [ ] 얘기해 [jɛːgi(h)ɛ イェーギヘ] **話して**．얘기하다（話をする）のⅢ
- [ ] 봐 [pwaː プァー] **みて**．보다（みる：補助動詞）のⅢ．「Ⅲ 보다」は「…してみる」
- [ ] 얘기요 [jɛːgijo イェーギヨ] **話ですか**．얘기（話）＋丁寧化のマーカー−요

第 16 回　破局

ソグ： **지은 씨하고는 어떤 사이인지.**
　　　チウンさんとは　　　どんな　間柄なのか．

マキ： **싫어요. 내가 그런 걸 왜 물어봐요.**
　　　いやです．　私が　　何だってそんなこと　聞くんですか．

ソグ： **아무 것도 아닌데**
　　　何でもないのに，

　　　니가 오해하고 있는 건지도 모르잖아.
　　　君が　　誤解してるのかもしれないじゃないか．

黙って去ってしまうマキ．(아무 말 없이 가 버리는 마키 .)

● 図書館の前 (도서관 앞)

　考え込んで道を歩いているマキ．着いたところは図書館の前．ソグの話を聞いてチュノに会いに来たのである．見ると，チュノとチウンが立って話している．瞬間，表情の強張るマキ．(생각에 잠긴 채 길을 걷는 마키 . 도착한 곳은 도서관 앞 . 석우의 이야기를 듣고 준호를 만나러 온 것이다 . 도서관 앞에서 준호와 지은이 서서 이야기를 나누고 있다 . 두 사람을 본 순간 얼굴이 굳어지는 마키 .)

チウン： **선배 , 마키 씨… 좋아하세요?**
　　　　先輩，　マキさん，　　好きなんですか．

チュノ： **……응.**
　　　　……うん．

チウン： **선배 , 나 선배 좋아해요.**
　　　　先輩，　私，先輩のこと好きです．

　　　　아주 오래 전부터. 알아요?
　　　　ずっと　前から．　知ってましたか．

- [ ] 어떤 [ɔˀtʌn オットン] どんな
- [ ] 사이인지 [saiindʒi サイインジ] **間柄なのか**. 사이（間柄）＋指定詞 － 이다のⅡ＋ －ㄴ지（…なのか）
- [ ] 싫어요 [ʃirɔjo シロヨ] **嫌です．嫌いです**. 싫다（嫌だ）のⅢ－요
- [ ] 내가 [nɛga ネガ] **私が．ぼくが**. 나（私）＋ －가（…が）は내가という形になる．その謙譲形は제가（わたくしが）
- [ ] 그런 [kɯrɔn クロン] **そんな．そういう**
- [ ] 걸 [gɔl ゴル] **のを．ことを**. 것（の：依存名詞）＋ －을（…を）の短縮形
- [ ] 물어봐요 [murɔbwa:jo ムロブァーヨ] **尋ねてみるのですか．尋ねるのですか**. 물어보다（尋ねる）のⅢ－요. 묻다（尋ねる）はⅠ）묻－, Ⅱ）물으－, Ⅲ）물어－と活用. ㄷ変格.「Ⅲ 보다」で「…してみる」だが，ここでは「試しに…する」の意は薄れ,「물어보다」全体で1つの「尋ねる」という動詞のようになってしまっている
- [ ] 아무 것도 [a:mugɔˀto アームゴット] **何も**（…ない）．後ろに否定を伴う
- [ ] 아닌데 [aninde アニンデ] **（…では）ないのに**. 指定詞아니다のⅡ－ㄴ데（…なのに：接続形）
- [ ] 니가 [niga ニガ] **お前が．君が**. 너（お前）＋ －가（…が）は네가という形が標準語だが, 내가（私が）と区別できないこともあって, 話しことばでは니가というのが普通
- [ ] 오해하고 있는 [o:(h)ɛ(h)agoinnɯn オーヘハゴインヌン] 〈誤解 －〉**誤解している**. 오해하다（誤解する）のⅠ－고＋있다.「Ⅰ－고 있다」（…している）が 있는 とⅠ－는 連体形になって次의 거（の：依存名詞）を修飾している
- [ ] 건지도 [gɔndʒido ゴンジド] **のかも．のであるのかも**. 거（の：依存名詞）＋指定詞 － 이다（…である）のⅡ＋ －ㄴ지도（…のかも）
- [ ] 모르잖아 [morɯdʒaja モルジャナ] **知らないじゃないか**. 모르다（知らない）のⅠ－잖아.「Ⅱ－ㄴ지도 모르다」で「…なのかもしれない」
- [ ] 좋아하세요 [tʃo:a(h)asejo チョーアハセヨ] **お好きですか**. 좋아하다（好きだ）のⅡ－세요
- [ ] 좋아해요 [tʃo:a(h)ɛjo チョーアヘヨ] **好きです**. 좋아하다 のⅢ－요
- [ ] 아주 [adʒu アジュ] **とても**
- [ ] 오래 [orɛ オレ] **長い間．ずっと**
- [ ] 전부터 [tʃɔnbutʰɔ チョンブト] 〈前 －〉**前から**. 전（前）＋ －부터（…から）
- [ ] 알아요 [arajo アラヨ] **知っていますか**. 알다（知る．わかる）のⅢ－요

第16回 破局

チュノ: **지은아.**
　　　　チウン.

チウン: **우리 엄마 돌아가셨을 때, 내가 모든 걸 다**
　　　　うちのお母さんが亡くなったとき, 　　私が　　全部

　　　　포기하려고 했을 때 같이 더 열심히 하자고 했잖아요.
　　　　投げ出そうとしたとき, 一緒にがんばろうって言ってくれたじゃないですか.

チュノ: **지은아,**
　　　　チウン.

チウン: **나 선배의 그 얘기가 있어서**
　　　　私, 先輩の　　あの ことばが　　あったから,

　　　　뭐든지 열심히 했어요.
　　　　何だって　　　がんばったんです.

　　　　그런데 나 이제 와서 어떻게 해요. (울음)
　　　　なのに,　 私, 今になって,　　どうしたらいいんですか.（泣）

　チュノ, チウンの両肩に手をやって一生懸命チウンをなだめている. 遠くから見ているマキ. チュノが首を上げた時, 遠くのマキと目が合う.（준호, 지은이의 어깨를 붙잡고 열심히 지은을 달랜다. 멀리서 보고 있는 마키. 준호가 고개를 들자 멀리 서 있는 마키와 눈이 마주친다.）

　チュノ, マキを呼びながら走って行く. マキ, 逃げるように走って去る.（준호, 마키를 부르며 뛰어간다. 마키, 도망치듯 뛰어가 버린다.）

チュノ: **마키 씨, 마키 씨!**
　　　　マキさん,　　マキさん!

제 16 회　파국

- [ ] 지은아 [tʃiɯna チウナ] **チウン**（呼びかけ）．**呼びかけのマーカー** - 아 / - 야
⇨ p.219
- [ ] 엄마 [ɔmma オムマ] **ママ．お母さん．**어머니（お母さん．母）の幼児語だが，親しい間柄では大人でも用いる．子供が 1 人しかいなくても「내 엄마」（私のママ）ではなく普通「우리 엄마」（私たちのママ＝うちのママ）のようにいう．謙譲語は「저희 엄마」
- [ ] 돌아가셨을 때 [toragaʃɔˀsulˀtɛ トラガショッスルテ] **お亡くなりになったとき．**돌아가시다は돌아가다（帰って行く）の尊敬語だが，「死ぬ」の尊敬語「お亡くなりになる」としても用いる．なお，身内でない外の人に対してもこのように尊敬語を用いる．ここでは돌아가시다のⅢ - 돌아가셔 - ＋ 連体形 - ㅆ을．「Ⅲ - ㅆ을 때」で「…したとき」
- [ ] 모든 [mo:dɯn モードゥン] 冠形詞 **すべての．**「모든 걸」で「すべてのものを」「あらゆることを」
- [ ] 포기하려고 [pʰogi(h)arjogo ポギハリョゴ]〈抛棄 -〉**あきらめようと．放棄しようと．投げ出そうと．**포기하다（放棄する）のⅡ - 려고（…しようと：接続形）
- [ ] 했을 [hɛːˀsul ヘッスル] **した**（連体形）．하다のⅢ＋ㅆ을．「Ⅲ - ㅆ을 때」で「…したとき」
- [ ] 더 [tɔ ト] 副詞 **より．もっと**
- [ ] 열심히 [jɔlˀʃim(h)i 열씨미 ヨルシミ]〈熱心 -〉**一生懸命**
- [ ] 하자고 [hadʒago ハジャゴ] **しようと．**하다（する）のⅠ - 자고（…しようと）
- [ ] 했잖아요 [hɛːˀtʃanajo ヘーッチャナヨ] **言ったじゃないですか．**하다（言う．する）のⅢである해 + 過去接尾辞 - ㅆ - のⅠ + - 잖아요（…じゃないですか）
- [ ] 얘기 [jeːgi イェーギ] **話．**이야기の話しことば形
- [ ] 있어서 [iˀsɔsɔ イッソソ] **あるので．あるから．**있다（ある）のⅢ - 서（…なので；原因を表す接続形）
- [ ] 뭐든지 [mwɔːdɯndʒi ムォードゥンジ] **何でも．**뭐（何）＋ - 든지（…でも）
- [ ] 했어요 [hɛːˀsojo ヘーッソヨ] **しました．**하다のⅢ＋過去接尾辞 - ㅆ어 - ＋ - 요
- [ ] 이제 [idʒe イジェ] **今．今や**
- [ ] 와서 [wasɔ ワソ] **来て．**오다（来る）のⅢ - 서．「이제 와서」で「今になって」
- [ ] 어떻게 [ɔˀtɔkʰe オットケ] 副詞 **どう．どのように**
- [ ] 울음 [urɯm ウルム] **泣くこと．泣き**

第16回 破局

後ろでチウン,もっと大きな声で泣く.
(뒤에서 지은이 더 큰 소리로 운다.)

チウン: 선배！앙.
　　　　先輩！　　うわーん.

チュノ,チウンを振り返って見て,マキを引き止められない.
(준호, 지은을 돌아 보고는 마키를 쫓아가지 못한다.)

● 漢江の川辺.（한강 강가.）

マキ,漢江の川辺に来ている.(마키, 한강 강가에 와 있다.)

- ☐ 앙 [aŋ アン] **あーん**（泣き声）
- ☐ 한강 [haːngaŋ ハーンガン]〈漢江〉**漢江**（河の名）
- ☐ 강가 [kaŋˀka 강까 カンカ]〈江 -〉**川辺．川のほとり．** 강은 渡し舟が渡るくらいの大きな「河」．- 가は「縁」「ふち」の意．[강까] と濃音になるのは**合成語における濃音化** ⇨ p.305

第17回 夜明け

●漢江の川辺 (한강 강변)

マキ，漢江の川辺に座っている．涙がこぼれる．携帯電話が鳴る．チュノからである．電話は取らない．携帯についているストラップが揺れる．ストラップ，クローズアップ．(마키, 한강 강변에 앉아 있다. 눈물이 흐른다. 핸드폰이 울린다. 준호한테서다. 전화를 받지 않는다. 핸드폰 줄이 흔들린다. 핸드폰 줄 클로즈업.)

●マキの下宿の前 (마키 하숙집 앞)

力なく，家に帰って来たマキ．マキの下宿の前にチュノが待っている．(힘없이 집으로 돌아온 마키. 마키 하숙집 앞에 준호가 기다리고 있다.)

チュノ: **어디 갔다왔어요？**
  どこに　行って来たんですか.

マキ: **….**

チュノを無視し，家に入ろうとするマキの腕をチュノ，強引につかんで引き止める．道の脇に車が止まっている．(준호를 못 본 척하며 집으로 들어가려는 마키의 팔을 준호가 강하게 붙잡는다. 길에 차가 세워져 있다.)

第17回 해돋이

- ☐ 해돋이 [hɛdoʑi ヘドジ] 夜明け
- ☐ 강변 [kaŋbjɔn カンビョン]〈江邊〉河畔. 川のほとり
- ☐ 하숙집 [haːsuᵏʔtɕiᵖ ハースクチプ]〈下宿 -〉下宿屋
- ☐ 갔다왔어요 [kaʔtawaʔsɔjo カッタワッソヨ] 行って来ましたか. 갔다오다（行って来る）の過去Ⅲ-ㅆ어- + 해요体を作る-요

「Ⅲ-야 되다」のように2単語以上にまたがって「…しなければならない」などの文法的な働きをする形を**分析的な形**という. いくつかの分析的な形を見てみよう：

分析的な形	
Ⅲ- 야 되다	…しなければならない
Ⅱ- ㄹ 것이다	…するだろう
Ⅰ- 고 있다	…している
Ⅲ 보다	…してみる
Ⅲ- 도 되다	…してもよい
Ⅲ 주다	…してやる
Ⅲ 놓다	…しておく
Ⅱ- ㄹ 수 있다	…することができる

第17回　夜明け

●車 (차)

チュノ，車を走らせる. (준호 , 차를 달린다 .)
夜通し車を走らせる. 音楽. (밤새 달린다 . 음악 .)

いつしかマキは寝入ってしまう. その寝顔に運転中のチュノは幸せそうに微笑む. (어느새 마키는 잠이 들어 있다 . 잠 든 모습을 보고 운전하는 준호는 행복하게 미소 짓는다 .)

高速の休憩所に車を止め，温かいコーヒーを買ってくる. まだ眠っているマキの顔にコーヒー缶を当てると，マキは驚いて起きる. マキの顔に笑みが戻る. (고속도로 휴게실에 차를 세우고 따뜻한 커피를 사 온다 . 아직 자고 있는 마키의 얼굴에 캔커피를 살짝 대자 마키는 놀라며 깨어난다 . 마키 얼굴에 웃음이 돌아온다 .)

チュノ: **겨우 웃었네 .**
やっと　笑ったね.

2人，目を合わせて笑う. また車を走らせる. 高速の風景が流れる.
(두 사람 , 서로의 눈을 바라보며 웃는다 . 차는 다시 출발한다 . 고속도로의 풍경이 흐른다 .)

●海 (바다)

日が昇るころ着いたところは海辺. (해 뜰 무렵 도착한 곳은 바닷가 .)

第 17 回　해돋이

- [ ] 겨우 [kjɔu キョウ] 副詞 やっと．ようやく
- [ ] 웃었네 [usɔnne ウソンネ] 笑ったね．웃다 [u:ᵗta ウーッタ]（笑う）のⅢ＋過去接尾辞－ㅆ－のⅠ＋－네（…だね：発見的感嘆）．웃다は子音語幹の動詞で，規則的にⅠ）웃－[u:t ウーッ], Ⅱ）웃으－[usɯ ウス], Ⅲ）웃어－[usɔ ウソ] と活用．ここでチュノはマキにぞんざいな形，つまり非敬意体で感嘆的に語っている
- [ ] 바다 [pada パダ] 海

自然や地形の名称を見てみよう：

바다	산	강	폭포	섬	숲
	〈山〉	〈江〉	〈瀑布〉		
海	山	河	滝	島	森．林

언덕	연못★련못	호수	땅	반도	들
	〈蓮－〉	〈湖水〉		〈牛島〉	
丘	池	湖	地	半島	野

第17回　夜明け

2人，車から降りる．すがすがしい海の風が心地よい．
（둘은 차에서 내린다．상쾌한 바닷 바람이 매우 기분 좋다．）

マキ： **우와．**
うわー．

너무 멋있다．
とっても すてき．

チュノ： **…미안해요．속상하게 해서．**
…ごめんね．　　　嫌な気持ちにさせて．

지은이는 내가 제일 아끼는 후배예요．
チウンは　　　ぼくが　一番　大切にしている　後輩です．

집에 안 좋은 일이 있어서
家に　不幸な　ことがあって，

돕고 싶었어요．
助けてやりたかったんです．

□ 우와 [uwa ウワ] 間投詞 うわー

□ 너무 [nɔmu ノム] 副詞 あまりにも．すごく

□ 멋있다 [mɔʃi²ta モシッタ] 存在詞 すてきだ．かっこいい．멋있다（すてきだ）のⅠ-다で, 한다体．形容詞, 指定詞, 存在詞の한다体の平叙形は辞書形と同じⅠ-다という形になる．なお，動詞では, 子音語幹はⅠ-는다, 母音語幹とㄹ語幹はⅡ-ㄴ다という形になる．話しことばの中の한다体はしばしば感嘆や宣言などを表す．ここではマキが独り言のように感嘆している表現

□ 미안해요 [mian(h)ɛjo ミアネヨ] ごめんなさい．미안하다（すまない）のⅢ-요．目上の人に謝るのには, 죄송합니다を使うのがよい

□ 지은이는 [tʃiɯninɯn チウニヌン] チウンは．지은（チウン）+ -이 + -는（…は）．この-이は子音で終わる名について, 親しみなどを表す接尾辞．-이をつけた形では呼びかけには用いない

□ 내가 [nɛga ネガ] ぼくが．私が．나（ぼく）+ -가（…が）は내가という形になる．その謙譲形は제가（私が）

□ 제일 [tʃeːil チェーイル]〈第一〉一番

□ 아끼는 [a²kinɯn アッキヌン] 大切にする．大事にしている．아끼다（大切にする）のⅠ-는連体形

□ 후배 [huːbɛ フーベ]〈後輩〉後輩

□ 집에 [tʃibe チベ] 家．집（家）+ -에（…に）

□ 좋은 [tʃoːɯn ヂョーウン] 良い．좋다（良い）のⅡ-ㄴ連体形．「안 좋은」で「良くない」

□ 일이 [iːri イーリ] ことが．일（こと）+ -이（…が）

□ 있어서 [i²sɔsɔ イッソソ] あって．あるので．있다（ある）のⅢ-서（…なので：原因を表す接続形）

□ 돕고 [toːp²ko トープコ] 手助けして．돕다（手助けする）のⅠ-고．「Ⅰ-고 싶다」は「…したい」．싫었어요は補助形容詞싫다のⅢ+過去の-ㅆ어-+해요体を作る語尾-요

第17回　夜明け

チュノ:　**참 어려워요.**
　　　　ほんとに 難しいですよ.

좋은 선배가 되는 건.
いい　　先輩に　　　なるってのは.

向かい合う2人. 挿入曲. (마주보는 두 사람. 삽입곡.)
マキの頬の髪を指でそっと梳きながら. (마키 볼에 흘러 내린 머리카락을 손가락으로 살며시 쓸어올리며.)

チュノ:　**마키 씨 , 사랑해요 .**
　　　　マキさん,　　愛してます.

マキ, 顔を下げる. チュノ, マキの額に軽くキス.
(마키 , 고개를 숙인다 . 준호 , 마키의 이마에 살짝 키스 .)

朝の海辺を走る2人. 海辺でいろいろふざけあう. 写真も撮って. (아침 바닷가를 뛰는 두 사람 . 바닷가에서 뛰어 논다 . 사진도 찍으며 .)

제 17 회 해돋이

- [ ] 참 [tɕʰam チャム] ほんとに
- [ ] 어려워요 [ɔrjɔwɔjo オリョウォヨ] 難しいです. 形容詞어렵다 (難しい) のⅢ－요. 어렵다は Ⅰ) 어렵 －, Ⅱ) 어려우 －, Ⅲ) 어려워 － と活用する. このように第Ⅱ語基と第Ⅲ語基で語幹のㅂが落ち, 第Ⅱ語基が －우－, 第Ⅲ語基が －워－ となるタイプの活用を　ㅂ [ピウプ] 変格活用　という ⇨ p.65
- [ ] 좋은 [tɕoːɯn チョーウン] 良い. 좋다 (良い) のⅡ－ㄴ連体形
- [ ] 선배 [sɔnbɛ ソンベ] 〈先輩〉先輩
- [ ] 되는 건 [t(w)ɛnɯŋɔn トェヌンゴン] なるのは. 되는は되다 (なる)のⅠ－는連体形. 건은것 (の: 依存名詞) ＋ －은 (…は) の短縮形. 「…になる」は　－가/－이 되다　という
- [ ] 사랑해요 [saraŋ(h)ɛjo サランヘヨ] 愛しています. 사랑하다 (愛する) のⅢ－요

第18回 新人文芸賞募集

●大学 (대학)

　ソグ,学校で日本の文学雑誌を見つめている. そこにマキが現れる.(석우, 학교에서 일본의 문학잡지를 보고 있다. 그때 마키가 나타난다.)

マキ： **오빠.**
　　　先輩.

　ソグの肩を叩く. とても明るい声と表情.
　(석우의 어깨를 살짝 친다. 매우 밝은 목소리와 표정.)

ソグ： **응**
　　　うん.

マキ： **뭐 보세요? 어, 이게 뭐야?**
　　　何見てるんですか. あ, これ 何?

　マキ, 広告をちらっと見て, (마키 광고를 슬쩍 보고,)

マキ： **오빠 이거 소설 모으는 광고 아니에요?**
　　　先輩, これ, 小説 募集の 広告 じゃないですか.

　ソグ, 見ていた雑誌を黙って閉じ, 他の雑誌を取り出す.
　(석우, 보던 잡지를 말 없이 덮고 다른 잡지를 꺼낸다.)

第18回 신인문예상 모집

- □ 보세요 [posejo ポセヨ] ご覧になっているんですか. 보다（見る）のⅡ + 尊敬の －시－ のⅢ + 해요体を作る語尾 －요
- □ 이게 [ige イゲ] これが. 이것（これ）＋ －이（…が）の短縮形
- □ 뭐야 [mwɔːja ムォーヤ] 何だ？ 뭐（何）＋ 指定詞 －이다の해体. 指定詞 －이다は해体では －이야/－야という形になるので, これも第Ⅲ語基の1つと見ることができる. これまで出てきた**指定詞 －이다の語基活用**は次のようにまとめることができる:

辞書形	Ⅰ, Ⅱ	Ⅲ(通常のⅢ)	Ⅲ(－요の前で)	Ⅲ(해体で)
－이다	－이－	－이어	－이에	－이야

いずれの場合にも, 母音で終わる単語につくときは －이－ が脱落しうる. ⇨ p.56
指定詞 －이다の해体の例を見よう: ⇨ p.62

   이게 뭐야？ － 광고야.
   これ何？   － 広告だよ.
   그건 현실이야？ － 아니, 꿈이야.
   それは現実なの？ － いや, 夢だよ.

- □ 소설 [sosɔl ソソル] 〈小說〉**小説**

小説	詩	随筆	エッセイ	童話	絵本	文学
〈小說〉	〈詩〉	〈隨筆〉		〈童話〉	〈-冊〉	〈文學〉
소설	시	수필	에세이	동화	그림책	문학

- □ 모으는 [moumnun モウヌン] 集める. 모으다（集める）のⅠ －는 連体形. 모으다は으活用の動詞で, Ⅰ, Ⅱ) 모으－, Ⅲ) 모아－ と活用. 으活用は第Ⅲ語基で語幹の母音 ㅡ が脱落するのが特徴 ⇨ p.65
- □ 광고 [kwaːŋgo クァーンゴ]〈廣告〉**広告**

情報	広告	宣伝	報道	放送	出版	ニュース
〈情報〉	〈廣告〉	〈宣傳〉	〈報道〉	〈放送〉	〈出版〉	
정보	광고	선전	보도	방송	출판	뉴스

マキ: 오빠, 우리 한국에 온 지 얼마 안 됐는데,
　　　先輩, 私たち, 韓国に　来て　いくらも 経ってないけど,

　　　꽤 오래 있었던 것 같은 느낌도 들죠.
　　　とっても長くいたような　気がしますよね.

　　　안 그래요?
　　　そうじゃないですか.

ソグ: 어, 그래.
　　　ああ, そうだな.

　　　일본에서만 공부해 온 내 한국어가
　　　日本でだけ　勉強してきた　ぼくの ことばが

　　　통할까 하는 두려움도 있었구,
　　　通じるかなっていう 怖さも　あったし,

　　　부모님의 나라라는 기대감도 있었구.
　　　両親の　国だっていう 期待感も　あったし.

　　　벌써 한 달이 다 돼 가네.
　　　もう　ひと月に　なるんだなあ.

マキ: 맞아요. 처음엔 음식도 입에 안 맞았는데,
　　　そうですよ. 最初は　食べ物も　口に　合わなかったけど,

　　　이젠 일식보다 한식을 더 좋아하게 됐어요.
　　　もう　和食よりも　韓国の料理が もっと 好きになったんですよ.

- [ ] 온 지 [ondʑi オンジ] 来て以来. 오다（来る）の「Ⅱ－ㄴ 지」（…して以来）
- [ ] 얼마 [ɔlma オルマ] いくら. (否定とともに) いくらも（…ない）
- [ ] 됐는데 [t(w)ɛːnnɯnde トェーンヌンデ] なったけど. 되다（なる）のⅢ＋過去接尾辞 －ㅆ－＋－는데（…だけど：接続形).「얼마 안 됐는데」で「いくらもたっていないけど」
- [ ] 꽤 [ˀkwɛ クェ] かなり. とても
- [ ] 오래 [orɛ オレ] 長い間
- [ ] 있었던 것 같은 [iˀsɔ⁽ˀ⁾tɔŋɔ⁽ˀ⁾katʰɯn イッソットンゴッカトゥン] いたような. いたみたいな. 있었던は있다のⅢ＋－ㅆ던.「Ⅲ－ㅆ던 것 같다」で「…していたようだ」. ここはそのⅡ－ㄴ連体形
- [ ] 느낌 [nɯˀkim ヌッキム] 感じ. 느끼다（感じる）のⅡ－ㅁ形の名詞
- [ ] 들죠 [tɯːldʑo トゥールジョ] (感じが) しますね. 들다（入る）の確認法Ⅰ－죠.「(修飾語+) 느낌이 들다」で「(…な) 感じがする」
- [ ] 안 그래요 [anɡɯrɛjo アングレヨ] そうじゃないですか. 그래요は그렇다（そうだ）のⅢ－요. 그렇다はⅠ) 그렇-, Ⅱ) 그러-, Ⅲ) 그래 と活用. ㅎ変格 ⇨ p.65,229
- [ ] 그래 [kɯrɛ クレ] そうだ. 그렇다（そうだ）のⅢで, 해体
- [ ] 공부해 온 [koŋbu(h)ɛon コンブヘオン] 〈工夫－〉勉強してきた. 공부해は공부하다（勉強する）のⅢ.「Ⅲ 오다」で「…してくる」. ここはそのⅡ－ㄴ連体形
- [ ] 통할까 하는 [tʰoŋ(h)alˀka hanɯn トンハルカ ハヌン] 通じるかなっていう. 통할까は통하다（通じる）のⅡ－ㄹ까. ここは引用の連体形となっている
- [ ] 두려움도 [turjɔumdo トゥリョウムド] 恐れも. 두려움（恐れ）＋－도（…も）
- [ ] 있었구 [iˀsɔ⁽ˀ⁾ku イッソック] あったし. 있다（ある）のⅢ＋過去の－ㅆ－のⅠ＋－구（－고のソウル方言形）
- [ ] 벌써 [pɔlˀsɔ ポルソ] もう
- [ ] 한 달 [handal ハンダル] ひと月
- [ ] 돼 [t(w)ɛː トェー] なって. 되다（なる）のⅢ.「Ⅲ 가다」は「…してゆく」
- [ ] 가네 [kane カネ] ゆくなあ. Ⅰ－네（…だなあ）は発見的な感嘆の非丁寧体
- [ ] 처음엔 [tʃʰɔumen チョウメン] はじめは
- [ ] 음식도 [ɯːmʃikˀto ウームシクト] 〈飲食－〉食べ物も
- [ ] 입에 [ibe イベ] 口に
- [ ] 안 맞았는데 [anmadʑannɯnde アンマジャンヌンデ] 合わなかったのに. 맞다（合う）のⅢ＋過去の－ㅆ－のⅠ＋－는데（…なのに：接続形).「입에 맞다」で「口に合う」
- [ ] 이젠 [idʑen イジェン] 今は. もう. 이제（今）＋－는（…は）
- [ ] 일식 [ilˀʃik イルシク] 〈日食〉日本食, 和食
- [ ] 한식 [haːnʃik ハーンシク] 〈韓食〉韓国食, 韓国料理
- [ ] 좋아하게 됐어요 [tʃoːa(h)age t(w)ɛːˀsojo チョーアハゲトェーッソヨ] 好きになりました. 좋아하다（好む. 好きだ）のⅠ－게 되다（…するようになる）

第 18 回　新人文芸賞募集

マキ： **내 자신도 굉장히 많이 큰 것 같애요.**
私　自身も　　　すごく　　　たくさん　大きくなったみたいですよ.

일본에 돌아갈 날 얼마 남지 않았어요.
日本に　　　帰る日まで　　　　いくらも　残ってませんね.

우리 돌아갈 때까지
私たち　帰る　　　　ときまでに

하나씩 할 일이 있어요.
それぞれ　　やるべきことが　ありますよ.

ソグ： **…**

マキ： **난 한글 실력 시험 1(일) 급을 볼게요.**
私，ハングル実力試験の　　　　1級を　　　　受けますから.

오빠는 아까 그 문예상에 응모하는 거예요.
先輩は　　　さっきのあの　文芸賞に　　　応募するんですよ.

어때요?
どうですか.

ソグ： **마키야, 오빠는 못해.**
マキさ，　　　ぼくは　　　できないよ.

- [ ] 내 [nɛ ネ] ぼくの．わたしの
- [ ] 자신도 [tʃaʃindo チャシンド]〈自身 -〉**自身も**．자신（自身）＋ － 도（…も）
- [ ] 굉장히 [k(w)εŋdʒaŋ(h)i クェンジャンイ]〈宏壯 -〉**すごく**
- [ ] 큰 것 같애요 [kʰuŋgɔ(ʲ)ˀkatʰɛjo クンゴッカテヨ] **大きくなったみたいです．成長したみたいです**．큰は動詞크다（大きくなる）の過去完成連体形Ⅱ－ㄴ．「Ⅱ－ㄴ 것 같다」で「…したみたいだ」．같애요は같다のⅢ－요である같아요のソウル方言形．なお크다は動詞「大きくなる」と形容詞「大きい」の2つがある．ここでは動詞
- [ ] 돌아갈 [toragal トラガル] **帰るべき．帰るであろう**．돌아가다（帰）の予期連体形Ⅱ－ㄹ
- [ ] 날 [nal ナル] **日**．「돌아갈 날」（帰る日）は [돌아갈랄] と発音．このように終声ㄹ＋初声ㄴは必ず [ㄹㄹ] と発音される．これを流音化という． ⇨ p.306
- [ ] 남지 않았어요 **残っていません．残りませんでした**．남지は [naːm dʒ i ナームジ] ではなく [naːmˀtʃi ナームチ] と濃音で発音．남지は남다（残る）のⅠ－지．먹다 [mɔkˀta]（食べる）や 웃다 [uːˀta]（笑う）など語幹が [ᵖ][ᵗ][ᵏ] で終わる子音語幹のみならず，남다 [naːmˀta]（残る）や 안다 [aːnˀta]（抱く）など，**語幹がㅁ，ㄴで終わる子音語幹の用言でも，語尾の頭の平音は濃音化する**
- [ ] 돌아갈 때까지 [toragalˀtεˀkadʒi トラガルテッカジ] **帰る時までに**．「Ⅱ－ㄹ 때」は「…する時」．때（時）＋ － 까지（…までに）．時間を表す「…まで」と「…までに」はいずれも－까지で表す
- [ ] 하나씩 [hanaˀʃiᵏ ハナシク] **1つずつ**．하나（1つ）＋ － 씩（…ずつ）
- [ ] 할 일이 [halliri ハルリリ] **すべきことが**．할은하다（する）の予期連体形Ⅱ－ㄹ（…すべき）．「할 일」は [할릴] と発音．これは「할 일」にㄴの挿入が起こり [할닐]，さらに流音化が起こって [할릴] と発音されるもの
- [ ] 실력 [ʃilljɔk シルリョク]〈實力〉**実力**．「한글 실력 시험」（ハングル実力試験）は架空の検定試験名
- [ ] 일급 [ilgɯᵖ イルグプ]〈一級〉**一級**
- [ ] 볼게요 [polˀkejo ポルケヨ] **(試験を) 受けますから．見ますから**．보다（見る）のⅡ－ㄹ게요．**約束法**
- [ ] 아까 [aˀka アッカ] **さっき**
- [ ] 문예상에 [mun(j)esaŋe ムネサンエ]〈文藝賞〉**文芸賞に**
- [ ] 응모하는 거예요 [ɯːŋmo(h)anɯŋɔejo ウーンモハヌンゴエヨ]〈應募 -〉**応募するのです**．응모하는은응모하다（応募する）のⅠ－는連体形
- [ ] 어때요 [ɔˀtεjo オッテヨ] **どうですか**．어떻다（どうだ）のⅢ－요．ㅎ変格で，Ⅰ) 어떻 -，Ⅱ) 어떠 -，Ⅲ) 어때 - ⇨ p.65, 229
- [ ] 못해 [moːtʰε モーテ] **できないよ．못하다（できない）のⅢで，해体**

第 18 回　新人文芸賞募集

マキ：**오빤 늘 그게 문제예요.**
　　　先輩は　いつも それが　問題なんですよ.

　　　생각만 하고 행동하지 못하는 거.
　　　考えてばかりで,　　行動　　　できないところ.

ソグ：…

マキ：**한 번 해 봐요. 네?**
　　　一度　　やってみて.　ね?

ソグ：…

黙ってしまうソグ.（침묵하는 석우.）
音楽.（음악.）

● **ソグの部屋 (석우의 방)**

夜遅くまで家で原稿を書いているソグの姿.
(밤 늦게까지 집에서 원고를 쓰는 석우의 모습.)

● **喫茶店 (카페)**

　ソグは喫茶店でマキ, チュノ, チウンの3人に会って, 原稿を見せる.（석우는 카페에서 마키, 준호, 지은과 만나 원고를 보여 준다.）喜んで原稿を受け取るチュノとチウン, そしてマキ.（기뻐하며 원고를 받는 준호와 지은, 그리고 마키.）

- [ ] 늘 [nɯl ヌル] いつも
- [ ] 그게 [kɯge クゲ] それが. 그것（それ）+ －이（…が）
- [ ] 문제 [muːndʒe ムーンジェ]〈問題〉問題
- [ ] 생각만 하고 [sɛŋgaŋman(h)ago センガンマンハゴ] **考えてばかりで**. 생각（考え）+ －만（…ばかり）+ 하고（して）. 하고는 하다의 接続形 I－고. 생각만을 [생강만] と発音するのは [ㄱ + ㅁ] が [ㅇ + ㅁ] となる**口音の鼻音化** ⇨ p.305, 306
- [ ] 행동하지 못하는 거 [hɛŋdoŋ(h)adʒi moːtʰanɯŋɔ ヘンドンハジモータヌンゴ]〈行動 －〉**行動できないこと**. 행동하다（行動する）の「Ⅰ－지 못하다」（…できない）の「Ⅰ－는 거」（…すること）
- [ ] 한번 [hanbɔn ハンボン]〈－番〉**一度. 一回. 試しに**. 固有語数詞を使って「한 번」というと「一度」,「一回」. 漢字語数詞を使って일번〈一番〉というと, 番号などの「一番」
- [ ] 해 봐요 [hɛːbwajo ヘーブァヨ] **してごらんなさいな. やってごらんよ**. 해는 하다のⅢ.「Ⅲ 보다」は試行を表す「…してみる」. Ⅲ－요の命令形を目上に用いるのは, ここでのようによほど親しくないと使えない
- [ ] 네 [ne ネ] **ね？** 勧誘文や命令文の最後につけて「(…しましょう.）ね？」のような誘い, 念押しに用いる

第 18 回　新人文芸賞募集

チウン: **오 . 드디어 원고가 왔네 .**
　　　　お，　ついに 原稿が　　来たな．

マキ: **기다리고 기다리던 소설이다 .**
　　　待ちに　　　待った　　　小説だ．

ソグ: **한번 읽어 주시겠어요 ?**
　　　一度　　読んで　くださいますか．

일본어로 쓴 걸 한국어로 고쳐 봤어요 .
日本語で　　書いたのを 韓国語に　　　訳してみました．

표현 이상한 건 좀 가르쳐 주세요 .
表現が　おかしいところは，　ちょっと 教えてください．

● 図書館 (도서관)

　皆それぞれの場所で原稿を読む姿．(모두 각자의 자리에서 원고를 읽는 모습 .)
　図書館で深刻な表情で読んでいるチュノ，家で真剣に読むマキ，涙を浮かべているチウン．(도서관에서 심각한 표정으로 읽는 준호 . 집에서 진지하게 읽는 마키 . 눈물을 글썽이는 지은 .)

● 郵便局 (우체국)

　ソグ，緊張した表情で郵便局の中に入って行く．(석우 , 긴장한 표정으로 우체국으로 들어간다 .)

- [ ] 오 [o オ] 間投詞 お
- [ ] 드디어 [tudiɔ トゥディオ] ついに．とうとう
- [ ] 원고 [wɔngo ウォンゴ]〈原稿〉原稿
- [ ] 왔네 [wanne ワンネ] 来たな．오다（来る）のⅢ와 + 過去接尾辞 – ㅆ – のⅠ + 発見的感嘆の非丁寧体 – 네
- [ ] 기다리고 기다리던 [kidarigo kidaridɔn キダリゴキダリドン] 待ちに待った．Ⅰ – 던 は過去体験連体形「…していた」
- [ ] 소설이다 [sosɔrida ソソリダ]〈小說 -〉小説だ．소설（小説）+ 指定詞 – 이다（…である）の한다体．話しことばで用いられる独り言などのようなこうした한다体は一種の感嘆を表す
- [ ] 한번 [hanbɔn ハンボン]〈- 番〉 副詞 ちょっと．一度．「한 번」（一度），「두 번」（二度）…のような回数の意味がうすれて，副詞として用いられている．こうした場合は「한 번」と分かち書きせずに，「한번」とつけて書く
- [ ] 읽어 주시겠어요 [ilgɔdʒuʃigeʔsɔjo イルゴジュシゲッソヨ] 読んでくださいますか．읽어 [일거] は읽다（読む）のⅢ．「Ⅲ 주다」は「…してくれる」「…してやる」．「Ⅲ 주시겠어요 ?」で「…してくださいますか」という依頼の表現として用いる
- [ ] 일본어로 [ilbonɔro イルボノロ]〈日本語 -〉日本語で
- [ ] 쓴 걸 [ʔsungɔl スンゴル] 書いたのを．쓰다（書く）のⅡ – ㄴ（…した：過去完成連体形）+ 것（…の：依存名詞）+ – 을（…を）の短縮形
- [ ] 한국어로 [haːngugɔro ハーングゴロ]〈韓國語 -〉韓国語で．朝鮮語で．★조선어로．한국어（韓国語）+ – 로（…へ）．ここでの – 로 / – 으로は「（韓国語）…へと（直す）」という方向の意味
- [ ] 고쳐 봤어요 [kotʃhɔbwaʔsɔjo コチョバッソヨ] 直してみました．고쳐は고치다（直す）のⅢ．「Ⅲ 보다」は「…してみる」
- [ ] 표현 [pʰjo(h)jɔn ピョヒョン]〈表現〉表現
- [ ] 이상한 [iːsaŋ(h)an イーサンハン]〈異常 -〉変な．「異常な」という意味ではなく，「変な」ほどの意味でよく用いる
- [ ] 가르쳐 주세요 [karutʃhɔdʒusejo カルチョジュセヨ] 教えてください．가르쳐は가르치다（教える）のⅢ．「Ⅲ 주세요」は「…してください」
- [ ] 우체국 [utʃheguk ウチェグク]〈郵遞局〉郵便局．★우편국〈郵便局〉

第19回 別れ

●バー (바)

ソグたちのたまり場のバーに皆集まっている．ソグ，マキ，チュノ，それ以外にも何人か友人たちがいる．チウンの姿は見当たらない．
(4명이 즐겨 모이던 바에 모두 모여 있다. 석우, 마키, 준호, 그 밖에도 친구들이 몇 명. 지은의 모습은 보이지 않는다.)

ソグ: **이 자리는 참 뜻 깊은 자리입니다.**
この 席は　　　ほんとうに 意義深い場であります．

우선 제가 한 달간
まず，　私が　　1か月間

열심히 노력한 것과, (일동 웃음 .)
一所懸命　努力したことと，　　(一同，笑う．)

第19回　이별

- ☐ 자리 [tʃari チャリ] 席．場
- ☐ 참 [tʃʰam チャㇺ] ほんとに
- ☐ 뜻 [ˀtutʼ トゥッ] 意義．意味．志
- ☐ 깊은 [kipʰɯn キプン] 深い．깊다（深い）の現在既定連体形Ⅱ －ㄴ
- ☐ 우선 [usɔn ウソン]〈于先〉まず
- ☐ 한 달간 [handalgan ハンダルガン]〈－間〉ひと月の間
- ☐ 열심히 [jɔlˀʃim(h)i ヨルシミ]〈熱心 －〉熱心に．一所懸命
- ☐ 노력한 [nɔrjɔkʰan ノリョカン] 努力した．노력하다の過去完成連体形Ⅱ －ㄴ

主な接続詞をまとめてみよう：

主な接続詞			
그리고	そして	그래서	それで
그러나	しかし	그렇지만	けれど
그런데	ところで	그러면	それなら
그럼	では	그러니까	だから
그랬더니	そしたら	하지만	だけど

第19回　別れ

ソグ: **마키가 한글 실력 시험 1 (일) 급에**
マキが　　ハングル実力試験の　　1級に

합격한 것입니다 .
合格したことです．

一同: **와아 .**
わあー．

パチパチ，拍手．
(**짝짝짝 박수 .**)

チュノ: **내일모레 이 두 사람**
あさっては　　この 2人が

일본으로 돌아가는 날입니다 .
日本に　　帰る　　　日です．

우리 이 두 사람과
我らが　この 2人と

우리의 젊은 날에 건배 !
我らが　若き日に　乾杯！

一同: **건배 .**
乾杯．

第19회　이별

- [ ] 한글 [haŋɡɯl ハングル] **ハングル**. 한글의 글의 母音は , ー [ɯ]. 韓国（韓国）との母音の違いにも注意
- [ ] 실력 [ʃilljɔk シルリョク]〈實力〉**実力**
- [ ] 시험 [ʃi(h)ɔm シホム]〈試驗〉**試験**.「시험을 보다」で「試験を受ける」
- [ ] 일급 [ilɡɯᵖ イルグプ]〈一級〉**一級**
- [ ] 합격한 [haᵖʔkjɔkʰan ハプキョカン]〈合格 -〉**合格した**. 합격하다（合格する）の過去完成連体形Ⅱ - ㄴ
- [ ] 짝짝짝 [ʔtʃaᵏʔtʃaᵏʔtʃaᵏ チャクチャクチャク] **パチパチ**（拍手の音）
- [ ] 내일모레 [nɛilmore ネイルモレ]〈來日 -〉**あさって**
- [ ] 두 [tu: トゥー] **2つの**. 둘の連体形.「두 사람」で「2人」
- [ ] 일본으로 [ilbonɯro イルボヌロ]〈日本 -〉**日本へ**. 일본（日本）+ - 으로（…へ）
- [ ] 돌아가는 [toraɡanɯn トラガヌン] **帰る**. 帰って行く. 돌아가다（帰る）のⅠ - 는連体形
- [ ] 날입니다 [narimnida ナリムニダ] **日です**. 날（日）+ 指定詞 - 이다のⅡ + 합니다体を作る語尾 - ㅂ니다
- [ ] 사람과 [sa:ramɡwa サーラムグァ] **人と**. 사람（人）+ - 과. - 과/-와（…と）は書きことばで多く用いる. ここでは改まって - 과を用いている. - 하고は話しことばで多用する
- [ ] 젊은 [tʃɔlmɯn チョルムン] **若い**. 젊다（若い）のⅡ - ㄴ連体形. 젊다 [점따] は通常の子音語幹の形容詞. Ⅰ）젊 - [tʃɔm], Ⅱ）젊으 - [tʃɔlmɯ], Ⅲ）젊어 - [tʃɔlmɔ]
- [ ] 건배 [kɔnbɛ コンベ]〈乾杯〉**乾杯**. 乾杯の際に, しばしば위하여 [wɪ(h)ajɔ ウィハヨ] と唱和する. 위하여は「…のために」の意

第 19 回　別れ

　チュノとマキ，目が合う．2 人とも悲しげな表情．皆は楽しく飲んだり，話したり，場は盛り上がる．(마키와 준호 , 눈이 마주친다 . 둘 다 슬픈 표정 . 모두 즐겁게 웃고 떠들고 술을 마시며 분위기는 무르익는다 .)

●マキの下宿の前 (마키 하숙집 앞)

チュノ: **내일 만나요 . 귀국 준비로 바쁘겠지만 .**
　　　　明日　会いましょう. 帰国の　準備で　　忙しいだろうけど.

　マキ, うなずく. (마키 , 고개를 끄덕인다 .)

マキ: **좋아요 .**
　　　いいですよ.

　チュノ, 微笑みながら, マキの髪を梳(す)いてやる. 微笑む2人. (준호 , 미소 지으며 마키의 머리카락을 쓸어올린다 . 미소 짓는 두 사람 .)

●約束の場所 (약속 장소)

　次の日, 約束の場所. マキ, 一人で待っている. (다음 날 . 약속의 장소 . 마키 , 혼자 기다리고 있다 .)
　1時間経ってもチュノは現れない.
2時間, 3時間経ってもチュノは現れない. マキ, 涙がとめどなく流れる.
(한 시간이 지나도 준호는 나타나지 않는다 . 두 시간 , 세 시간이 지나도 준호는 나타나지 않는다 . 마키 , 한없이 눈물이 흘러 내린다 .)

第 19 회　이별

- [ ] **귀국** [kwiːguk クィーグク]〈歸國〉帰国.「出国」は출국
- [ ] **준비로** [tʃuːnbiro チューンビロ]〈準備 −〉準備で. 준비（準備）+ − 로（…で）
- [ ] **바쁘겠지만** [paʔpugeʔtʃiman パップゲッチマン] [paʔpugeʔtʃiman パップゲッチマン] 忙しいだろうけれど. 바쁘다（忙しい）のⅠ + 判断の − 겠 − のⅠ + 反意を表す接続形 − 지만.
- [ ] **약속** [jakʔsoᵏ ヤクソク]〈約束〉約束
- [ ] **장소** [tʃaŋso チャンソ]〈場所〉場所

味な形容詞！

「辛い」맵다は ㅂ変格. Ⅰ) 맵 −, Ⅱ) 매우 −, Ⅲ) 매워 −. なお, 唐辛子など香辛料などで「辛い」のは맵다,「塩辛い」のは짜다といって区別する. 形容詞짜다は ㅏ母音語幹なのでⅠⅡⅢ) 짜 −.「甘い」달다は ㄹ活用の形容詞. ⅠⅡ) 달 −/ 다 −, Ⅲ) 달아 −.「苦い」쓰다は 으活用の形容詞. ⅠⅡ) 쓰 −, Ⅲ) 써 −.「酸っぱい」시다はⅠⅡ) 시 −, Ⅲ) 셔 −.

맵다	짜다	달다	쓰다	시다
辛い	塩辛い	甘い	苦い	酸っぱい

第19回　別れ

●空港 (공항)

　マキとソグが出国ゲートへ向かってすぐ, チュノ, マキを探して, 走って来る. (마키와 석우가 출국장으로 향한 후, 준호가 마키를 찾아서 달려온다.)

チュノ: **마키 , 마키 !**
　　　　マキ,　　マキ!

　マキとソグ, 振り向くが, マキはそのまま出国ゲートへ入って行く. ソグ, マキを掴むが, 振り切ってゲートに入ってしまう. ソグは戻ってチュノのところへ. (마키와 석우, 뒤돌아보지만 마키는 그대로 출국장으로 들어간다. 석우, 마키를 붙잡으려고 하는데도 마키는 뿌리치고 출국장으로 들어가 버린다. 석우, 준호에게 다가간다.)

チュノ: **이걸 좀 마키에게 전해 주세요 .**
　　　　これ,　　　マキに　　　　渡してください.

　箱一つと手紙. 受け取るソグ. (상자 하나와 편지. 받아드는 석우.)

제 19 회 이별

- [ ] 공항 [koŋ(h)aŋ コンハン] 〈空港〉空港

交通に関する単語を交通整理！

공항	항구	역	지하철	비행기
〈空港〉	〈港口〉	〈驛〉	〈地下鐵〉	〈飛行機〉
空港	港	駅	地下鉄	飛行機

전철	배	버스	택시	길
〈電鐵〉		[뻐스]		
電車	船	バス	タクシー	道

- [ ] 이걸 [igɔl イゴル] **これを.** 이것（これ）＋ -을（…を）の短縮形
- [ ] 전해 주세요 [tʃɔn(h)ɛdʒusejo チョネジュセヨ] 〈傳 -〉**渡してください. 伝えてください.** 전해 - は 전하다（渡す. 伝える）のⅢ.「Ⅲ 주세요」は「…してください」

第 19 回　別れ

ソグとチュノ，軽く会釈．去っていくソグ．その後ろ姿を見つめるチュノ．(석우와 준호, 가볍게 인사한다. 떠나는 석우. 그 뒷모습을 지켜 보는 준호.)

●搭乗ゲートの前 (탑승 게이트 앞)

ソグ，チュノからもらった箱と手紙をマキに渡す．マキ，しばらく経ってから手紙を読む．(석우, 준호에게서 받은 상자와 편지를 마키에게 건네준다. 마키 잠시 후에 편지를 읽는다.)

마키 씨
マキさん

어제는 정말 미안해요 .
昨日は　　　ほんとうに　すみません．

지은이가 많이 아팠어요 .
チウンが　　　ひどく　具合が悪かったのです．

마키 씨 사랑해요 .
マキさん，　愛しています．

第 19 回　이별

- [ ] 탑승 [tʰapʔsɯŋ タプスン]〈搭乘〉搭乗
- [ ] 게이트 [keitɯ ケイトゥ] ゲート
- [ ] 어제는 [ɔdʒenɯn オジェヌン] 昨日は. 어제（昨日）+ －는（…は）
- [ ] 많이 [maːni 마니 マーニ] たくさん. ずいぶん
- [ ] 아팠어요 [apʰaʔsɔjo アパッソヨ]（体の）具合が悪かったのです. 痛かったのです.
아프다（具合が悪い. 痛い）の Ⅲ＋過去接尾辞 － ㅆ － のⅢ＋해요体を作る －요.
아프다는 으活用. ⅠⅡ）아프 －, Ⅲ）아파 － ⇨ p.65
- [ ] 사랑해요 [saraŋ(h)ɛjo サランヘヨ] 愛しています. 사랑하다（愛する）のⅢ－요

病院に関する単語

병원	입원	퇴원	수술	면회
〈病院〉	〈入院〉	〈退院〉	〈手術〉	〈面會〉
病院	入院	退院	手術	面会

「病院に入院する」は「병원에 입원하다」.「（患者が）手術する」「手術を受ける」のは「수술 (을) 받다」,「（医者が）手術する」のは「수술 (을) 하다」という.「面会に行く」は「면회 (를) 가다」

문병	간호	약	주사	링거
〈問病〉	〈看護〉	〈薬〉	〈注射〉	
病気見舞い	看護	薬	注射	点滴

「病気見舞いに行く」は「문병 (을) 가다」.「薬を飲む」は「약을 먹다」.「注射をしてもらう」は「주사 (를) 맞다」.「点滴を打ってもらう」は「링거 (를) 맞다」.「保険に入っている」は「보험에 들어 있다」

第19回　別れ

시디 가게에서 처음 마키 씨를 봤을 때부터
CD　ショップで　初めて　マキさんを　見た　ときから

좋아했어요.
好きでした.

マキの頬を涙が伝う.（마키의 볼을 타고 눈물이 흘러내린다.）

한국의 잘생긴 배우를 좋아하고
韓国の　すてきな　俳優が　好きで

김치를 싫어했던 마키 씨도
キムチが　嫌いだった　マキさんも

호숫가에서 하늘, 바람, 별을 외우던 마키 씨도
湖で　空,　風,　星って　詠んでいた　マキさんも

다 나의 소중한 마키 씨예요.
みんな ぼくの 大切な　マキさんです.

思い出を振り返る回想場面, 映像, 音楽を背景に.
（추억을 되새기는 회상장면. 영상, 음악을 배경으로.）

□ 시디 標準語の発音は [ʃidi シディ] だが普通は [ˀʃidi ッシディ] と発音．ＣＤ
□ 봤을 때부터 [pwaːˀsɯlˀtɛbutʰɔ プァーッスルテブト] 見たときから．봤을は보다（見る）のⅢ-ㅆ을．때は「時」．때の前には主としてⅡ-ㄹ連体形が用いられる：

Ⅱ-ㄹ 때 …するとき		Ⅲ-ㅆ을 때 …したとき	
볼 때	見るとき	봤을 때	見たとき
갈 때	行くとき	갔을 때	行ったとき
할 때	するとき	했을 때	したとき
알 때	知るとき	알았을 때	知ったとき
먹을 때	食べるとき	먹었을 때	食べたとき

□ 좋아했어요 [tʃoːa(h)ɛˀsojo チョーアヘッソヨ] 好きでした．좋아하다（好きだ．好む）のⅢ+過去接尾辞-ㅆ-のⅢ+해요体を作る-요
□ 잘생긴 [tʃalsɛŋin チャルセンギン] すてきな．かっこいい．美男の．잘생기다（かっこいい）のⅡ-ㄴ連体形
□ 배우를 [pɛurɯl ペウルル]〈俳優-〉俳優を．배우（俳優）+-를（…を）
□ 좋아하고 [tʃoːa(h)ago チョーアハゴ] 好きで．好んで．좋아하다（好きだ．好む）の接続形Ⅰ-고
□ 싫어했던 [ʃirɔ(h)ɛˀtɔn シロヘットン] 嫌っていた．싫어하다（嫌う）のⅢ-ㅆ던連体形．Ⅲ-ㅆ던（…していた）
□ 호숫가에서 [hosuˀkaesɔ ホスッカエソ] 湖畔で．호숫가は호수〈湖水〉（湖）+-가（…へり．ふち）でできた合成語
□ 외우던 [weudɔn ウェウドン]（口に出して）言っていた．詠んでいた．외우다（覚える．口に出して言う）のⅠ-던連体形
□ 소중한 [soːdʒuŋ(h)an ソージュンハン]〈所重-〉大切な．소중하다（大切だ）のⅡ-ㄴ連体形

第 19 回　別れ

마키 씨, 보고 싶어요.
マキさん、　　会いたいです。

눈 앞에 있어도 그리운 사람.
目の前に　　いても　　恋しい　　人。

멀리 있어도 언제나 내 가슴에 있는 사람.
遠くに　いても　　いつも　　ぼくの 胸に　　いる　人。

그대입니다.
あなたです。

사랑합니다.
愛しています。

マキ，箱を開けてみる。(마키, 상자를 열어 본다.)
2人で撮った思い出の写真があふれる。
(둘이서 찍은 추억이 담긴 사진이 가득하다.)
マキ，むせび泣く。
(마키, 흐느껴 운다.)

💬 **形容詞のⅢ-지다形** は「…になる」という動詞を作る:

形容詞		形容詞のⅢ-지다形でできた動詞	
건강하다	健康だ	건강해지다	健康になる
필요하다	必要だ	필요해지다	必要になる
좋다	良い	좋아지다	良くなる
예쁘다	かわいい	예뻐지다	かわいくなる

☐ 보고 싶어요 [pogo ʃipʰɔjo ポゴシポヨ] **会いたいです**.「보고 싶다」(会いたい) のⅢ-요

☐ 눈 [nun ヌン] **目**

☐ 앞에 [apʰe アペ] **前に**. 앞 (前) + -에 (…に)

☐ 있어도 [iʔsɔdo イッソド] **いても**. 있어도는있다 (いる. ある) の**反意を表す接続形のⅢ-도** (…しても)

☐ 그리운 [kɯriun クリウン] **懐かしい. 恋しい**. 그리운은形容詞그립다 (懐かしい. 恋しい) のⅡ-ㄴ連体形

☐ 사람 [sa:ram サーラム] **人**

☐ 멀리 [mɔ:lli モールリ] 副詞 **遠く**

☐ 가슴에 [kasɯme カスメ] **胸に**. 가슴 (胸) + -에 (…に)

☐ 있는 [innɯn インヌン] **いる**. 있다 (いる. ある) のⅠ-는連体形

☐ 사랑합니다 [saraŋ(h)amnida サランハムニダ] **愛しています**. 사랑하다 (愛する) のⅠ + 합니다体を作る語尾 -ㅂ니다

第20回 それぞれの道

●マキが教える東京の高等学校
(마키가 가르치는 동경의 한 고등학교)

　マキ，日本の高等学校の韓国語教師になっている．(마키는 일본 고등학교 한국어 교사가 되어 있다 .)

　教室の中には，目を輝かせて学ぶ，高校生たちがいっぱい．(교실 안에는 눈을 반짝거리며 공부하는 고등학생들로 가득하다 .)

●韓国の書店 (한국의 서점)

　ソグの本が韓国語に翻訳されて韓国の本屋にずらりと平積みになっている．本の表紙に「日本文芸新人賞受賞作」．(석우의 소설이 한국어로 번역되어 한국의 서점에 잔뜩 진열되어 있다 . 책 표지에는 "일본 문예 신인상 수상작 .")

●チウンの働く旅行社 (지은이 일하는 여행사)

　チウンは韓国の観光会社に入って，楽しく，そして忙しく仕事に打ち込んでいる．大学の専攻である日本語を生かし,日本との旅行を担当している．(지은은 한국의 관광회사에서 즐겁고 바쁘게 일에 몰두하고 있다 . 대학에서 전공했던 일본어를 살려 일본여행을 담당하고 있다 .)

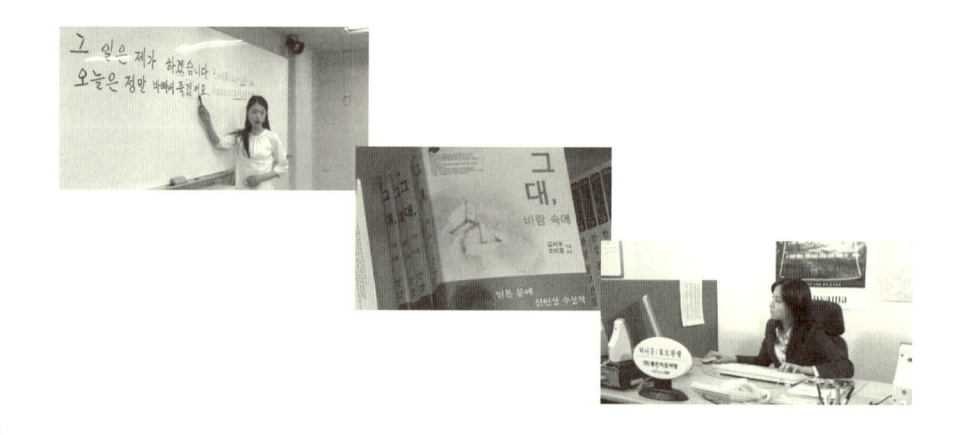

第20回 각자의 길

- □ 가르치는 [kaɾɯtʃʰinɯn カルチヌン] **教える.** 가르치다（教える）のⅠ-는連体形
- □ 고등학교 [kodɯŋ(h)akʔkjo コドゥンハッキョ]〈高等學校〉**高校.**「高校生」は고등학생〈高等學生〉という
- □ 서점 [sɔdʒɔm ソジョム]〈書店〉**書店.**「本屋」は책방〈冊房〉
- □ 일하는 [iːr(h)anɯn イーラヌン] **働く. 仕事する.** 일하다（働く）のⅠ-는連体形
- □ 여행사 [jɔ(h)ɛŋsa ヨヘンサ]〈旅行社〉**旅行社.** ★려행사

●現在連体形の型をまとめておこう.

| 動詞 存在詞 （있다.없다など）の Ⅰ + -는 |

가르치는 학교　教える学校
일하는 사람　働く人
재미있는 책　面白い本

| 形容詞 指定詞 （이다.아니다）の Ⅱ + -ㄴ |

좋은 사람　良い人
고등학생인 친구　高校生である友人

第20回 それぞれの道

このかん，これまでの挿入曲の一節がそれぞれフェイド・イン，フェイド・アウトしながら，メドレーのように流れる．忙しく働くチウンのデスクに電話が鳴る．音楽止む．(이러는 동안에 지금까지의 삽입곡의 한 구절이 각각 페이드 인, 페이드 아웃되면서 메들리처럼 흐른다. 바쁘게 일을 하고 있는 지은 책상 위에 전화가 울린다. 음악이 멈춘다.)

チウン: **여보세요. 웬일이세요?**
もしもし． どうなさったの？

아직 회사에서 일하고 있어요.
まだ　会社で　　仕事中なんですよ．

음, 오늘 저녁은 약속이 있는데.
あ，　今晩は　　約束が　　あるんだけど．

아니, 동민 씨하고 오늘 동민 씨네 집에 가서
いえ，トンミンさんと　今日，トンミンさんの　家に　行って

인사 드리기로 한 날이거든요.
ごあいさつ することになってる 日なんですよ．

제 20 회 각자의 길

- [ ] 웬일이세요 [weːnnirisejo ウェーンニリセヨ] どうなさったのですか. 웬일（どうしたこと）+ 指定詞 - 이다のⅡ + 尊敬の接尾辞 - 시 - のⅢである - 세 - + 해요体を作る語尾 - 요. 웬일 [웬닐] の発音はㄴの挿入 ⇨ p.308
- [ ] 아직 [adʑikᵏ アジク] まだ
- [ ] 일하고 있어요 [iːr(h)agoiˀsojo イーラゴイッソヨ] 働いています. 仕事しています. 일하다（働く）のⅠ - 고 + 있다のⅢ - 요.「Ⅰ - 고 있다」は「…している」「…しつつある」という動作の継続進行を表す
- [ ] 음 [ɯm ウム] 間投詞 うん. あ
- [ ] 저녁은 [tʃʌnjʌgɯn チョニョグン] 夕方は. 夕食は. 저녁（夕方）+ - 은（…は）
- [ ] 약속이 [jakˀsogi ヤクソギ]〈約束 -〉約束が. 약속（約束）+ - 이（…が）
- [ ] 있는데 [innɯnde インヌンデ] あるけど. 있다（ある）のⅠ - 는데（…けど. …のに）
- [ ] 아니 [ani アニ] 間投詞 いえ. いや. あれ
- [ ] 동민 [toŋmin トンミン] トンミン. 人名
- [ ] - 네 [ne ネ]（人名について）…のところの. …たちの
- [ ] 집에 [tʃibe チベ] 家に. 집（家）+ - 에（…に）
- [ ] 가서 [kasʌ カソ] 行って. 가다（行く）のⅢ - 서（…して：動作の先行）
- [ ] 인사 드리기로 한 [insa tɯrigiro han インサ トゥリギロ ハン]〈人事 -〉ごあいさつをすることにした. 인사드리기는 인사드리다（ごあいさつをする）のⅠ - 기名詞形.「Ⅰ - 기로 하다」は「…することにする」. 한은 하다のⅡ - ㄴ連体形
- [ ] 날이거든요 [narigʌdɯnnjo ナリゴドゥンニョ] 日なんですよ. 日なものですから. 날（日）+ 指定詞 - 이다のⅠ - 거든요（…なものですから：根拠法）

第20回 それぞれの道

チュノ: **어, 그래. 그럼 됐어.**
ああ、そうか。それじゃあ、いいよ。

사실은 선배 일본 지사로 발령받았어.
実は、おれ、日本支社に辞令が出たんだ。

내일 출발하는데
明日出発なんで、

오늘 저녁이나 같이 먹을까 했는데.
今日の夕食でも一緒にしようかと思ったんだけど。

チウン: …

チュノ: …

チウン: **선배, 마키 씨 만나 볼 거죠?**
先輩、マキさん、会ってみるんでしょ?

チュノ: …

会社のチュノ、電話を切る。表情は暗い。
(회사 사무실 안의 준호, 전화를 끊는다. 준호, 표정이 어둡다.)

제 20 회 각자의 길

☐ 그래 [kɯrɛ クレ] そうか. そうなの. 形容詞 그렇다（そうだ）のⅢで, 해体. 해요体なら그래요, 합니다体なら그렇습니까となる. 그렇다はㅎ変格で, Ⅰ) 그렇-, Ⅱ) 그러-, Ⅲ) 그래- と活用 ⇨ p.65, 229

☐ 그럼 [kɯrɔm クロㇺ] 接続詞 じゃあ. では. それなら

☐ 됐어 [t(w)ɛːˀsɔ トェーッソ] いいよ. だいじょうぶだ. 되다（なる）のⅢ + 過去接尾辞 -ㅆ- のⅢである -ㅆ어-. これも해体. 해요体なら됐어요, 합니다体なら됐습니다となる

☐ 사실은 [saːʃirɯn サーシルン]〈事實-〉実は. 事実は. 사실（事実）+ -은（…は）

☐ 지사로 [tʃisaro チサロ]〈支社-〉支社に. 지사（支社）+ -로（…へ）

☐ 발령 받았어 [palljɔŋbadaˀsɔ パルリョンバダッソ]〈發令-〉辞令を受けたよ. 발령 받다（辞令を受ける）のⅢ + 過去接尾辞 -ㅆ- のⅢである -ㅆ어-. 해体. 해요体なら발령 받았어요, 합니다体なら발령 받았습니다

☐ 출발하는데 [tʃʰulbar(h)anɯnde チュルバラヌンデ] 出発するんだけど. 출발하다（出発する）の接続形Ⅰ-는데（…するのに. …するけど）

☐ 저녁이나 [tʃɔnjɔgina チョニョギナ] 夕食でも. 저녁（夕食）+ -이나（…でも）. 子音で終わる単語には -이나, 母音で終わる単語には -나がつく

☐ 먹을까 했는데 [mɔgɯlˀka(h)ɛnnɯnde モグルカヘンヌンデ] 食べようかなと思ったけど.「Ⅱ-ㄹ까 하다」は「…しようかと思う」.「저도 일본에 갈까 해요.」「私も日本に行こうかと思っています」

☐ 만나 볼 거죠 [mannabolˀkɔdʒo マンナボルコジョ] 会ってみるんでしょ. 만나は만나다（会う）のⅢ. 만나다はㅏ母音語幹なのでⅠⅡⅢとも만나-.「Ⅲ 보다」は試行の「…してみる」. 볼は보다（みる）のⅡ-ㄹ 連体形.「Ⅱ-ㄹ 것이다」は推量の形で,「…するだろう」「…するつもりだ」. 聞き手を動作の主体にした文の疑問文では, 聞き手に対する今後の意志や予定を尋ねる. 거죠は 거（依存名詞것の話しことば形）+ 指定詞-이다のⅠの-이-が母音の後で脱落 + 確認法の語尾 -죠

第20回　それぞれの道

● 日本の高等学校 (일본의 고등학교)

授業が終わり，マキ，教室から出て来ると，事務員が待っている．
(수업이 끝나고 마키가 교실에서 나오자 사무원이 기다리고 있다 .)

事務員: **어떤 남자 분이 이 편지 선생님께**
男性の方が　　　　　この手紙を　先生に

좀 전해 드리라고 .
渡してくださいって．

マキ: **누가요 ?**
誰がですか？

事務員: **이름은 말씀 안 하셔서 잘 모르겠는데요 .**
名前は　　　おっしゃらなかったんで，　よくわかりませんが．

手紙を見る. (편지를 본다 .)

바람 속을 달려왔어요 .
風の　中を　　走って来ました．

그대가 없는 2(이)년 동안 그대를 향해
君が　　　いない 2年の間，　　君に　　　向かって

바람 속을 힘껏 달려왔어요 .
風の　中を　一生懸命 走って来ました．

이제 그대와 함께 있고 싶어 .
もう　君と　　共に　　いたい．

제 20 회　각자의 길

- 어떤 [ɔ˺tɔn オットン] 冠形詞 ある．どんな．「どんな」という疑問詞が疑問でない「ある…」の意で用いられる．「 어떤 분이 오셨어요? 」「 どんな方 がいらっしゃいましたか．」，「 어떤 남자 분이 오셨어요．」「 어떤 男性の方 がいらっしゃいました」
- 남자 분이 [namdʑabuni ナムジャブニ]〈男子 –〉男の方が．남자（男）や여자〈女子〉（女．★녀자）だけでは失礼になるので注意
- 편지 [pjoːndʑi ピョーンジ]〈便紙〉〈片紙〉手紙．「편지를 쓰다」「手紙を書く」「편지를 보내다」「手紙を送る」．「편지를 부치다」「手紙を投函する」
- 선생님께 [sɔnsɛŋnimˀke ソンセンニムッケ]〈先生 –〉先生に（尊敬形）．선생님（先生：尊敬形）＋ –께（…に：尊敬形）．尊敬形の –께は非尊敬形なら，話しことばでは –한테，書きことばでは –에게
- 전해 드리라고 [tɕɔn(h)ɛdurirago チョネドゥリラゴ]〈傳 –〉渡してくださいと．伝えてくださいって．전해 –は전하다（渡す．伝える）のⅢ．「Ⅲ 드리다」（…してさしあげる）は「Ⅲ 주다」（…してやる）の謙譲形．Ⅱ –라고は「…しろと」という**命令の引用形**
- 누가요 [nugajo ヌガヨ] **誰がですか**．누가（誰が）＋丁寧化のマーカー –요
- 이름은 [irumɯn イルムン] **名は**．이름（名）＋ –은（…は）
- 말씀 안 하셔서 [maːlˀsɯm an(h)aɕɔsɔ マールスム アナショソ] **名前はおっしゃらないので**．하셔서는하다のⅢ –서（…するので：原因）
- 모르겠는데요 [morɯgennɯndejo モルゲンヌンデヨ] **わかりませんが**．모르다のⅠ＋判断の –겠 –＋婉曲法の語尾 –는데요
- 달려왔어요 [talljowaˀsɔjo タルリョワッソヨ] **走って来ました**．달려오다（走ってくる）のⅢ＋過去接尾辞 –ㅆ –のⅢである –ㅆ어 –＋해요体の語尾 –요
- 그대가 [kɯdɛga クデガ] **君が**．ユ내はやや詩語的な２人称代名詞
- 없는 [ɔːmnɯn オームヌン] **いない．ない**．없다（いない）のⅠ –는連体形
- 이년 동안 [iːnjɔnˀtoŋan イーニョントンアン]〈二年 –〉**２年間**．동안（…の間）は依存名詞で，常に [똥안] と濃音化して発音
- 향해 [hjaːŋ(h)ɛ ヒャーンヘ]〈向 –〉**向かって**．「–를／–을 향하다」は「…に向かう」
- 힘껏 [himˀkɔ˺ ヒムコッ] 副詞 **力いっぱい**
- 이제 [idʑe イジェ] **今や．もう**
- 함께 [hamˀke ハムケ] 副詞 **共に**
- 있고 싶어 [i(˺)ˀkoɕiphɔ イッコシポ] **いたい**．싶어는싶다のⅢで，해体．「Ⅰ –고 싶다」は「…したい」

第20回　それぞれの道

그대가 있는 곳에 와 있습니다.
君が　　　いる　ところに　来ています.

기다리고 있겠습니다.
待っています.

　走って出て行くマキ.（뛰쳐 나가는 마키.）
　公園を走り回って，夢中でチュノの姿を探すマキ.チュノとの思い出が頭の中を目まぐるしく駆けめぐる.（공원을 뛰어 다니며 정신없이 준호의 모습을 찾는 마키. 준호와의 추억이 머릿 속을 어지럽게 교차한다.）
　マキの目の前についに…（마키의 눈앞에 드디어….）

終（끝）

제 20 회　각자의 길

☐ 있는 [innɯn インヌン] いる．ある．　存在詞　있다（いる）のⅠ-는連体形

☐ 곳에 [kose コセ] ところに．곳（ところ）+ -에（…に）．곳（ところ:名詞）は데（ところ：依存名詞）に比べやや書きことば的

☐ 와 있습니다 [wa i^ʔsumnida ワイッスムニダ] 来ています．와は오다（来る）のⅢ．「Ⅲ 있다」は「…している」という**動作の結果状態を表す**．ここでは「来て、すでにそこにいる」という意．「Ⅰ-고 있다」の形で「오고 있습니다」というと「来つつあります」の意で、**動作の継続進行を表す**

☐ 기다리고 있겠습니다 [kidarigo i(')^ʔke^ʔsumnida キダリゴイッケッスムニダ] 待っています．기다리고は기다리다（待つ）のⅠ-고．「Ⅰ-고 있다」は**動作の継続進行を表す**．Ⅰ-겠-は**話の現場における話し手の判断を表す接尾辞**で、ここでは話の現場における話し手の意志を表す

☐ 끝 [^ʔkɯt̚ クッ] 終わり

・会話の究極奥義篇・

会話の究極奥義

話の重なり

　実際の会話は，ドラマなどの会話に比べ，「割り込み，聞き返し，あいづち」などを含めた**豊富な言語現象が，自由に重なってダイナミックに変化**して現れます．

　実際の会話が「ダイナミックに変化する」と感じる圧倒的な要因は「**話の重なり**」にあります．この現象こそ，テレビのドラマや演劇などではほとんど見られない，実際の会話でこそ目立って現れる，会話の真骨頂かもしれません．日本語と韓国語の違いに注意して見てみましょう．

２人が同時に話し続ける驚異の会話！

　日本での経験です．電車に乗って勤務先の大学へ向かうところでした．駅に電車が止まり，電車の中の中年の女性が手を振ると，待ち合わせなのでしょう，ホームから別の女性が乗って来ました．同年配の女性の方で，とても丁寧に話し始めました．友達ではなく，何かの仕事で同じところに向かっている様子でした．丁寧に，ゆっくりとした口調でお話されていましたが，驚いたことに，そこで10分以上もこのお２人がほとんど同時に話しておられるのです．あいさつからはじめ，遅れた理由とお詫び，目的地や仕事の内容など，1人が1つの単語を切り出すと，２人の会話はすぐに同時進行，留まることを知りませんでした．２台の列車が並行して延々と走っているようなものです．隣で時間を計っていたのは，講師の職業病かもしれません．10

分後，私は電車を降りましたので，その後はどのような話が展開したのかはわかりません．

こうした現象は，単にこのお2人の場合だけではありません．韓国語と日本語の話の重なりの大きな違いが現れる，典型的な例を見てみましょう．

はじめまして－初対面の人との会話

出会いのあいさつの部分は，日本語と韓国語のもっとも大きな違いが現れる場面です：

日本語

： こんにちは． はじめまして． ○○と申します．よろしくお願いします．

： こんにちは． はじめまして． ○○と申します． よろしくお願いします．

あいさつが重なって同時進行している場合が，日本語では多々見られます．逆に，韓国語では，会話の始めではあいさつにあいさつを重ねることはほとんどありません：

韓国語

： こんにちは． はい．私は○○です．

： はい．こんにちは． ええ．私は○○です．

なんだか寂しいほど，話の重なりがありませんね．また次のような場合もあります．

それじゃ…―別れのあいさつのとき

別れのあいさつの場合，特に電話を切るときのあいさつも話の重なりの違いが顕著に現れます：

日本語

●： ありがとうございました． 今後ともよろしくお願いします― 失礼します．

●： ありがとうございました． こちらこそ，よろしく． 失礼します．

日本語では別れのあいさつの場合もほとんどが重なって同時進行で現れます．それに対して韓国語では，話の重なりはほとんどありません：

韓国語

●： 本当にありがとうございました． ええ．さようなら．

●： とんでもありません． では，さようなら．

話の重なりは，日本語は会話の半分以上，韓国語は3割程度

話の重なりは，日本語では会話の半分以上を占め，韓国語では3割を超えないという研究事例も出ています．

最初のあいさつの部分と別れのあいさつの部分は，話の重なりの著しい違いがある，パターン化できる典型的な例です．こうした場合以外にも，もちろん話の途中での話の重なりの例も多く現れます．韓国語でも会話の途中での話の重なりはもちろんあります．しかし重なりはとても短いのが普通です．また話が重なっているとき，相手が話を止めないと，どちらか一人はすぐ話を止めてしまう傾向があります．

共有のスタイルと配慮のスタイル

　私が日本へ来て間もないころ，日本語もあまりできなかったときのことです．私が相手にあいさつのことばをかけると，そのことばに相手が割り込んであいさつをします．やや驚いて，その人のあいさつが終わるのを待つと，相手も何やらことばを止める様子です．私が話し始めると，また相手も同時に話し始めるのです．それで私はまた，"あ，失礼なことをしたかも！"と思い，話を止めると，何と向こうもまた話を止めるという，なんともぎこちなく，もどかしい経験がありました．相手は'本当に日本語が下手なんだな'と思っていたそうです！ そうです．**2つの言語の会話のスタイルの違い**から来る，何とも奇妙な光景だったわけです．

　日本語は話の展開が速い上に，重なりも多く現れます．こういった話の重なりは，日本語にあっては，あいづちと同様，相手の話への共感を表す，大切な表現なのです．こうした会話のスタイルを「共有のスタイル」と名づけましょう．それに対して韓国語では重なりは多くありませんが，話の間に休止があります．その合間で相手の反応を待つという意味合いもありますし，その間に相手はあいづちや自分の話も割り込めるわけです．相手の話を尊重するというわけですね．相手の話にたびたび重ねて話をすると，あいづち同様，不安を感じさせ，失礼なことになってしまうのです．韓国語のこうした会話のスタイルは「配慮のスタイル」と呼べるでしょう．

　話の重ねの多い日本語は会話の共有を大切にし，重ねの少ない韓国語は相手の話に傾聴し，相手の話に配慮することを大切にする―― こうしたことへの注目こそ，「会話の隠された究極奥義」かも知れません．私はもどかしい経験をしましたけれども…　少しでも皆さんのお役に立てればと思います．

会話の究極義

すみません物語

　皆さんは普段の会話の中で「すみません」ということばをどれぐらい使っていますか．実は，この「すみません」をめぐることばの使い方，日本語と韓国語との間には大きい違いがあります．今回の「すみません」，ただではすみません！

お詫びの「すみません」

　「すみません」のもっとも一般的な意味として多用される「お詫び」の表現，何か相手に迷惑をかけた場合などに用いられますね．これは미안합니다にあたります．しかし，注意すべきは，「すみません」は「お詫びの表現」以外にも以下に提示するさまざまな表現としても用いられる反面，미안합니다は「お詫びの表現」としてのみ用いられるということです．日本語の「すみません」が担うさまざまな会話の中での役割を，韓国語では미안합니다ではない他の表現が担っているのです．

　こうした現象は，単にこの2つの場合だけではありません．韓国語と日本語の話の重なりの大きな違いが現れる，典型的な例を見てみましょう．

呼びかけと前置きの「すみません」
⇒ 저, 저기요 (あの, あそこです)

　日本語の「すみません」にあたる「呼びかけの表現」と「前置き表現」として, 韓国語では 미안합니다 ではなく, 저 (あの) や 저기요 (あそこです) といった表現を用いています. 要するに「すみません」が果たしている, 話を始める前提となるマーカー (しるし) としての役割を, 韓国語では 저 や 저기요 が果たしているわけですね.

ちょっとした注意喚起の「すみません」

　誰かを呼ぶ「呼びかけの表現」や話を始める際の「前置き表現」との延長にある表現として, 何かを突然, 注意したり, 知らせたりする場合に用いられる「すみません」を「注意喚起のすみません」と呼ぶことにしましょう. ちょっとした注意喚起だけでなく, 日本語ではちょっと恐縮している感じを出すのにも使われますね：

- お店などで店員さんが
  　　　　　「すみません, 2千3百円になります.」
- 飲み物や料理を運んで来て
  　　　　　「すみません, お子様ランチでございます.」
- 席や商品, 道などを案内しながら
  　　　　　「すみません, こちらへどうぞ.」

こういう場合, 韓国語では何と言うのでしょうか：

　　　　注意喚起のすみません ⇒ 네 (はい)

　肯定の返事に用いる「はい」の意味のこの네は, 韓国語では受け答え以外にも, 「注意喚起」の機能を果たし, 話への導入の役割を果たします. 上の例から考えると：

「네, 2천 3백원입니다.」　　はい，2300ウォンです.
「네, 어린이 런치입니다.」　どうぞ，お子様ランチです.
「네, 이쪽이에요」　　　　　さ，こちらです.

といった具合です．

話題転換の「すみません」

「この品物でいいですか． すみません，いつ届ければいいですか．」
「集まりは明日です． すみません，時間と場所はご存知ですか．」

　このように，話の途中で突然思い出したように質問をしたり，前の話題に関係しつつも他の話に入るときなどに用いられる「すみません」を「話題転換のすみません」と呼ぶことにしましょう．こうした場合，韓国語では：

話題転換のすみません ➡ 그럼 (それでは)
　　　　　　　　　　　　근데 (ところで)

　などといった，実質的な文字通りの意味で用いる副詞や接続詞などを使って文の接続を表すことになります．また，「注意喚起」の場合と同様，「話題転換のすみません」は使われない場合も少なくありません．

感謝の「すみません」

　この「感謝のすみません」が今回の「すみません物語」の中で，日本語と韓国語とのもっとも大きい違いがあるところかもしれません：

> 「こんなものまで用意していただいて，本当にすみません．」
> 「どうぞ，これ使ってください．－ あ，いいですか，すみません．」
> 「召し上がってください．－ うわ，すみません，いただきます．」

　上の例のように，相手に被害を与えていない状況でも，何かをやってもらって感謝を表す場面でも日本語では「すみません」を用います．

　これらは何かをやってもらうことで相手に迷惑をかけたので，悪いなという配慮からの「すみません」ではないでしょうか．しかし，韓国語では相手から何かをやってもらった場合は「悪いな」と考える方向ではなく，次のあいさつことばを用いて感謝を表します：

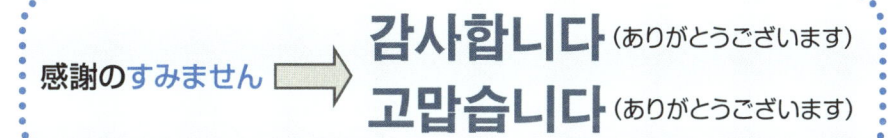

> 感謝のすみません ⇒ 감사합니다（ありがとうございます）
> 　　　　　　　　　고맙습니다（ありがとうございます）

　またこうした感謝のあいさつことばだけでなく，「너무 좋아요．」（とてもいいですね）や「정말 맛있어요．」（本当においしいです）など嬉しさを表す直接的な意味を持つ単語で，感謝の気持ちを表すこともしばしばあります．さらに，これぞ究極奥義，こんな表現はいかがでしょう：

> 잘 （よく）動詞のⅡ －ㄹ게요 （大切に，楽しみに…しますから）
> 　　　잘 쓸게요　　（大切に使います）
> 　　　잘 먹을게요　（よく食べます）
> 　　　잘 볼게요　　（よく見ます）

잘は「よく」という副詞で, 直訳すると, どれも「よく…しますから」といった意味になります.「いただいたものは大切に使います」という意のこうした表現も韓国語では感謝の表現としてよく使われています. Ⅱ-ㄹ게요は[ㄹ께요]と発音します.「…しますから」の意を表す約束法という形です. ドラマでもしばしば出てきています.

　日本語の「すみません」をめぐる, 韓国語でのさまざまな表現を見ました. とりわけ相手に何かをやってもらったら,「미안합니다.」というお詫びのことばではなく,「고맙습니다.」(ありがとうございました) や「너무 좋아요.」(とてもいいですね),「잘 쓸게요.」(よく使いますから) などといった, 感謝や喜びの積極的なことばを用いてみてください. 自分の感謝の気持ちの何倍も, 相手に喜びを与え, うれしさを共有できるに違いありません.
　あふれるほど身近に使われている「すみません」. その機能別に適切な表現を使い分けると, 心と心が通い合う会話になることでしょう. すみません,「すみません」はここまで!

会話の究極義

あいづち

あいづちとは？

> 人と話を交わすとき，相手の話に対して，聞いているよ，ということを示したり，同意，理解などを示す，「ええ」，「あ」，「そうそう」，「なるほど」のような短い表現です．

　皆さんは周りの人々と話を交わすとき，どのぐらいあいづちを打っていますか．ある研究によりますと，日本語の会話においてはそのやりとりの半分以上があいづちであるといいます．とりわけ日本語においてあいづちは会話に弾みを与える重要な表現であると言えるでしょう．

　このあいづち，韓国語にもあります．しかし，実はあいづちが現れる姿は日本語と異なっています．あいづちがどのように用いられているかを探ってみましょう．

日本語と韓国語のあいづちの姿

　まず，日本語と韓国語のあいづちは会話の中において現れる位置が異なります．会話の最初の部分と，会話が進行された部分に分けて考えてみましょう．

会話の最初の部分では？

初対面同士の会話や目上の人との会話において，次の図のごとく，日本語の会話の始めの部分ではあいづちはあまり現れません：

日本語

● ：　こんにちは．　　はじめまして．　　○○と申します．よろしくお願いします．

○ ：　こんにちは．　　はじめまして．○○と申します．　　よろしくお願いします．

逆に，韓国語では，会話の初めの部分で，あいづちが多用されます．しかし，あいづちの多用も会話の始めの部分に限られる傾向があります：

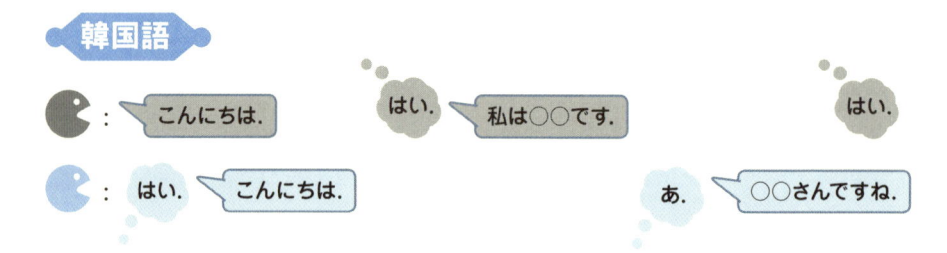

韓国語

● ：　こんにちは．　　　　　はい．　私は○○です．　　　　　　　　　はい．

○ ：　はい．　こんにちは．　　　　　　　　　　　　　あ．　○○さんですね．

時間が流れ，会話が進むと？

会話が進み，話が盛り上がると日本語のあいづちは，ものすごくパワーを発揮します：

> ① 相手の話を聞きながら，「あ」，「そう」などのあいづちの使用が多くなる
> ② 相手の話に重ねてまで，「えーえーえー」，「そーーそーーそーー」のように長く，終わらない勢いであいづちを繰り返すこともしばしばある

あいづちは相手の話を聞いていることを表す表現なのに，相手の話に重ねすぎては，話も聞けないのではないかと思われるほどです．しかし，心配御無用！ あいづちを打ちながらも，きちんと相手の話を聞いて，次の話に対するあいづちも続けられるんですよね：

日本語

- ：　О#$ゝж☆з@дЯШvii¢>Ю£ё　　　　£Ю>vii¢Ядё☆@vii>#д
- ：　そーーうそーーうそーーう　　ええ．　うーーんうーーんうーーん

韓国語ではどうでしょうか．相手の話に重ねて日本語のようにあいづちを打ち続ける姿は，おそらく韓国語ではそれほど見つけられないかもしれません：

① あいづちの使用も少なくなり，相手の話に重ねるあいづちもほとんどない
② 話の間に話し手がポーズを置き，「ここであいづちをどうぞ」という信号があると，あいづちを打つ．「あ」，「うん」のような一音節ほどの短いものが多い

韓国語

- ：　О#$ゝж☆з@，　дЯШvii¢>Ю£ёё☆@vii>#д&ИЖП¥．
- ：　　　　　　　え．　　　　　　　　　　　はい．

あ，なるほど！

韓国語母語話者が日本語で話すと，あいづちの頻度が少ないことから，日本語母語話者の友達に「無愛想だ」だと言われることもあります．そんな性格ではなくとも！

逆に，韓国語では実際，話し手の話に重ねてあいづちを打っていると，「なんで私の話を遮るんだ．失礼な」と怒る人もいます．また目上の方に「お行儀が悪い」とも叱られたりします．おもしろいですね．

なるほど！日本語と韓国語には次のようなあいづちの違いがあったわけです：

- 日本語のあいづちの役割：　話に共感し共に盛り上がることを大切に
- 韓国語のあいづちの役割：相手の話に割り込まず，拝聴することを大切に

ここであいづち！

とはいえ，韓国語においても全くあいづちがないと，「私の話に関心がないのかな」など，相手に不安を感じさせます．適当なあいづちがないと会話が成立しにくいのです．また，初級のレベルの方でも，適切なあいづちを使用することで，韓国語母語話者が聞くと，「あ，私と話が通じている」とか，「けっこう韓国語うまい！」という印象を与えることができます．こうした表現はぜひ覚えて使ってみましょう：

네．[ne ネ] はい．　예．[je イェ] ええ．　에．[e エ] え．
정말이요? [tʃɔŋmarijo チョンマリヨ] 本当ですか．そうですか．
맞아요．[madʒajo マジャヨ] そうですね．そうですよ．

日本語と韓国語，それぞれのあいづちの違いを知っておくことで，最初から失礼になることも避けられますし，観察してみると，とてもおもしろいですよ．

相手の話の合間に，軽く韓国語であいづちを打ってみてください．会話の最高の喜びを味わえるに違いありません．

　　　　　　　　　　　　　　　－맞아요 [マジャヨ]！

会話の究極奥義

「ぼかし」と「強調」

　皆さんは，日本語の「…みたいな」，「…って感じで」，「…するとか」などのように，はっきり言わずに，ぼかして言う表現，どれほど使っていますか．反対に，「絶対に」，「本当に」，「すごく」など，強調する表現はどれぐらい使っていますか．実際の会話をもとに探ってみましょう．

▎話の最後とかが曖昧みたいな感じ…：ぼかし表現

次のような会話，いかがでしょうか．

> A: 最近どう？
> B: だるいかも．あーあ，みたいな．
> A: うん，オレもはあーって感じ．
> B: 友達と韓国行こうとかって言ってたのに．
> A: あ，行きたいかも．
> B: っていうか韓国，食べ物多くない？
> 　　なんか韓国って言えば焼肉って感じで．

　この会話で使われている「…みたいな」，「…って感じ」，などの，自分の意見や感情をはっきりと言わず，他人ごとのように言ったり，ぼかして言う，

こうした表現を「ぼかし表現」と呼びましょう．こうしたぼかし表現，高校生や大学生などの若い人だけではなく，年配の方の会話にまでたくさん見られますね．

ぼかし表現，韓国語では？

上の会話の「ぼかし表現」，直訳すると韓国語では次のようになりますが，文頭や文末のぼかし表現としては用いません：

…みたいな	－ 인 것 같은
…って感じ	－ 인 느낌
…とか	－ 이나
ていうか…	－ 라고 할까

> 文頭や文末の
> **ぼかし表現**
> としては用いません．

韓国語上級レベルの日本の方でも日本語からの直訳のまま用いる方がいらっしゃいますが，**こうした表現を使うだけで場合によっては，非常に不自然な会話になってしまいます**．また「…かも(しれない)」,「…しなくない？」のようなぼかし表現はそれぞれ － 일지도 모른다，－ 이지 않아？のような表現になりますが，これらは本当に何かを推測して言うときや，相手に意見を尋ねるときに用います．ぼかし表現としては用いません．

韓国語では次のようなぼかし表現が使われています：

- **動詞，存在詞**
  Ⅰ-는 것 같아요.　　…するようです．…すると思います．
- **形容詞，指定詞**
  Ⅱ-ㄴ 것 같아요.　　…のようです．…だと思います．
  …, 뭐.　　　　　　…, なんか．（文の最後につける）
  좀, 약간　　　　　ちょっと，少し
  뭐,　　　　　　　　なんか…
  그냥　　　　　　　ただ，何となく

> 지은 씨 남자 친구 멋있는 것 같아요.
> チウンさんの彼氏かっこいいって感じですね．
>
> 뭐, 그냥 좀 그렇죠, 뭐.
> なんか, まー, ちょっとあれですよ, もう.

しかし，こうしたぼかし表現，韓国語でよりも日本語でのほうがよりたくさん用いられています

■ 韓国語ではやたらと「強調の表現」

　大変興味深いのは，韓国語の会話では「ぼかし表現」ではない，「強調の表現」がたくさん使われているということです．
　「強調の表現」？　一体どういうものなのでしょうか．

強調の表現

막	やたらと, むやみに
딱	きっちり, ちゃんと, ぴったり
진짜	ほんとう
아주	とても
되게	とても, やたらに

　日本語で意味を考えると会話ではあまり使えなさそうな表現ですが，韓国語の会話では〈やたらと非常にたくさん〉用いられています．

어제 막 집에 가는데 길에서
昨日　わーって家に帰るところで　道で
친구를 딱 만났거든요.
友達に　またばったり 会ったんですね．
그 친구 진짜 딱 분위기가
その友達　ほんと　ばっちり　雰囲気が
되게 막 모델 같았어요.
すごく　ぴったり モデルみたいでしたよ．

　日本語では「あの人，かっこいいかもみたいな感じでとかいってて」のように「ぼかし表現」を何個も続けて用いることがあります．一方，韓国語では「**저 사람 진짜 막 되게 멋있어서**」（あの人，ほんとやたらとすごくかっこいいので）のように「強調の表現」を何個も続けて言うことができます．

日本語では「ぼかし表現」が，そして韓国語では「強調の表現」が多用されているわけです．私は今ではすっかり日本語のぼかし表現のリズムを楽しめるようになりました．

・付録・

発音の変化

有声音化 = 澄んだ音も語中では濁る

平音 ㅂ, ㄷ, ㅈ, ㄱ は語頭では無声音（澄んだ音）[p] [t] [tʃ] [k] だが，語中（有声音間）では有声音（濁った音）[b] [d] [dʒ] [g] となる．これを有声音化という．韓国語では有声音が語頭に来ることはない．ㅅ [s] [ʃ] は有声音 [z] [ʒ] にならず，語頭・語中とも [s] [ʃ] のままである：

자기 [tʃagi チャギ]（自己）　　**가수** [kasu カス]（歌手）
기자 [kidʒa キジャ]（記者）　　**비디오** [pidio ピディオ]（ビデオ）

終声の初声化

| 終声の初声化 | =母音の直前では，終声は初声として発音される
=音節構造の変容 |

終声は直後に母音が来ると，その母音の初声のように発音される．

終声の初声化が起きる際に，平音の終声は [p] → [b] のような有声音化も起こす：

밥 [paᵖ パプ]　+　**이** [i イ]　→　**밥이** [바바 pabi パビ]
（ごはん）　　　　（…が）　　　　（ごはんが）

집이 [지비 tʃibi]（家が），받아 [바다 pada]（受け取り），책이 [채기 tʃʰɛgi]（本が），옷이 [오시 oʃi]（服が），돈은 [도는 tonɯn]（お金は），삼은 [사믄 samɯn]（3は），형이 [형이 hjɔŋi]（兄が）

終声 ㄹ [l] は初声化すると [r] で発音される：

말이 [마리 maːri]（ことばが）

終声の初声化は，文字のレベルではなく，どこまでも音のレベルで次のような音節構造の変容が起きているわけである：

[母音+子音] + [母音]　⇒　[母音] + [子音+母音]

口蓋音化

終声の初声化のうち，終声字母で表記される ㄷ [t] は，母音 ㅣ [i] の前では ㄷ [d] で初声化せず，ㅈ [dʒ] で初声化する．また，終声字母で表記される ㅌ [t] は，ㅊ [tʃʰ] となって初声化する．これらを口蓋音化という：

굳이 [구지 kudʒi]（敢えて）　　**같이** [가치 katʃʰi]

2 単語にまたがる終声の初声化，合成語における終声の初声化

1単語内だけでなく，2単語が1単語のように発音される場合や，2つの単語が結合して合成語を作る際にも終声の初声化が起こる．このとき，1単語内における終声の初声化とは異なった音で初声化するものがある．これは後ろに来る要素が，独立した単語の資格を持った自立的な要素なのか，あるいは他の単語なしでは現れない非自立的，依存的な要素なのかによる：

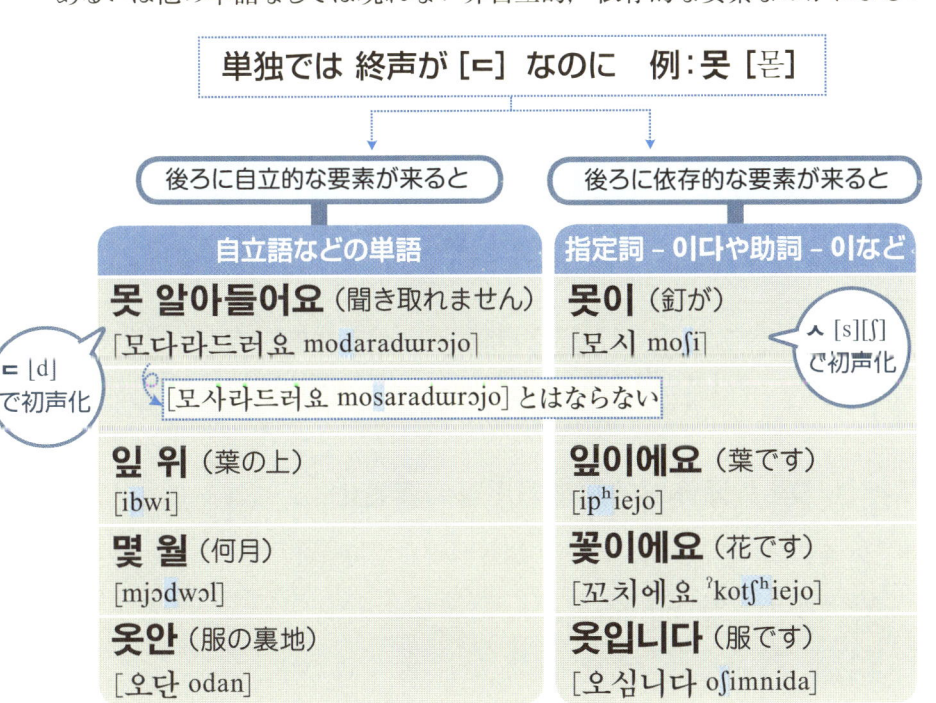

単独では 終声が [ㄷ] なのに　例：못 [몯]

後ろに自立的な要素が来ると	後ろに依存的な要素が来ると
自立語などの単語	指定詞 – 이다や助詞 – 이など
못 알아들어요（聞き取れません） [모다라드러요 modaraduɾɔjo] [모사라드러요 mosaraduɾɔjo] とはならない	**못이**（釘が） [모시 moʃi]
잎 위（葉の上） [ibwi]	**잎이에요**（葉です） [ipʰiejo]
몇 월（何月） [mjɔdwɔl]	**꽃이에요**（花です） [꼬치에요 ˀkotʃʰiejo]
옷안（服の裏地） [오단 odan]	**옷입니다**（服です） [오심니다 oʃimnida]

ㄷ [d] で初声化

ㅅ [s][ʃ] で初声化

CHECK!

　これを見てわかるように，ハングルでは，「못」と書いているものを [몯] と発音するのではなく，実は逆で，単独では [몯] と発音する単語のうち，後ろに依存的な要素が来ると [모시] などのように，音が変化して [ㅅ] が現れる単語を「못」と書いている．「花」を発音通り「꼳」と書かずに，わざわざ「꽃」と書くのは，「- 이」などの依存的な要素が後ろに来て終声の初声化を起こすと，終声 [ㄷ] が初声化する際に [ㅊ] という音に交替するので，最初から「꽃」と書くのである．**終声の初声化を起こして，その終声が他の音に交替するものは，このように交替した音を表す終声字母を用いて，最初から終声の位置に書くことにしているわけである．**これこそ，ハングルの面白さである！

濃音化　　〈口音＋平音〉 ➡ 〈口音＋濃音〉

　口音の終声 ㅂ, ㅍ, ㄼ, ㄿ, ㅄ [p]; ㄷ, ㅌ, ㅈ, ㅊ, ㅆ, ㅅ [t]; ㄱ, ㅋ, ㄲ, ㄳ, ㄺ [k] の直後に来る平音 ㅂ, ㄷ, ㅈ, ㄱ, ㅅ は，濁らずに濃音化する：

밥 [paᵖ パㇷ゚]　+　**도** [to ト]　➡　**밥도** [밥또] [paᵖˀto パㇷ゚ト]
（ごはん）　　　（…も）　　　　（ごはんも）

잡지[잡찌]（雑誌），옆도[엽또]（横も），옷도[옫또]（服も），꽃도[꼳또]（花も），숟가락 [숟까락]（スプーン），학교 [학꾜]（学校），혹시 [혹씨]（ひょっとして），부엌도 [부억또]（台所も）

ㄹ [リウル] 連体形の直後の平音の濃音化

Ⅱ - ㄹ連体形の直後に来る体言の語頭の平音は濃音化する：

갈 데　　[갈 떼 kal ˀte]　　　行くところ
먹을 거 [머글 꺼 mɔgɯl ˀkɔ]　食べるもの
　　　　　　　　　　　　　　　➡ 予期連体形Ⅱ - ㄹ

漢字語における例外的な濃音化

漢字語において，有声音の後の平音が濃音化する場合がある．こうした例外的な濃音化を起こす漢字は限られている．次のような例が代表的なもの:

내과〈內科〉[내꽈]（内科）　　만점〈滿點〉[만쩜]（満点）
문법〈文法〉[문뻡]（文法）　　문자〈文字〉[문짜]（文字）
물가〈物價〉[물까]（物価）　　사건〈事件〉[사껀]（事件）
성과〈成果〉[성꽈]（成果）　　상장〈賞狀〉[상짱]（賞狀）

合成語における濃音化

固有語でも，二つの単語が結合してできる合成語においては，後ろの単語の頭音が平音であるときに濃音化する場合がある．どういう時に濃音化するかは，結合する単語によって決まっている．また，この時，前の単語が母音で終わる場合に，사이시옷 [saiʃiot サイシオッ]（間のs）と呼ばれる「ㅅ」を終声に書くが，子音で終わる場合にはこれを書かない:

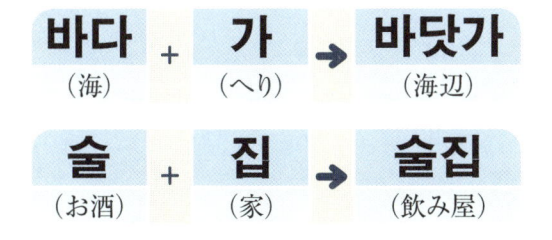

바다（海）＋ 가（へり）→ 바닷가（海辺）　　[바닫까 pada^{tʔ}ka] あるいは [바다까 pada^ʔka]

술（お酒）＋ 집（家）→ 술집（飲み屋）　　[술찝 sul^ʔtʃi^p]

鼻音化

口音の鼻音化

口音の終声 ㅂ, ㅍ, ㄼ, ㄿ, ㅄ [p]; ㄷ, ㅌ, ㅈ, ㅊ, ㅆ, ㅅ [t]; ㄱ, ㅋ, ㄲ, ㄳ, ㄺ [k] は，直後に鼻音の初声 ㅁ [m], ㄴ [n] が来ると，[p] は ㅁ [m] に, [t] は ㄴ [n] に, [k] は ㅇ [ŋ] に変化する．これらは，口音がそれぞれ同じ位置で発音する鼻音に変わるもので，口音の鼻音化という:

口音＋鼻音 ㅁ [m], ㄴ [n]

[p]
[t] ＋ 鼻音 → [m]
[k]   [n]
          [ŋ]

口音が鼻音に変わる

口音＋鼻音 ㅁ [m]

[p] + [m] → [m] + [m]　밥만　[pamman]　（ごはんだけ）
[t] + [m] → [n] + [m]　이것만　[igɔnman]　（これだけ）
[k] + [m] → [ŋ] + [m]　백만　[pɛŋman]　（100万）

口音＋鼻音 ㄴ [n]

[p] + [n] → [m] + [n]　옵니다　[omnida]　（来ます）
[t] + [n] → [n] + [n]　듣는　[tɯnnɯn]　（聞く：連体形）
[k] + [n] → [ŋ] + [n]　먹는　[mɔŋnɯn]　（食べる：連体形）

流音化

流音化 ＝ ㄴ [n] の ㄹ [l] 化

ㄴ [n] と ㄹ [r], [l] が隣り合うと, ㄴ [n] は全て流音 ㄹ [l] に変わり, ㄹㄹ [ll] と発音される。これを流音化もしくは舌側音化と呼ぶ：

終声の ㄴ [n] ＋ 初声の ㄹ [r] → [ll]

　　신라 [실라 ʃilla]　（新羅）

終声の ㄹ [l] ＋ 初声の ㄴ [n] → [ll]

　　실내 [실래 ʃillɛ]　（室内）

ただし, 終声の ㄴ [n] に ㄹ [r] で始まる漢字語の接尾辞が結合する際には, [ll] とならず, [nn] で発音される：

　　정신력 [정신녁 tʃɔŋʃinnjɔkʰ]　（精神力）
　　의견란 [의견난 ɯigjɔnnan]　（意見欄）

激音化

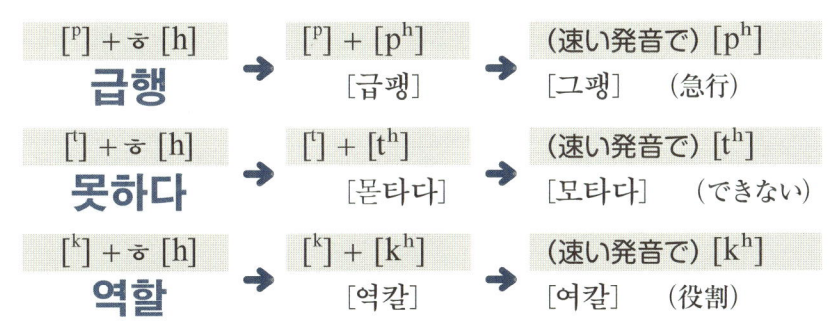

ㅎ [h] による激音化

口音の終声 ㅂ, ㅍ, ㄼ, ㄿ, ㅄ [p]; ㄷ, ㅌ, ㅈ, ㅊ, ㅆ, ㅅ [t]; ㄱ, ㅋ, ㄲ, ㄳ, ㄺ [k] は，直後に ㅎ [h] が来ると，それぞれ対応する激音 [pʰ], [tʰ], [kʰ] で発音される．また，速い発音では口音の終声は脱落する：

[ᵖ] + ㅎ [h]	→	[ᵖ] + [pʰ]	→	(速い発音で) [pʰ]
급행		[급팽]		[그팽]　(急行)
[ᵗ] + ㅎ [h]	→	[ᵗ] + [tʰ]	→	(速い発音で) [tʰ]
못하다		[몯타다]		[모타다]　(できない)
[ᵏ] + ㅎ [h]	→	[ᵏ] + [kʰ]	→	(速い発音で) [kʰ]
역할		[역칼]		[여칼]　(役割)

終声字母 ㅎ [ᵗ] の直後に来る平音の ㄷ [t], ㄱ [k], ㅈ [tʃ] は，それぞれ全て激音に変わる．速い発音では [ᵗ] も脱落する：

ㅎ [ᵗ] + ㄷ [t]	→	ㅎ [ᵗ] + [tʰ]	→	(速い発音で) [tʰ]
좋다		[졷타]		[조타]　(良い)
ㅎ [ᵗ] + ㄱ [k]	→	ㅎ [ᵗ] + [kʰ]	→	(速い発音で) [kʰ]
좋게		[졷케]		[조케]　(良く)
ㅎ [ᵗ] + ㅈ [tʃ]	→	ㅎ [ᵗ] + [tʃʰi]	→	(速い発音で) [tʃʰ]
좋지		[졷치]		[조치]　(いいよ)

ㅎ [h] の弱化と発音しない字母ㅎ

有声音にはさまれた ㅎ [h] は，有声音化した [h] である [ɦ] で発音されたり，完全に脱落したりする：

有声音 + ㅎ [h]	→	有声音 + ㅎ [ɦ]	→	有声音 + 無音の ㅎ
안녕히	→	[annjʌŋɦi]	→	[안녕이 annjʌŋi]　(お元気で)
영화	→	[jʌŋɦwa]	→	[영와 jʌŋwa]　(映画)

「終声字母ㅎ+母音」の組み合わせでは，常にㅎは発音しない：

좋아요 ➡ [조아요 tʃoːajo] （良いです）
싫어요 ➡ [시러요 ʃirɔjo] （嫌いです）

[n] の挿入

2つの単語が結合するとき，前の要素が子音で終わり，後続の要素が [i] や [j] で始まる場合に，[i] や [j] の直前に発音上 [n] が挿入されることがある．挿入されても表記はしない：

무슨 일 [무스닐] ではなくて ➡ [무슨닐 musɯnnil] （何のこと）
일본요리 [일보뇨리] ではなくて ➡ [일본뇨리 ilbonnjori] （日本料理）

挿入されたこの [n] の直前にある口音の終声は鼻音化する：

십육 ➡ （[n] の挿入） [십뉵] （十六）
　　　➡ （さらに口音の鼻音化） [심뉵 ʃimnjuk]

옛이야기 ➡ （[n] の挿入） [옛니야기] （昔話）
　　　➡ （さらに口音の鼻音化） [옌니야기 jeːnnijagi]

挿入された [n] の直前に流音の終声 [l] があれば，「終声の ㄹ [l] +初声の ㄴ [n] → [ll]」という流音化の規則により，挿入された [n] は [l] で発音される：

볼일 ➡ （[n] の挿入） [볼닐]
　　　➡ （さらに流音化） [볼릴 pollil] （用事）

2 文字の終声とその発音

子音字母が2つ並んでいる終声文字は，どちらか一方を読む：

① 前の子音字母を読むもの

ㄱㅅ ㄴㅈ ㄴㅎ ㄹㅂ ㄹㅅ ㄹㅎ ㄹㅌ ㅂㅅ

값 [갑 kaᵖ] （値段）　삯 [삭 sakᵏ] （賃金）

② 後ろの子音字母を読むもの

ㄹㄱ ㄹㅁ ㄹㅍ (ㄹㅂ)

닭 [닥 takᵏ] （鶏）　삶 [삼 samᵐ] （生きること）

밟다（踏む）のみ，ㅂで読む.

これら2文字の終声の後ろに，母音で始まる語尾（助詞）や指定詞 - 이다（…である）がつくと，終声の初声化を起こし，2文字両方が読まれる：

값이 ➡ [갑시] ➡ [갑씨 kap⁷ʃi]　　　（値段が）
값입니다 ➡ [갑십니다] ➡ [갑씸니다 kap⁷ʃimnida]（値段です）

話しことばでは，しばしば1文字の終声のように発音される：

값이 ➡ [갑이] ➡ [가비 kabi]
값입니다 ➡ [갑입니다] ➡ [가빔니다 kabimnida]

2文字の終声の後ろに，母音で始まる語尾（助詞）や指定詞 - 이다（…である）ではなく，独立した単語が連なる場合は，〈2単語にまたがる終声の初声化〉が起こる：

값（値）+ **없다**（ない）➡ **값없다**（値打ちがない）
　　　　　　　　　　　　 ➡ [갑없다] ➡ [가법따 kabɔp⁷ta]

長母音の短母音化

現在のソウルことばでは長母音はほとんどなくなっている．ただし，高齢層では長母音を保持している人もいるが，そうした場合でも，長母音は原則として第1音節にのみ存在する．長母音も，合成語となって第2音節以降に置かれると短母音化する：

사람 [saːram]（人）➡ 일본사람 [ilbon⁷saram]（日本人）

終声の脱落や同化

速く発音すると，終声が脱落したり，次の音の影響を受けて次のような同化という現象を起こしたりすることがある：

못 가요 [moːt kajo] ➡ [mok⁷kajo] ➡ [모까요 mo⁷kajo]（行けません）
신문　　[ʃinmun]　 ➡ [심문 ʃimmun]　（新聞）
한국　　[haːnguk]　➡ [항국 haːŋguk]　（韓国）

母音の無声化

狭い母音 ｜, ㅟ, ㅜ, ㅡ が, 激音 ㅍ, ㅌ, ㅋ, ㅊ や摩擦音 ㅅ, ㅆ, ㅎ の直後に来ると, 無声化することがある:

투고 [tʰu̥go]（投稿）　　**시간** [ʃi̥gan]（時間）

語末における [ㅛ] の非円唇化・広母音化

話しことばでは語末, とりわけ文の末尾では ㅛ [ㅛ] の円唇性がゆるみ, かつ口が開いて [ㅓ] に近く発音されることがある:

안녕하세요	→ [annjɔŋ(h)asejɔ]	（こんにちは）
여보세요	→ [jɔbusejɔ]	（もしもし）
왜요	→ [wɛːjɔ]	（どうしてですか）
있죠	→ [iⁿtʃɔ]	（あるでしょう）

═════ 監 修 ═════

野間　秀樹（のま・ひでき）

東京外国語大学大学院教授を経て，現在，国際教養大学客員教授．朝鮮言語学，日韓対照言語学専攻．2005 年度 NHK テレビハングル講座監修，2004-2005 年度ラジオハングル講座講師．著書に『ハングルの誕生』（平凡社．2010 年アジア太平洋賞大賞受賞．2011 年，韓国語版＝金珍娥・金奇延・朴守珍共訳），『한국어 어휘와 문법의상관구조（韓国語　語彙と文法の相関構造）』（ソウル：太学社．大韓民国学術院優秀学術図書），『新・至福の朝鮮語』（朝日出版社），『直訳を超える！絶妙のハングル』（日本放送出版協会），『暮らしの単語集　韓国語』（ナツメ社）等，編著書に『韓国語教育論講座』全 4 巻（くろしお出版），共著書に『Viva! 中級韓国語』（朝日出版社），『コスモス朝和辞典』（白水社）等がある．2005 年，大韓民国より文化褒章受章．
ホームページ　http://www.aurora.dti.ne.jp/~noma/
facebook page　http://www.facebook.com/study.korean.noma

═════ 著 者 ═════

金　珍娥（きむ・じな）

明治学院大学准教授．東京外国語大学大学院博士課程修了．博士（学術）．2005 年度 NHK テレビハングル講座講師．日韓対照言語学，談話研究，韓国語教育専攻．著書に『談話論と文法論』（くろしお出版，近刊）．共編著に『Viva! 中級韓国語』，『ぷち韓国語』（朝日出版社），『ニューエクスプレス韓国語』（白水社），論文に「日本語と韓国語の談話における文末の構造」（博士論文），「日本語と韓国語における談話ストラテジーとしてのスピーチレベルシフト」，「韓国語と日本語の turn の展開から見たあいづち発話」，「turn-taking システムから turn-exchanging システムへ—韓国語と日本語における談話構造」等がある．

(c) NHK2012

　　　　　ドラマティック・ハングル
　　　　　── 君，風の中に ──

　　　　　　　　　　　　　　ⓒ 2012 年 4 月 10 日　初版発行

監修　　　　　　　　　　　　　　野間　秀樹
著者　　　　　　　　　　　　　　金　珍娥

発行者　　　　　　　　　　　　　原　雅久
発行所　　　　　　　　　　株式会社 朝日出版社
　　　　　　　　　101-0065 東京都千代田区西神田 3-3-5
　　　　　　　　　　　　　　　電話　03-3263-3321
　　　　　　　　　　　　　　振替口座　00140-2-46008
　　　　　　　　　　　　http://www.asahipress.com/
　　　　　　　　　　　　組版 / KEN　印刷 / 図書印刷

乱丁，落丁本はお取り替えいたします．
ISBN978-4-255-00639-0 C0087

本書の監修者・著者，野間先生・金先生の編著です！

ぷち韓国語 CD付

何から
はじめてよいか
わからないあなたへ，
**韓国語入門書の
理想形！！**

<small>のまひでき むらたひろし きむじな</small>
野間秀樹・村田寛・金珍娥 共著
A5判／288頁／2,625円（税込）

- ●入門から学ぶ本物の自然な会話
- ●多彩な場面でのほんとうに使える表現を厳選
- ●初級で学ぶことは余すところなく学習
- ●最小の努力で最大の効果
- ●見てわかる圧倒的な図解
- ●ひとりでも学べる最新の教科書

Viva! 中級韓国語 CD付

一冊終えた
あなたに，
**待望の本格的
中級学習書！！**

<small>のまひでき きむじな</small>
野間秀樹・金珍娥 共著
A5判／328頁／3,045円（税込）

- ●会話も語彙も文法も，三位一体で学べる
- ●新鮮な**ソウルことばを学べる**を学べる
- ●ほんとうに**自然な話しことば**
- ●間違えやすい**単語の用法**が学べる
- ●ほんとうに使える**文法**を学べる
- ●**言いたいこと**をいかに表現するのかを学べる

新・至福の朝鮮語 CD付

野間秀樹 著
A5判／296頁／3,045円（税込）

入門から中級まで使える豊かな内容

- ●辞書なしで学べる，学習者の立場に立った編集
- ●朝鮮語の情感あふれる，真に使える自然な例文
- ●言語学と朝鮮語教育の最新の成果に立脚した，緻密な構成
- ●文法表・漢字音対照表・詳細な語彙索引など満載
- ●韓国ソウル現地録音CD収録

（株）朝日出版社

〒101-0065　東京都千代田区西神田3-3-5
TEL：03-3263-3321　FAX：03-5226-9599
E-mail：info@asahipress.com
http://www.asahipress.com/